비평교육론

비평교육론

우문영 지음

한국문화사

비평교육론

초판인쇄 2011년 11월 10일
초판발행 2011년 11월 20일

지 은 이 우 문 영
펴 낸 이 김 진 수
펴 낸 곳 **한국문화사**
등 록 1991년 11월 9일 제2-1276호
주 소 서울특별시 성동구 아차산로 3(성수동 1가) 502호
전 화 (02)464-7708 / 3409-4488
전 송 (02)499-0846
이 메 일 hkm77@korea.com
홈페이지 www.hankookmunhwasa.co.kr

책값은 뒤표지에 있습니다.

ISBN 978-89-5726-914-5 93800

이 도서의 국립중앙도서관 출판시도서목록(CIP)은 e-CIP 홈페이지(http: / / www.nl.go.kr / cip.php)에서 이용하실 수 있습니다. (CIP제어번호: CIP2010003031)

■ 서 문

교사가 된 후 얼마 지나지 않았을 때의 일이다. 「흥부전」을 가르치고 나서 음악실 앞을 지나가고 있는데, 마침 판소리에 대한 지식과 「흥부가」에 대한 감상 방법이 적혀 있는 칠판을 발견하였다. 다른 교과에서는 「흥부전」을 어떻게 가르치는지 궁금해서 판서를 꼼꼼히 읽어보다가 깜짝 놀라고 말았다. 조금 전까지 내가 「흥부전」에 대해서 설명한 내용과 사뭇 다를 뿐더러 심지어 어떤 내용은 상반되기까지 하였다. 이 일로 나는 여러 가지를 깨닫게 되었다.

우선은 교사마다 자신이 배운 지식이 다를 수 있다는 점이다. 이는 학습자들에게 상당한 혼란을 줄 수 있어서 큰 문제가 될 수 있다. 물론 교과마다 혹은 교사마다 어떤 대상에 대한 지식은 다를 수 있지만, 교육 현장에서는 그 차이점을 최소화하거나 차이가 발생하는 이유를 구체적으로 학습자에게 제시하지 않는다면, 학습자를 혼란하게 할 뿐만 아니라 오히려 배우지 않는 것보다 못한 결과를 초래할 수 있다. 이 문제를 고민하다가 개별 교과가 스스로의 내용을 채워가면서 분화되고 발전해 가고 있지만 원래 지식이라는 것은 하나라는 생각에 다다르게 되었다. 대상에 대한 다양한 접근 방식을 부정하는 것이 아니라, 접근 방식의 차이점만을 강조하는 교육방법으로는 학습능력을 효과적으로 향상시키는 데 근본적인 난관에 부딪치게 될 것이라는 우려를 하게 되었다. 그러나 무엇보다 내 관심을 끄는 것은 학습자들의 대상에 대한 시선이었다. 각 교과 교사의 의도와 상관없이 학습자들은 모든 대상을 바라보고 있고, 그들 나름대로의 배경지식, 경험, 가치관을 활용하여 대상을 판단하고 있다는 점이었다.

이러한 고민들을 해결하기 위해 접근한 첫 번째 방법은 교사협력수업이었다. 문학, 음악, 미술은 본래 하나의 뿌리에서 출발하였다는 전제에서, 교육과정 내에서 이들 교과에서 가르치는 내용의 공통된 부분을 추출하여 교과 교사들이 협의하여 수업을 진행하는 것이다. 문제점을 고민하는 것까지는 좋았고 이상적이라는 평가도 받았지만, 매 수업마다 여러 명의 교사가 늘 함께 운영할 수는 없다는 한계를 절감했다. 다음 단계는 공통된 내용을 하나의 교육 내용으로 만들어 보려는 시도였다. 이 역시 의도는 좋았으나 교과에 대한 전문적인 능력이 부족한 나로서는 실패하였다.

해결을 위한 발걸음은 대학원으로 이어졌다. 학습자들이 대상에 대한 비평을 거의 국어로 한다는 점에 착안하여 국어교육에 대한 공부부터 시작하였다. 국어교육의 매력에 빠져 그 안에서 한참을 허우적거리고 있을 때였다. 불현듯 학습자들은 국어교육의 방법만으로 대상에 접근하지는 않는다는 점을 깨닫게 되었다. 즉 학습자들은 독서나 문학작품 읽기만으로 대상에 접근하는 것이 아니라 총체적으로 대상을 인식한다는 것이다. 따라서 이러한 학습자들에게 필요한 것은 새로운 방식의 교육이었다.

이러한 새로운 방식의 교육을 비평 대상에 대한 올바른 접근, 가치 판단, 접근 방법, 내면화를 위한 교육의 필요성으로 인식하고 이른바 '비평교육'이라 명명하였다. 이 비평교육을 고민하면서 방법적인 면에서는 국어교육과 문학교육에서의 연구 결과를 활용하였고, 내용적인 면에서는 문학비평을 비롯한 미술과 음악, 영화 등에서의 비평 이론과 방법을 통합적으로 이용하였다.

기존에 많은 연구자들이 다루었지만, 실제로 그 실체가 보이지 않은 비평교육. 잡았는가 싶으면 어느새 사라져 버리기 일쑤였다. 지금 이 책이 잡고 있는 건 아마도 비평교육이라는 실타래의 끝부분일지 모르겠다. 대학 때 강헌규 선생님께서 하신 말씀이 늘 생각이 난다. '가르치라고 배웠

건만 그르치고 있는 것은 아닌가?' 온전한 비평을 위해 비평교육을 해야 한다고 하지만 오히려 학습자와 비평의 사이를 멀게 했다는 비난을 받지는 않을까 하는 걱정이 앞선다.

이 책의 1부는 '비평교육'으로 박사학위 논문을 재구성하고 평가의 내용을 덧붙였다. 2부는 '통합교육'으로 비평교육의 근간을 이루는 '통합'과 '관계' 가운데 통합교육을 어떻게 해야 하는가에 대해 논의한 두 편의 논문을 묶었다.

1부 비평교육의 Ⅱ장에서는 비평교육의 근간이 되는 비평에 대해 재정의하고, 비평교육을 비평교육과 인접한 다른 교육방법과 비교·분석하여 비평교육을 재개념화할 것이다. 이 과정에서 자연스럽게 비평교육의 목표와 위상, 구성 원리도 밝힐 것이다. 이를 토대로 비평교육이 왜 필요한지를 논증할 것이며, 비평교육을 교육과정에 적용했을 때 나타나는 다양한 활동과 결과를 예상해 보면서 비평교육의 현장 적용가능성까지 검토하였다. 비평교육의 내용과 방법을 마련하기 위해서 다양한 비평 이론들을 비평교육이라는 철학적이고 방법적인 명제 아래 몇 가지 틀로 정리할 것이다. 어떤 특정한 이론을 배제하는 것이 아니라 개개의 비평 이론들 속에 있는 공통의 원리와 차이의 원리를 추출하여 재배열하는 작업을 수행하였다.

1부의 서술 과정은 전체1 - 부분 - 전체2인데, 이는 비평적 학습자가 비평 대상에 대해 비평작업을 하는 것과 그 궤를 같이 한다. 비평교육은 비평적 학습자의 비평작업이 비평 대상에 대한 의미와 관계를 재구성한다는 것을 전제로 삼고, 구성주의 교육론을 바탕으로 하고 있다. 전체1은 통합적 관점에서 비평 대상을 바라보는 방법을 내용으로 한다. 통합은 요소와 요소가 선택적으로 결합된 관계를 조망하는 것을 의미한다. 통합의 전제 조건은 일정한 의미를 지닌 대상의 해체에 있다. 기존의 통합에 대한 문제점을 점검해 보고, '무엇을', '어떻게' 통합할 것인지에 대한 합의를 도출할 것이다. 그러기 위해서 Ⅲ장에서는 데리다(Jacques Derrida)의 해체이론을 중심으로 접근하였다. 그는 이성 중심의 서양 사회에 대한 근원적 반성 속에서 기득권자들이 가지고 있는 모든 것들을 해체하고 재구성하려는 시도를 한다. 해체라는 말에 재구성이라는 뜻을 지닌다고 하지만, 재구성 역시 해체의 대상이라는 점과 해체의 과정이나 해체 후 재구성의 과정에 대한 설명이 부족한 점은 한계로 지적된다. 이 책에서는 해체 후 재구성을 통합의 하나로 보고 이들과의 관계를 파악하고자 한다.

통합은 부분과 부분, 요소와 요소의 결합이라는 점에서 구조주의를 벗어날 수 없다. 구조주의는 대상의 체제 안에서 일어나는 모든 현상들을 관계 맺기로 설명하고 있는데, '어떤' 것들이 '왜' 관계를 맺고 있는지에 대한 소명이 전혀 없다. 구조주의와 상호텍스트 이론을 중심으로 한 텍스트 이론, 독자 반응과 수용 미학을 중심으로 한 독자 이론을 적용하려고 한다. 여기서 사용된 이론들의 한계는 관계의 개념을 명확히 제시하지 못하고 있다는 점이다. 관계를 이루고 있는 고정적 개념들을 설정하고 이들이 어떻게 관계를 맺고, 맺은 관계가 어떻게 전이되는지에 대해 논증을 할 것이다.

전체1과는 변증법적 발전의 관계에 있는 전체2를 위해서, Ⅳ장에서는 Ⅲ장의 내용, 즉 통합적 내용과 관계적 방법을 토대로 내용과 방법을 결합한 모형을 제시할 것이다. 이 모형은 구성주의적 교육론-특히 사회적 구성주의-에 기대어 전개할 것이지만, 구성주의적 교육론이 지니고 있는 모호성을 극복하여 구체적이고 단계적으로 나타낼 것이다. 모형을 제시하기에 앞서 비평교육의 실제에서 고려해야 할 변인들에 대한 연구도 진행할 것이다. 결국 1부는 비평교육의 내용과 방법이 수업 현장에서 결합되는 가능성을 제시하는 것을 목표로 삼고 있다.

2부 통합교육의 두 논문은 사실상 학위논문의 전 단계를 수정·보완한 것이다. 1부와 상당한 부분이 겹쳐져 있지만, 1부에서 언급하지 못했던 통합에 대해 보다 구체적인 모습을 제시할 필요성이 있어 지면의 중복이라는 우려를 안으면서도 다시 제시하게 되었다. 또한 어찌 보면 학위논문이 이루어지게 된 과정을 담고 있어 1부를 이해하는데 있어 꼭 필요하다고 할 수 있다. Ⅰ장에서는 비평교육이 현재 국어교육, 특히 문학교육의 범주에 있음을 전제로 하여 국어교육에서의 통합적 방법을 모색하였다. 7차 개정 교육과정 속에 나타난 통합을 분석하고, 국어교육에서 통합이 어떠한 역할과 모습을 해야 할지를 그려보았다. Ⅱ장에서는 비평교육 이론 가운데 근간을 이루고 있는 다양한 문예이론을 통합의 관점에서 접근해 보았다. 비평교육도 그러했지만 통합적 문예이론 역시 하나의 시론(試論)적 역할에 그치는 점이 아쉬움으로 남는다.

책을 처음 낼 때 저자들이 서문에 왜 고마운 말씀을 전하게 되는지 이제야 알겠다. 그 고마운 마음을 느끼는 것을 시작으로 다시 처음의 마음처럼 공부를 계속해야겠다는 다짐의 계기로 삼고 싶은 것이리라. 물론 은혜가 새록새록 느껴지는 것은 이루 말할 수도 없고.

비평이라는 세계에 제일 처음 인도해주신 조재훈 선생님, 학문적 체계를 손수 가르쳐주시며 끝까지 학위논문을 지도해주신 김성수 선생님, 문학과 어학의 관계를 가르쳐주신 강헌규·김진규 선생님, 문학 공부의 기초를 닦게 해 주신 조동길 선생님, 학문하는 근원적인 물음에 답하라고 일러주신 구중회 선생님, 고전 문학 비평까지 지평을 넓히는 안목을 깨우쳐주신 유병환 선생님, 학문하는데 늘 용기를 주신 김영미 선생님, 그리고 무엇보다 논문이 중심을 잡고 앞으로 나아갈 수 있도록 지도해주신 서원대 최지현 선생님께 감사의 말씀을 올린다.

부족한 글을 계속 교정해 준 황우철 선생, 홍윤기 선생과 보잘 것 없는 논문을 책으로 엮는데 흔쾌히 허락해주신 한국문화사 김진수 사장님과 관계자 여러분에 대한 고마움도 잊을 수가 없다.

이 책이 나오기까지 가장 애써 주신 분은 아마도 부모님과 아내 영선, 그리고 햇빛과 새빛 두 딸이 아닌가 싶다. 나를 이만큼 키워주신 가족과 은사, 지인, 학생들께 감사드리며 더욱 열심히 공부하는 사람이 되길 약속한다.

■ 차례

제2부 통합교육

1부

비평교육

Ⅰ장 서론

Ⅱ장 비평교육의 전제

Ⅲ장 비평교육의 내용·방법

Ⅳ장 비평교육의 실제

Ⅴ장 결론

I장 서론

1. 비평교육이 제기되는 이유

다양한 문화 속에서 살아가고 있는 현대에서 문학은 확장과 위기라는 상반된 현장에 위치해 있다. 영역적인 측면에서 문학을 통해 예술과 문화가 발전한다는 사실을 인정한다면 문학이 여전히 권위를 유지한다고 할 수 있지만, 문학이 하고 있던 기존의 기능을 다른 갈래가 대신해 나간다고 볼 때 문학의 미래가 밝다고만 할 수 없다는 주장도 설득력이 있다. 이른바 문학의 위기론을 자초한 원인을 생각해보면, 문학이 다른 영역과 다르다고 하는 차이점만을 지나치게 강조한 데에서 비롯한다. 그것은 문학이 다른 영역에 비해 상대적이고 절대적인 우월성을 지닌다는 착각을 들게 하기에 충분했고, 곧 독자의 이탈을 가져왔다.[1] 고도의 상징성, 문학이론과 현실의 괴리, 문학 이론의 난삽성 등이 독자가 다른 분야로 관심을 갖도록 촉진하였다. 결과적으로 문학 스스로가 자기 보호를 위한 장치, 즉 문학 스스로에 대한 비판정신을 가지지 못하게 되었다.[2]

다음으로, 복잡한 사회와 개인의 다양한 욕구를 표현하기에 문학의 표

1) 김대행, 문학교육원론, 서울대학교출판부, 2005, p.17.
2) 우한용, 문학교육과 문화론, 서울대학교출판부, 1997, p.105.

현 수단인 언어는 한계를 지니게 되었다. 복잡다단해진 사회문화와 다양성을 추구하는 현대 인간의 욕구에 비추어 볼 때 기존의 고착된 문학의 갈래로는 도저히 그것을 감당하기 어려워졌다. 또한 이전에 언어만이 가졌던 저장과 표현의 용이성과 수월성을 이젠 다른 매체가 더 많이 가지게 되었다.[3] 탈중심주의 시대로 오면서 주변부 문학이 중심으로 오는 과정에서 생기는 일종의 문학지체현상의 일부라고 보는 견해도 있다. 이와 같은 문학의 위기에 대한 판단과 견해에 대해 대체적으로 유효하고 적절하다고 생각한다. 그러나 이것만으로는 문학의 위기에 대한 총체적이고 본질적인 원인을 규명한 것이라고 하기는 어렵다.

이러한 위기는 비단 문학만이 가지고 있는 것은 아니다. 다른 예술의 갈래 역시 문학과 유사한 고민을 겪고 있기는 마찬가지다. 따라서 문학의 위기의 원인은 문학만이 아닌 문학을 둘러싼 다른 요인에서도 찾아보아야 한다. 문학 외적 요인을 확인해보면, 문학 이론이 스스로를 충분히 설명해내지 못하고 있다는 반성에서부터 시작된다고 할 수 있다. 문학은 물론이고 문학을 포함한 인문과학 역시 자족적 논리로는 진실에 접근하기가 용이하지 않아졌다는 점에 주목할 필요가 있다. 문학의 주체와 대상이 어떤 개체 하나로 이루어진 것이 아니라, 세포와 같은 미세한 것들로 수없이 연결되어 있다는 것을 알게 된 이후에는 한두 가지의 방법으로는 그 실체에 다가가지 못한다는 사실을 인식하게 되었다. 문학은 인간 사회를 대상으로 한다는 관점에서 출발한다. 인간에 대한 탐구는 인간과 관계를 맺고 있는 다른 분야에 대한 천착이 필수적이다. 게다가 지금까지는

---

3) 정현선은 오늘날 문학교육에 발생한 문제는 학생들이 경험하는 문화가 기존의 인쇄 매체 중심 문화에서 크게 변화했다는 데서 비롯된다고 보았고, 문학의 위기와 문학교육의 위기를 진정으로 해결하는 방법은 그러한 문제가 발생한 근본적인 원인을 올바로 인식하는 데서 비롯될 것이라고 하였다.(다매체 시대의 국어교육과 문화교육, 역락, 2004, pp.55-56.)

문학을 중심에 놓고 다른 주변 학문을 원용하는 방법을 사용해 왔으나 중심의 이탈, 또는 해체는 문학과 다른 학문과의 평등한 통합을 가속화시키고 있다.

문학을 비롯한 예술의 갈래들이 겪는 근본적인 원인을 살펴보면, 첫째로 어느 학문도 이제는 자신의 방법만으로는 자신의 문제를 비롯한 다른 영역의 문제를 풀어나갈 수 없는 상황에 놓인 것이다. 자연과학자들은 지구의 모든 영역에서 영향을 미치고 있는 인간에 대한 학문을 도외시하고서는 순수자연과학이 존재할 수 없다는 사실을 인식하게 되었다. 그러한 현실 인식의 깊이는 학자마다 다르겠지만, 근래에 들어와서는 단순히 관련이 있다거나 방법이나 주제를 차용하는 정도로는 산적한 문제들을 해결할 수 없다는 것이 자연과학자들 사이에서의 주된 인식이 되었다. 오히려 인식의 정도의 문제가 절박함의 정도라고 해야 할 정도이다.

둘째로 문학이 관계를 맺고 있는 사회의 변화 역시 문학 스스로는 감당할 수 없기에 이르렀다. 지체 상태의 문학과 문학 이론이 엄청나게 빠른 속도로 변화하는 사회를 따라가기에는 역부족이다. 마르크스적 관점에서 보면 문학은 경제적 토대 위에 있는 상부 구조에 속하게 되므로, 하부 구조의 변동에 많은 영향을 받는다고 할 수 있다.[4] 즉 하부 구조의 변동 속도를 상부 구조인 문학이 따라가지 못해 현실과 문학 사이에 괴리가 발생하고, 문학은 사회의 많은 부분을 담아내지 못하는 상태에 다다르게 된 것이다. 또한 문학의 가장 큰 특징 중에 하나인 형상화 역시 다른 매체가 그 기능을 대체하기에 이르렀고, 문학 수용자의 문학에 대한 인식 변화도 또 하나의 원인이 된다.

셋째로 문학과 문학 이론은 태생적으로 독자적인 면보다는 예술의 한 범주로서 다른 갈래와 긴밀하게 연결되어 있고, 나아가 내용적인 면에서

---

4) 홍성호, 문학사회학 골드만과 그 이후, 문학과지성사, 1995, p.42.

다른 예술과 그 영역을 상당 부분에서 공유하고 있다. 본디 문학과 예술은 동서고금을 막론하고 한 뿌리에서 시작되었으며, 예술과 문화는 불가분의 관계에 있다. 중세 이후에 서양에서는 예술의 각 분야를 전문적으로 담당했던 작가들이 19세기에 들어와 미래주의를 중심으로 다시 원래의 통합된 모습으로 돌아가려는 시도들을 계속하고 있다. 근대화 과정에서 서구의 영향을 받아 분석적인 모습을 보였던 동양 역시 본래의 文·史·哲 통합의 정신으로 되돌아가고 있다.

넷째로 문화에 대한 새로운 패러다임이 형성되고 있다. 내용 중심의 문화 분류 방식이나 제국주의 또는 선진국 중심의 문화라는 패러다임에서 매체 중심의 문화 분류와 주변 문화의 중심화라는 패러다임의 변화는 최근에 와서는 문화가 아닌 것이 없을 정도로 그 영역을 폭넓게 확장시켰다. 심지어는 인간의 영향을 전혀 받지 않은 자연 상태도 문화의 한 범주에 속한다는 주장도 있다.

문학의 위기를 살펴보는 일은 문학 자체의 위기로서 뿐만 아니라 문학과 직결되는 문학교육의 위기라는 측면에서도 깊이 고민해 볼 문제다. 하지만, 교육에 더욱 중점을 두는 문학교육은 문학의 어려움을 포함하여 또 다른 문제들로 위기에 직면해 있다.[5] 우선은 문학교육의 위상 문제를 지적할 수 있다. 현재 문학교육은 국어교육의 하위영역으로 분류되어 있어서 문학교육이 지니는 고유의 특성을 담아내기 어려운 면이 있다. 왜냐하면 문학교육이 추구하는 문학능력의 향상은 국어교육에서 다루는 언어기능적인 면만으로는 이루어지지 않기 때문이다.[6] 이는 문학교육에서 평가의 곤란함으로 이어져 문학교육의 파행을 만든 주된 원인이 되기도 하

5) 문학이 자초한 위기는 바로 독자를 고려하지 않은 것에서 오는 것이다. 이는 문학교육의 위기와는 층위가 다르다고 할 수 있는데, 문학교육의 위기는 학습독자에 대한 미숙한 배려나 방법상의 문제를 지적할 수 있다.

6) 김중신, 소설감상방법론, 서울대학교출판부, 1996, p.191.

였다.[7] 무엇보다도 문학교육에서 가장 큰 문제는 하나의 작품을 배운 후에 다른 작품으로 쉽게 접근하지 못한다는 점에 있다. 기존 전문가의 분석이나 해석을 그대로 답습하는 현행의 교수·학습 방법으로는 문학교육의 본령인 창의력 향상에 별 도움을 줄 수 없다.

문학의 위기를 문학만으로는 해결할 수 없는 것과 마찬가지로 문학교육의 문제점을 문학교육만으로 풀기는 매우 어려운 일이다. 이를 극복하기 위해 문학에 대해 교육하는 것을 넘어선 문학을 통한 교육[8]까지를 주장하게 되었다. 이를 위해 문학교육과 다른 교과 교육과의 관계를 파악하고 문학교육이 나아가야 할 지향점으로 교과교육의 통합을 제시할 수 있어야 한다. 그러나 이러한 확장은 문학교육의 개념역으로 가능한 것으로 보기 어렵다. 그렇다면 새로운 개념이 필요하게 되는데, 그 대안으로 본 연구에서는 비평교육을 제안한다.[9]

문학을 포함한 미술, 음악, 무용, 체육 등의 예술 교과는 물론 영화와 연극, 광고 등의 매체 교과, 역사와 사회 교과에서 각 교과의 목표를 달성하기 위한 교수·학습 방법으로 공통되게 비평을 교육과정에서 제시하고 있다. 심지어 최근에는 과학에서도 비평의 방법을 원용한 교수·학습 방법론이 제시되었다. 비평이 각 교과에서 학습할 방법으로 인식되고는 있지

---

7) 김대행은 문학교육의 위기를 국어교육의 위기와 연관 지어 설명하면서 국어교육에서 실용 기능을 강화하면서 문학교육의 입지가 축소되었다고 보았다. 문학교육의 위기의 원인을 1) 문학교육 방법의 빈곤과, 문학교육이 훈련의 모습을 띠었음. 2) 천박한 실용주의 3) 생활과 문화의 양태가 문학을 외면하는 쪽으로 변해가고 있는 것. 4) 문학교육의 본질을 훼손하고 있는 언어 영역 시험의 문제에서의 선다형 출제를 들고 있다.(문학교육의 틀짜기, 역락, 2006, pp.222-226.)

8) 박인기 외, 문학을 통한 교육, 삼지원, 2005, pp.30-31.

9) 지금까지 내용을 정리하면, 문학 이론의 고답적 성격 - 문학과 독자와의 거리감 형성 - 비평 이론의 발달(거대 담론 상실) - 비평 이론의 파편화와 난해성 - 비평과 문학, 독자의 해체(보편성과 특수성 사이에서) - 철학의 부재 - 문학교육의 위기 등이 문학 위기의 원인이라고 할 수 있다.

만 교과에서 받아들이는 비평의 개념과 의미는 제각각이어서 비평교육을 재개념화할 필요성이 대두되었다.

비평교육이 각 교과교육을 통합한다는 목표를 설정할 때에 과연 무엇을 어떻게 통합할 것인가에 대한 고민이 따르게 된다. '무엇을'이 내용에 해당된다면 '어떻게'는 방법에 관한 문제이다. 그러나 내용과 방법은 서로 떨어져서 존재하는 것이 아니라 상호규정 속에서 작동하는 성질을 가지고 있다.[10] 통합을 한다는 것은 요소와 요소의 선택적 결합을 의미하는데, 어떤 이유로 결합되는지, 어떤 것과 결합되는지, 왜 선택되었는지, 혹은 배제되었는지를 밝혀내기 위해서 관계의 과정을 규명하는 작업은 필수적이다.

이 책은 문학과 예술, 문화교육의 방법을 통합할 수 있는 비평교육을 재개념화함으로써 다음의 목적을 이루고자 한다. 새로운 문학, 예술, 문화교육방법론의 기초를 마련하고[11], 이를 기초로 각 교과에서 활용되고 있는 비평교육의 방법 중에서 공통적인 부분을 추출하여 비평적 학습자의 체계적인 학습 방법을 구안하고, 전문가 그룹이 비평 대상이나 작품에 접근하는 방법, 해석하는 방법과 비평적 학습자가 접근하는 방법을 연구함으로써 비평교육의 내용을 설정하고자 한다. 궁극적으로는 이러한 과정들을 통하여 비평교육이 추구하는 비평적 리터러시를 향상하는데 목적이 있다. 참고로 김중신은 '학습독자'[12]라는 용어를 사용하였지만, 비평교

10) 이광래, 방법을 철학한다, 지와 사랑, 2008, pp.88-92.

11) 김문환이 언급한 문화촉매운동(cultural animation)의 방법론을 만든다고 할 수 있다. 문화의 민주화(democratization)가 가장 불우한 계층까지도 포함한 전체 국민의 세금으로 마련된 재원으로 오히려 가장 혜택 받은 자들을 위해 쏟아 넣게 되었는다는 문제점을 지적하면서, 특정한 부분 문화들의 자기표현을 증진시키고 상호 소통매체들을 통해 그것들을 좀 더 보편적인 다른 부분 문화들과 연관시키는 것을 목표로 삼는 문화 민주주의(cultural democracy)를 선호한다. 비평교육은 학교 교육에서 시작하여 평생 교육을 지향함으로 문화 민주주의의 방법론의 하나가 될 것이다.(문화교육론,서울대학교출판부, 1999, pp.305-313.)

육에서는 읽기만을 위한 독자만 존재하는 것이 아니기 때문에 다른 교과와의 관련성을 고려하여 '비평적 학습자'라는 용어를 만들어 사용하였다. 이후 학생, 비평적 학습자, 학습독자, 학습비평자 등의 의미로 사용될 경우는 모두 비평적 학습자로 통일하려 한다.

2. 지금까지의 논의

문학 이론은 작품과 작품과의 관계나 영향을 밝히기 위해 통시적으로 접근하는 문학사 연구와 작품에 대한 평가를 내리려고 공시적으로 접근하는 비평을 아우르고 있다. 문학교육에서는 문학사에 대한 교육보다는 비평에 대한 교육을 더 많은 비중으로 연구해 왔다. 작품을 분석하고 해석하여 가치를 판단하는 일련의 작업들은 비평의 그것과 거의 일치하기 때문이다. 문학교육은 전문가들이 작품에 접근했던 방식인 문학 이론을 비평적 학습자에게 가르치려고 한 것에서 출발한다.

이러한 연구의 방향은 크게 세 가지로 나누어지는데 우리의 고전문학에서 찾으려는 노력, 한국의 비평 시대를 열었던 1930년대 비평가들의 방식을 차용하려는 연구, 서구의 비평 이론을 교육에 적용하려는 연구가 있다. 고전 산문이나 상소문, 과거에 응시했던 유림들의 문장들을 중심으로 조선 시대 이후 후학들에게 전하려고 했던 문학 이론들을 탐색하여 현재에 적용하려는 일[13]은 매우 의미 있는 일이라 할 수 있다. 다만 비평으로의 접근보다는 글쓰기에, 교육보다는 문학 이론에 더 가깝다고 볼

12) 김중신, 위의 책, p.25.
13) 염은열, 고전문학과 표현교육론, 역락, 2000.
이지호, 연암 박지원의 글쓰기 방법론 연구, 서울대학교 박사학위 논문, 1997.

수 있다.

김환태, 최재서, 임화 등으로 대표되는 전형기(轉形期) 비평가들의 비평방식을 현재의 문학교육에 적용하는 것[14]은 과거와 현재를 잇는 과도기적 역할과 전통과 외래의 방법을 종합적으로 다룬다는 점에서 중요한 일이라 하겠지만, 당대의 비평가들이 처한 상황이나 배경지식, 가치관 등이 현재의 비평적 학습자들과는 비교할 수 없을 정도로 다른 처지에서는 의미가 적다고 여겨진다. 이러한 방식을 긍정적으로 적용하려는 연구자들이 1930년대 비평가(임화, 김환태, 김문집, 이태준 등)들의 비평 태도에 집착하는 이유를 분석해 보면 1) 전통 계승의 차원, 2) 1930년대는 비평의 시대로서 비평의 다양성이 확보되었던 시기라는 점, 3) 선행 연구자들의 비평 방법 수용이라는 긍정적 차원으로 이해될 수도 있으나, 이에 반해 1) 1920-1930년대 작품들에 대한 지나친 정전(canon)적 의미 부여, 2) 당대나 지금이나 외국이론을 적용한 것에 불과한 점, 3) 학생들의 비평이 전문가 비평과 다름을 인지하지 못하고 전문가적 비평에 귀속되는 모순이 문제점으로 드러난다.[15]

또 하나는 비평 이론을 교육에 적용하려는 흐름이다. 이를 위해서는 문학 이론이 아닌 문학현상과 비평적 학습자가 소통하는 규칙이 필요한데, 문학 내적 규칙인 개념적 지식이 아니라 문학 현상을 탐구하는 방법적 지식이 필요한 것이다. 다시 말해 전문 비평가가 자신만의 틀과 준거로

14) 임경순은 비평교육이라는 이름으로 문학작품을 분석한 처음의 시도라는 평에 걸맞지 않게 어떠한 비평교육의 기준과 내용도 제시하지 못하였다.(비평교육의 일고찰-낙동강 논의를 중심으로, 선청어문, 제25집, 서울대학교 사범대학 국어교육과, 1997.) 비평교육을 비평 활동으로 대체한 김성진의 연구가 비평 활동의 지배소와 교육 내용, 그리고 목표까지 설정한, 진정한 의미에서의 비평교육의 출발점이라고 할 수 있다.(비평 활동 교육의 내용 연구, 서울대학교 박사학위논문, 2004.)

15) 김윤식, 한국근대문예비평사연구, 일지사, 1992, pp.202-214.

비평하는 규칙을 가르치는 것이 아니라, 이들 전문가의 공통된 방법을 개념화·조직화해서 가르쳐야 하는 것이다. 그러나 우리 문학교육에서는 문학 이론에 치중한 결과 서구의 비평 이론을 우리의 비평적 학습자에게 적용하는 방향이 주를 이루게 되었다.

우리나라의 문학교육과 비평교육에 제일 먼저 영향을 준 것은 백철이 들여온 신비평이었다. 신비평이 국어과 교육과정에 미친 공과를 연구하는 것은 신비평이 아직도 7차 교육과정의 근간에도 남아 있을 뿐더러, 대부분의 교사들이 문학교육에 신비평 방법을 취하고 있는 현재의 실정에서는 아직도 끝나지 않은 일이라 할 수 있다.[16] 이어서 수용미학과 독자

---

16) 우한용은 신비평의 이론적 자체 모순보다는 한국문학 연구방법이 신비평에 의존할 수밖에 없는 단선적인 구도와 신비평 자체에 대한 이해의 부족과 성급한 수용이 신비평을 오도하는 역할을 했다고 지적했다.(신비평이 한국 문학 연구에 미친 영향, 현대 비평과 이론 10호 가을 · 겨울호, 한신문화사, 1995.) 장경렬은 신비평은 이미 죽은 말이며 난파선이라고 전제하고, 그 원인을 신비평의 이론적인 측면에서 찾아내려고 고심하였다.(신비평 무엇이 문제인가, 현대 비평과 이론 7호 봄 · 여름호, 한신문화사, 1994.) 정재찬은 신비평이 시교육을 지식 교과화하여 시의 구조적 요소에 대한 지식의 습득이 시교육의 자리를 대신하게 되었다고 비판하였다.(신비평과 시교육의 관련에 관한 비판적 검토, 선청어문 20호, 서울대학교 사범대학 국어과, 1992.) 이어 소설교육에서의 신비평을 논의한 김상욱은 신비평이 개념적 지식의 역할과 기능이 풍부하게 규명되지 못한 채 고형화된 지식으로 시교육을 이해의 대상이 아닌 암기의 대상으로 전락시켰다고 주장함으로써, 신비평이 문학교육에 미친 부정적인 면에 주력하였다.(신비평과 소설교육 방법의 재검토, 국어교육 79 · 80호, 한국국어교육연구회, 1993.) 이에 반해 김정자는 신비평이 없었다면 풍요롭지도, 다양하지도, 자유롭지도 못한 문학을 갖게 되었을 것이라고 주장하였고(구인환 외, 뉴크리시티시즘과 한국적 수용 양상, 한국 전후 문학 연구, 삼지원, 1995.), 문학을 교실에서 가르칠 수 있는 과목으로 이끌었다고 하는 이창국은 신비평의 등장 이유를 문학 작품을 수업시간에서 가르칠 수 있는 유일무이한 비평 이론이기 때문이라고 주장하여 긍정적인 면을 부각시켰다.(뉴크리티시즘은 죽었는가, 현대 비평과 이론 4호 봄 · 여름호, 1993.) 긍정과 부정의 문제가 아니라 신비평의 방법이 과연 신비평의 원리와 이론에 맞게 교육과정과 현장에서 사용되었는지에 대한 성찰이 요구된다. 신비평과 형식주의적 방법을 무조건적으로 배제해야만 하는 것이 아니라 비평교육에서 유효하게 사용될 수 있게 적용하는 연구가 이루어져야 할 것이다.

반응비평이 전해지면서 이에 대한 연구도 빠르게 진행되었다. 경규진은 문학교육에서 학습자에 대한 관심을 기울인 로젠블랫(Luise M. Rosenblatt)의 거래 이론과 반응 중심 접근법의 관점을 원용하여 반응 중심 문학교육의 이론적 배경을 소개하고 방향과 방법을 고찰하였다. 이 연구는 학생들의 경험을 우선시하고 문학에의 능동적 참여를 격려하여 문학교육의 새로운 전망을 가능케 해 주었다는 평과 모든 반응을 살필 수 없다는 점, 지나친 활동 중심으로 활동만 남았다는 평을 동시에 받고 있다.[17] 이와는 달리 류덕제는 수용이론의 적용 가능성이 시교육보다 상대적으로 높은 소설교육을 택하여 접근하였는데, 문학교육 현장에서 우려되는 수용이론의 주관성에 대한 문제를 인식하여 수용이론의 구체화의 적합성을 위한 기준을 제시하였다.[18]

신비평에 대한 많은 수의 논의가 주로 신비평의 해악에 대한 연구였다면 신비평을 독자 반응 비평과 함께 유효하게 적용할 수 있는 모형을 제작한 권혁준의 연구도 있었다. 그는 많은 이들이 폐기를 주장하는 신비평과 독자 반응 비평을 문학교육에 접목하여, 대립되는 두 이론의 변증법적 통일을 꾀하였다. 비평교육의 이론을 형성하지는 못했지만, 비평교육의 내용을 확보했을 뿐 아니라 비평교육의 현실 가능성을 이루어낸 것은 큰 성과를 이뤘다.[19]

신비평과 관계 깊은 형식주의, 구조주의 비평에 대한 연구도 진행되었다. 이대규는 문학 작품의 내적 구성 원리를 분석함으로써 작품의 감상에 이를 수 있다는 인식론적 방법론에 근거하여 문학작품의 학문적 논구의 과정을 제시하였다. 브루너(Bruner)가 주장한 지식의 구조이론에 기대어,

17) 경규진, 반응 중심의 문학교육 연구, 서울대학교 박사학위 논문, 1993.
18) 류덕제, 소설 텍스트의 문학 교육, 경북대학교 박사학위 논문, 1995.
19) 권혁준, 문학비평 이론의 시교육적 적용에 관한 연구, 한국교원대학교 박사학위 논문, 1997.

문학의 학문적 원리로부터 개별 작품을 이해한다는 문학교육관을 토대로 문학지식의 구조화를 꾀하고 있지만, 선정 가치가 있는 문학의 내용들을 신비평적인 접근에 의존하고 있어서 문학적 지식이 편향되어 있다는 지적을 받는다.[20]

이러한 연구에 대한 반발로 탈 구조주의, 포스트모더니즘을 포함한 구성주의의 유입은 기존의 교사 중심, 텍스트 중심의 관점에서 비평적 학습자 중심의 문학교육으로의 전환을 요구하였다. 이상구는 신비평과 구조주의에 대한 부정적 입장은 물론이고, 구성주의 문학교육론과 유사한 독자 반응이론이나 수용미학, 프랑스 중심의 해체이론 등도 인간 중심이 아닌 언어 중심이라고 비판하며 선을 긋고 있다. 그 대안으로 슈미트(Schmidt)의 구성주의 문예학에 기초한 학습자 중심의 문학교육을 주장하며 새로운 패러다임을 형성하였으나, 구성주의 자체가 가지는 방법적 모호성을 극복하지 못한 점이 아쉽다.[21] 또한 중심에서 멀리 떨어져 있던 비평적 학습자를 주체로서 인식하고 학습하게 하는 점이 긍정적으로 인정되나 지나치게 활동에 치우친 나머지 감상과 비평을 잃어버렸다는 비판도 받고 있다.[22]

문학 이론과 문학비평, 그리고 문학교육에 대한 공통점과 차이점을 밝히는 것만으로는 문학교육과 문학비평교육과의 관계를 조명해내는 것은

---

20) 이대규, 교과로서의 문학의 구조, 서울대학교 박사학위 논문, 1988.

21) 이상구, 구성주의 문학교육론, 박이정, 2006.

22) 김대행은 문학을 바라보는 관점을 실체 중심, 속성 중심, 활동 중심으로 분류한 후, 활동 중심 문학교육의 문제점으로 방법이나 체계를 갖추지 못하고 반복적인 훈련만을 한다는 점, 경험에 의한 지식 습득으로 문화적 동질감을 찾기 어렵다는 점 등을 지적하고 있다.(문학교육원론, 서울대학교출판부, 2005.) 신헌재・진선희는 기본적으로 이상구의 주장에 동의하면서도 김대행의 지적에도 공감하며 계획된 활동에 대한 교사와 학생의 철저한 인식과 교사의 발문, 파징 중심의 방법 등을 대안으로 제시하고 있다.(학습자 중심의 시교육론, 박이정, 2006.) 그러나 이러한 방법들은 일반적인 교수・학습론과 별반 다르지 않다.

쉽지 않다.[23] 여기에 비문학 비평의 가장 큰 속성인 읽기와 가치 판단의 기능을 더한 비판적 읽기교육과의 변별 또한 어려운 일이다.[24] 이러한 이유로 문학비평교육의 개념은 문학 이론, 문학비평, 문학교육, 비문학 비평과의 공통점과 차이점에서 찾기보다 오히려 문학비평교육이 가지는 위상과 방향, 목표, 그리고 내용 설정에 관한 연구에서 더욱 확실해진다.[25] 이러한 개념은 문학비평교육을 다른 영역으로 전이시켜야 한다고 주장하며 비평교육의 필요성을 역설한 논의로 나아가게 되었다.[26] 이후 비평교육은 문학교육과 교과교육에서 교육 후 활동에 주목하게 되면서 그 중요성이 강조되었다.[27]

---

23) 서민정은 문학 연구와 문학교육이 상호 통합적으로 소통하기 위한 중간 역할을 문학비평이 할 수 있다고 보고, 문학 비평은 문학 자체가 지닌 내용적인 면과 문학교육을 위한 방법적인 면의 특성을 둘 다 갖추었다고 보았다. 그러나 문학비평과 문학 비평교육과의 차이를 인지하지 못했다.(문학비평 교수-학습 방안 연구, 한국교원대학교 석사학위논문, 2007.)

24) 김미혜는 비판이 지닌 부정적 속성을 근거로 하여 비평교육과 비판적 읽기의 차이점을 설명하는데 성공하였다. 이는 비평교육의 개념 정립에 큰 공헌을 하였다.(비판적 읽기 교육의 내용 연구, 서울대학교 석사학위논문, 2000.) 김성진도 비판적 이해에서 비평으로의 전환을 주장하였다.(문학교육에서 비평 활동에 관한 연구, 국어국문학 제130호, 국어국문학회, 2002.)

25) 류덕제는 초등학교 문학교육에 비평교육의 도입을 적극적으로 권장하면서 학습독자의 수준에 맞는 방법과, 비평교육의 대상으로 비평 대상의 인지적인 면과 정의적인 면을 동시에 삼아야 한다는 점을 제시하였다.(초등학교 문학교육의 바람직한 방향, 어문학교육 25집, 한국어문교육학회, 2002.) 김성진은 문학비평활동이 작품에 대한 연구와 해석만이 아닌 비평가 자신에 대한 앎과 사회와 역사 전체에 대한 관심까지 확대해 나가야 한다는 주장을 펼쳤고, 비평교육의 목표와 방법에 대한 통합성을 인식하였다.(앞의 논문)

26) 김수이는 복수적 관점에서의 비평 방법의 선택 교육은 현재 문학교육과 교과교육이 안고 있는 문제점들을 해결할 하나의 열쇠로 보았다.(논술교육 토대로서의 비평교육의 필요성과 방안, 국어교육 제125호, 한국어교육학회, 2008.) 이는 비평교육의 필요성과 중요성을 모두 인정한 주장이다.

27) 김동환은 문학교육 후의 활동으로 비평적 에세이를 작성하는 것을 제안하고 있다. 창작과 비평을 하나의 관점에서 조망했다는 점에서 의미가 있다.(비평적 에세이 쓰기, 문학과 교육 7호, 문학과문학교육연구회, 1999.) 이를 보다 구체적으로 연구한 박영민은 비평 활동과 과정 중심 쓰기를 결합하여 비평문 작성의 체

이처럼 비평교육은 문학교육에서 활발하게 제기되었지만 단지 문학교육에서만 제기되어온 것이 아니다. 문학과 가장 인접한 예술, 특히 미술교육에서는 요즘이 가히 미술비평교육의 시대라고 해도 과언이 아니다. 이론교육에서 감상교육으로, 이제는 비평교육으로 미술교육의 본령을 전환하고 있다. 박휘락은 산재되어 있던 미술비평 이론과 방법을 집대성하여 미술비평교육연구에 단초를 마련하였고,[28] 고은실은 미술교육의 미술비평과 미술사 이론들과의 연관성을 입증하고 미술비평교육의 필요성을 제시하였다.[29] 김동영은 그간 미술비평교육이 미술작품 읽기를 통한 학습자의 정서 순화에 치우친 점을 반성하고, 미술비평교육에서의 통합적 방법을 제시하였다. 학습자의 개별 정서와 인격 성장 모두에 중점을 두는 열린 관점을 견지해야 한다는 것, 미술이론과 미술사는 보조적 수단으로서 활용되어야 한다는 점, 그리고 시각-뇌의 능동적 처리과정을 활성화시키는 방안이 그것이다.[30] 김형숙은 서양 중심의 미술비평과 감상교육의 이론과 교수·학습 방법의 틀을 넘어서 동양 문화에서 학습자가 다른 문화를 통해 자신의 문화를 이해할 수 있도록 비교문화적 맥락에서의 비평적 탐구방법을 주장하였다.[31]

최근 미술비평교육의 주된 논제는 1970년대 이후 가장 많이 사용되고 있는 펠드먼(Eurke B. Feldman)의 미술비평방법에 대한 내용이다. 미술비평의 단계를 기술, 형식 분석, 해석, 평가로 제시한 펠드먼의 이 비평방법은 적용 단계의 명료성과 간편성으로 인해 학과 중심의 미술교육

계와 모형을 제시하였다.(비평문 쓰기, 교학사, 2003.)

28) 박휘락, 미술감상과 미술비평교육, 시공사, 2007.

29) 고은실, 미술비평교육의 필요성과 의의에 관한 연구, 미술교육논총 22권, 미술교육학회, 2008.

30) 김동영, 미술 감상-비평 교수를 위한 통합적 구조화 연구, 한국초등미술교육학회, 2007.

31) 김형숙, 비교문화적 맥락에서 미술비평과 감상교육, 홀리스틱연구 12권, 2008.

(Discipline-Based Art Education)에서 적극 도입되었으나, 작품 중심에 매몰되었다는 비판에 직면하게 되었다. 펠드먼식 비평 방법을 극복하는 한 방향으로 양재진은 게히건(George Geahigan)의 이론에 주목하였다. 펠드먼의 비평적 담화가 말하기와 쓰기 등의 언어적 진술에 의존한 직선적 과정이었다면, 게히건의 비평적 탐구는 탐색하고 발견하는데 초점이 맞추어진 순환적 과정이라고 하면서 두 이론의 상호 보완을 주장하였다.[32] 이와 달리 박지영은 펠드먼 비평 방식의 단계에서 발생하는 단계적 문제점을 보완하는 방법을 제안하였다. 또한 작품 중심보다는 학습자 중심의 실제적 비평 활동의 중요성을 강조하였다.[33]

학습자 중심의 비평교육은 비단 미술교육만이 아니다. 박진홍은 문학비평교육이나 미술비평교육에 비해 상대적으로 취약했던 음악비평교육에 대한 이론적 정립을 시도하면서 아이즈너(E. Eisner)의 예술에 대한 언어표현 유형에 주목하였다. 음악비평교육이 비평적 학습자의 음악 인지 능력은 물론 음악과 음악수업에 대한 태도 및 가치관 변화에 유의미성을 지님을 검증하였다.[34]

무용교육, 스포츠교육, 영화[35] 및 매체교육을 넘어 문화교육[36]에서도 비평교육은 방법론의 핵심으로 연구되고 있다. 나아가 김홍집은 과학비평 수업 모형을 관찰하기·읽기, 설명하기, 비평하기의 3단계로 제시하면서 기존의 설명 위주의 수업 방식을 탈피하여 비평의 방법과 원리를 활용

32) 양재진, 펠드맨과 게히건의 미술비평교육 방법론 연구, 홍익대학교 석사학위논문, 2009.

33) 박지영, 미술 감상교육에 나타나는 펠드먼 미술비평의 문제점과 그 보완에 관한 연구, 고려대학교 석사학위논문, 2009.

34) 박진홍, 음악 비평 활동이 음악 인지 능력에 미치는 영향, 경성대학교 박사학위논문, 2009.

35) 이윤영, 영화비평과 영상미학, 서울대 인문논총 제58집 제1호, 서울대인문학연구원, 2007.

36) 문화연대 문화교육위원회, 2003 문화교육운동총서, 문화연대, 2003.

한 새로운 모형을 제시하였다. 비평의 영역을 과학에 적용한 것과 비평 방법의 과학화를 역설한 것까지는 의미 있는 연구였으나, 비평에 대한 개념 인식 부족으로 '과학적 비평'과 '과학에 대한 비평'을 구별하지 못한 점은 아쉬움으로 남는다.[37)]

비평교육은 언어능력 신장을 목표로 하는 국어교육과 문학능력 향상을 목표로 하는 문학교육을 동시에 달성할 수 있는 방법 중에 하나이다. 비평을 무엇보다 언어로 한다는 점, 비평이 가지고 있는 메타적 성격은 의사소통능력을 향상시킬 수 있다는 점에서 언어능력의 신장을 기대할 수 있다. 또한 심미적 경험을 살려 작품을 보는 안목을 높이고 자신의 생활에 적용하는 능력을 키우기 위한 문학능력 역시 향상될 것으로 생각한다. 국어교육과 문학교육의 접점에는 논리성과 상상력이 위치해 있는데, 이들은 비평교육에서 얻는 비평능력과 깊은 관계를 맺고 있다.

비평교육의 중요성과 필요성에 비해 기존의 연구들은 다음과 같은 문제점을 노정하고 있다.

첫째, 비평교육의 개념을 명확히 정립하지 못하고 있다. 문학비평교육과 비평교육, 미술감상교육과 비평교육, 문화교육과 비평교육 등은 서로 구별되어야 할 관계에 있다. 각 교과에서 사용되는 비평과 비평교육의 의미가 제 각기 다르고 심지어 같은 교과교육 연구자들조차 자신만의 차별화된 개념을 적용하여 연구자들은 물론이요, 이를 배우는 학생들은 더욱 혼란해 하고 있다. 이러한 문제들을 해결하기 위해 이 책에서는 비평교육의 재개념화를 통해 불필요한 용어의 난립을 정리해 보고, 비평교육의 목표와 성격 등을 규명해 보고자 한다.

둘째, 비평교육론이 방법론임을 인식하고 그 과정이 중요하다고 하면서 실제로 과정을 설명한 연구는 거의 찾기 어려웠다. 사용된 방법론 역시

---

37) 김홍집, 과학비평 수업모형의 개발 및 적용, 공주대학교 박사학위논문, 2008.

하나 또는 두 개의 비평 이론을 각 교과의 교육에 결합하는 형태로 전개되었고, 다양한 관점에서의 접근의 확보가 미흡했고, 비평 후의 활동에 치중했다는 지적을 피하기 어렵다. 이 책에서는 비평 과정에 대한 연구와 더불어 다양한 비평 이론과 관점을 제시하고 비평 후 활동만이 아닌 비평 전과 비평 과정까지도 살펴볼 것이다.

셋째, 분석적이고 형식적인 접근 방법을 기피한다고 하면서 실제로는 통합적 조망을 못하고 있다는 점이다. 여러 가지 다양한 이론들이 녹아들어 있는 비평 현실과 여기에 직면한 비평적 학습자의 변인에 대한 구조적 분석이 선행되지 않은 채, 공통점보다는 상이한 점만을 부각하여 분리적 사고로 접근하고 있다. 이 문제를 해결하기 위해 다양한 비평 이론과 현실을 통합적으로 조망해 보려 한다.

넷째, 연구의 대상으로 삼았던 작품들도 문화를 제외하고는 대부분 예전의 것에서 크게 벗어나지 못했다. 19세기나 20세기 초반의 비평 이론과 비평 이론이 적용된 작품만으로 21세기의 학습자들을 가르쳐서는 곤란하다. 최근의 이론과 작품으로 현실성 있는 비평교육의 내용과 방법으로 더욱 풍부하게 채워보고자 한다.

다섯째, 비평에 대한 오해를 여전히 안고 있다. 비평은 전문적인 지식을 가진 연구자들만의 전유물로 알고 있는 교사나 학습자들이 많다. 비평에 사용되는 용어들은 대부분 해당 장르에서만 사용되는 특수한 것들로 이루어진 경우가 많다. 전문가들의 비평 방법을 무리하게 적용하려는 노력들도 이와 무관하지 않다고 할 수 있다. 학습자들이 일반적으로 알고 있는 용어들과, 각 교과 시간에 배운 내용을 중심으로 하는 교재적 구성, 즉 비평교육의 일반화 연구를 하고자 한다.

Ⅱ장 비평교육의 전제

1. 비평교육의 재개념화

1.1. 비평의 정의

1.1.1. 비평의 일반적 정의

문학과 예술을 포함한 현대의 모든 영역과 대상에 사용되는 비평은 예전부터 사랑받아온 용어로 보기는 어렵다. 오히려 문학이나 예술의 위기를 초래한 최초의 원인제공자로서 비평가를 지목할 정도이다. 이는 비평이나 비평가 자체의 문제라기보다는 비평의 개념을 오해하거나 비평가나 학습자가 비평의 방법을 잘못 사용했기 때문이라고 볼 수 있다.

우선 비평은 고도로 난해한 작업이어서 전문가만이 할 수 있는 것이라는 지적은 비평을 문학 이론이나 예술 이론과 등가(等價)로 생각한 결과였다. 문학작품에서 추출한 이론적 도구를 독점해 온 문학연구자들이 그들만의 시각과 가치관과 방법으로 대상을 접근한 것은 비평이 아니라 문학연구이다. 비평의 출발이라고 할 수 있는 인상비평을 도외시하고 형식에만 얽매여 온 신비평과 형식주의 비평으로 생긴 기형적 개념의 비평이 있었던 것도 사실이지만, 그것은 비평의 대상이 되는 문학작품이나 예술을 향유하는 사람들이 한정되어 있었고, 비평적 지식을 가진 자만이 비평할 수 있다는 오만이 불러온 결과였다. 대상에 대한 접근이 용이해진 지금은 누구나 비평을 즐기면서 할 수 있다.

비평을 비판과 같은 개념으로 받아들여 대상에 대해 부정적 생각을 노출하는 것이나 대상과 일정한 거리를 유지하는 것이라고 생각하는 경우도 적지 않다. 비평과 비판은 서양의 'critic'이라는 어원에서 같이 출발하였지만, 지금은 사뭇 다른 어감과 내용으로 사용되고 있다. 비평을 창작과 대칭되는 개념으로 사용하는 것이다. 또한 동양적 어원으로 보면 '비점평주(批點評注)'의 준말로서 문학작품에 간단히 평가하고 잘된 부분에 점을 찍는 비점과 문학작품에 대한 평가와 함께 보충적 내용을 추가함으로써 작품에 대한 이해를 돕는 일을 말하는 평주를 합한 것이다.[1] 이 또한 일반적인 비판의 의미와는 거리가 있다.

읽기와 쓰기는 원래 한 몸인 언어 사용 기능들이다. 읽기의 과정에서 쓰기의 내용 생성은 자연스럽게 생긴다. 마찬가지로 비평과 창작은 대칭되는 개념이 아니라 연동되어 있고 연속되는 개념이라고 할 수 있다. 비평을 비평문과 동일한 위치에서 사용하는 것도 적절하지 않다. 비평 후의 활동으로 비평문을 많이 사용하고 있으나, 비평은 비평 후 활동까지를 포함한 개념으로 비평문의 영역보다 상위의 개념이라고 할 수 있다. 비평을 문학, 미술, 예술, 문화에서 주로 사용한다고 하여 이들만을 대상으로 여기는 오해도 있는데, 비평은 비평적 학습자가 바라보는 모든 것을 대상으로 삼는다.

이러한 기존의 비평에 대한 인식들을 해체하고 재구성하기 위해서는 비평의 방법만큼이나 다양한 비평의 정의부터 재논의되어야 한다. 우선

---

1) 김성룡, 「고전 비평과 문학능력」, 문학능력, 역락, 2010, p.117.

사전적인 정의들을 살펴보고 다른 개념과의 비교를 통해 정의를 내려 보고자 한다.

문학에서 비평이라 함은 문학작품을 정의하고 그 가치를 분석하여 판단하는 것이다. 비평은 작품과 작가를 평가하는 기준이 되며, 그 기준은 과거의 문학작품과 전통에서 가져온다. 비평의 기준은 시대마다 다를 수 밖에 없으며, 비평의 준거틀 자체가 비평의 대상이 되기도 한다.[2] 이명섭[3]은 비평을 문학작품을 정의하고, 분석하고, 평가하는 학문이라고 하였으며, 아브람스(M. H. Abrams)[4]는 비평을 문학작품의 정의, 분류, 분석, 평가에 관한 연구라고 하였다.

이들에서 대상이 된 '문학'을 제외하고 그 남은 부분을 정리하면, 비평은 어떤 대상에 대한 정의를 내리고, 가치를 분석하고 판단하여 평가를 하는 작업을 말한다는 잠정적인 결론을 얻을 수 있다.

비평에 대한 다른 정의들도 존재한다. 비평이 대상에 대한 분석적이고 과학적인 작업을 의미한다는 것과 달리, 비평의 역할을 중시하는 관점에서는 비평이 어떤 대상이나 현상을 선도하는 OP[5]적 기능을 가진다는 주장도 설득력을 얻는다. 이런 경우에 심지어 비평은 대상 없이도 존재가 가능하다고 보는 견해에 이르게 된다. 하나의 독립된 갈래로서 비평의 영역이 인정되는 것이다. 수용과 평가의 개념이 아닌 또 다른 창조로서의 비평의 의미를 찾을 수 있다.[6]

---

2) 한국문학평론가협회, 문학비평용어사전(상), 국학자료원, 2006, p.887.
3) 이명섭, 세계문학비평용어사전, 을유문화사, 1989, p.205.
4) M. H. Abrams, 최상규 역, 문학용어사전, 보성출판사, 1995, p.57.
5) Optical Post의 약자로 높은 곳에서 전방을 살펴보는 관측 장소를 의미하는 군사용어였는데, 비평이 문학 현상의 지평을 살피는 선도적 역할을 한다는 의미로 사용되었다.
6) 김문집, 비평문학, 국학자료원, 2003, p.61.

1.1.2. 비평과 다른 개념

비평에 대한 기존의 연구로도 비평을 논하기에는 충분하지만, 비평과 유사한 다른 개념과의 차이를 고찰하면 비평의 개념은 더욱 명확해진다.

우선 비평과 감상은 실제에 있어 많은 공통점을 가지고 있어서 구분하는 일이 그리 쉽지 않은데,[7] 다음의 내용은 비교적 명확하게 차이를 설명하고 있다.

> 감상은 문학작품에 대한 다른 소통 행위인 해석·평가 등과 구별하여 엄밀히 사용되는 경우도 있다. 문학작품은 해석의 대상이자 가치 평가의 대상이다. 해석은 평가에 비해 상대적으로 보편성을 갖는 객관적인 근거가 뒷받침되는 반면, 평가는 해석을 전제로 하지만 결과적으로는 독자의 주관적 판단에 근거한다. 이러한 평가가 다소 논리적인 것이라면 감상은 논리적 측면뿐만 아니라 감성적인 측면에서 보다 폭넓게 일어나는 것이다.[8]

또한 감상과 비평은 각기 다른 구성 요소들을 지니고 있다. 감상이 주관적인 면이 강한 정의와 공감, 느낌 등을 중시한다면, 비평은 객관적인 면이 강한 비판, 평가, 가치 등이 우선시된다고 할 수 있다. 즉 비평은 대상에서 받은 주관적인 면을 보편적인 개념이나 방법으로 객관화시키지만, 감상은 대상에 대한 주관적인 것에 중점을 두는 것에 그친다는 것이

---

7) 모든 문학 비평은 작품을 읽고, 이해하고, 해석하여 평가하는 과정을 거쳐 도출해 내는, 일반 독자가 한 작품을 감상하는 과정과 동일하다.(구인환 외, 문학교육론, 삼지원, 2007, p.331.) 조하연은 어원과 용례를 통해 감상을 감식과 자기화로서 인식하였고, 여기에 평가라는 개념까지 더해졌다고 주장하여 감상과 비평의 차이를 모호하게 하였지만, 감상은 다른 누군가를 염두해 둔 행위가 아니라는 점에서 비평과 다른 행위임을 분명히 하였다.(鑑賞의 개념정립을 위한 小考, 문학교육학 15호, 한국문학교육학회, 2004, p.403.)

8) 서울대학교 국어교육연구소, 국어교육학사전, 대교출판, 2004, p.12.

다.[9] 심지어 문학이나 예술, 문화 등의 연구가 학문적으로 정립되는 과정에서 나타났던 학문과 감상의 이분법적인 논리가 전개되었던 시기에는 감상의 불필요성이 대두되기도 하였다.[10]

비판 역시 비평과 혼용되어 쓰는 개념 중 하나인데, 그 이유는 비판의 개념에도 비평과 같은 분석과 판단의 요소들이 들어 있기 때문이다.[11] 물론 비판이 부정적 판단에 대한 언술만 하는 것은 아니지만, 다분히 부정적 경향에 가까운 의미를 함의하고 있다는 것이다. 이러한 점에서 비판이 대상에 대한 부정적인 판단의 기조에 가깝다면, 비평은 대상에 대해 긍정도, 부정도 아닌 가치중립적 입장에 있다고 할 수 있다.[12]

정리하면 비평은 대상에 대한 애정을 가지고 대상에 대해 관찰을 하고 대상이 지닌 의미와 내용을 분석하고, 이해하고, 그 가치를 판단하고, 자신의 삶과 관계를 맺은 후 자신의 대상으로 재창조하는 과정 전체를 말한다.

1.2. 비평교육의 개념

비평교육의 개념 역시 비평과 마찬가지로 다른 개념과의 비교를 통한 방법과 비평과 교육의 조작적 정의에 의한 방법으로 설정될 수 있다.[13]

---

9) 김현수는 작품을 식별하고 작품의 가치를 평가하는 행위를 비평의 본질이라고 규정하며, 평가적 개념이 상대적으로 적은 감상과의 차별을 시도하였다.(국어 교과에 쓰이는 감상, 비판적 읽기, 비평 등의 용어 대한 小考, 새국어교육 제76호, 한국국어교육학회, 2007, p.92.)

10) 프라이(Northrop Frye)는 문학비평의 과학화를 위해 주관적인 영역으로서의 감상을 극복해야 한다고 하였다.(비평의 해부, 임철규 역, 한길사, 2007, p.42.)

11) 한국문학평론가협회, 위의 책, p.884.

12) 김성진은 읽기교육에서 사용되고 있는 비판이라는 개념이 주체와 텍스트의 상호작용, 그 중에서도 특히 텍스트가 주체에 미치는 영향이라는 문제를 설명하지 못한다고 지적하였다.(문학교육의 쟁점과 전망, 삼지원, 2004, p.30.)

13) 비평교육에 대한 사전적 정의로는 '문학의 원리에 대한 개념적 · 방법론적 접근인 문학 비평이 바람직하게 이해, 수용될 수 있도록 하기 위한 일체의 과정을

1.2.1. 비평교육의 검토

1) 감상교육과 비평교육

감상은 대상에 대한 분석과 이해를 통하여 주관적인 판단을 내리는 일이라 할 수 있다. 그렇지만 감상과 감상교육은 내용과 방법 면에서 다른 모습을 보인다. 그것은 교육이 학습자에 대한 의도적인 행위를 이끌어내는 것이기 때문이다. 감상이 감상자 자신의 주관적인 감정이나 직관에 의해 대상에 대한 이해와 가치 판단에 무한함을 보장받는다면, 감상교육은 어느 정도 제한을 받게 된다. 왜냐하면 감상은 대상에 대한 주관적 감정이므로 곧 자유로운 상상력이나 창의적 사고와 연결된다. 그렇지만 감상교육에서는 주관의 객관적 근거가 어느 정도 이루어져야 한다는 의미를 내포하고 있다. 그것은 감상교육도 교육이므로 객관화라는 교육의 내적 논리를 따를 수밖에 없기 때문이다. 그렇다고 하여 위계를 설정하여 감상교육을 비평교육의 하위 단계나 앞선 단계로 인식하는 것[14] 역시 감

말한다.(서울대 국어교육연구소, 위의 책, p.372.)'로 되어 있지만, 이것을 비평교육의 개념이라고 정의하기에는 충분치가 않다. 일단 대상을 문학에, 방법을 문학비평에 국한시킨 점도 문제지만, 비평교육의 내용이 문학의 원리나 문학비평이라고 본 점은 지금까지의 비평교육의 내용이 잠정적임을 고려하더라도 동의하기 어렵다. 비평교육의 내용은 비평 대상에 대한 것, 비평방법에 대한 것, 비평가가 되는 학습자에 대한 것, 비평 후의 산물에 대한 것 등으로 구성되어야 할 것이다. 또한 '바람직하게'에 담긴 교육적 함의가 무엇인지가 명확하지가 않다. 끝으로 '이해와 수용'을 넘어 재창조에 대한 언급이 빠진 것도 미흡한 점으로 남아서 사전적 정의는 배제하였다.

14) 이성은은 문학의 목표를 문학 수용 - 문학 평가 - 문학 창작으로 설정해 놓고, 문학작품의 이해 - 문학 작품의 감상 - 문학 작품의 비평 - 문학 작품의 창작의 순으로 제시하고 있다.(아동문학교육, 교육과학사, 2003, p.27.) 그러나 감상교육과 비슷한 인상비평이나 재단비평이 다른 여타의 비평보다 상위의 방법이라는 주장은 설득력을 갖기 어렵다. 인상비평의 경우에 직관적 판단 요소는 하위 요소에도 위치하지만, 높은 수준의 직관력은 최상위를 차지하고 있기 때문에 이 주장은 조심스럽게 접근해야 할 것이다. 다만 문학교육에 있어 독자의 역할 변화에

상교육만이 가지고 있는 향수나 관조의 요소들을 도외시한 발상이다. 만일 비평방법이나 학습자의 수준에 따른 교육 내용을 위계화하더라도 비평교육은 결코 감상교육보다 높은 위치에 있지 않다. 감상교육이 추구하는 목표에서의 상상력 향상과 비평교육의 그것과는 완전히 일치하지 않는다. 따라서 서로 다른 목표를 가지는 감상교육과 비평교육은 같은 위계상의 상하 관계로 나타낼 수 없다. 행위의 목적이 보다 적극적인 의미로 해석될 수 있는 비평교육과 행위의 목적이 상대적으로 자유로운 감상교육은 서로 다른 의의를 갖는다.

다만, 감정과 느낌, 생각의 객관화에 따른 논리적 사고나 분석적 사고, 비판적 사고의 측면에 있어서는 감상교육보다 비평교육이 더욱 강화된 모습을 갖는다. 결국 비평교육은 감상자 자신의 반응을 중요시 여기는 감상교육에서 간과하고 있는 객관성을 보충해 준 것이라고 말할 수 있다.

2) 문학교육과 문학비평교육

문학교육과 문학비평은 많은 공통점을 지니고 있다. 우선 목표에서 문학교육과 문학비평은 크게 다르지 않다. 문학교육은 학습자에게 문학작품을 이해·수용하고 감상할 수 있는 능력을 신장시키고, 문학작품을 평가할 수 있는 능력을 길러주는 것을 목표로 한다. 이와 유사하게 문학비평은 비평가에게 문학작품을 이해하고 감상하며 객관적 기준을 마련하고 이에 따라 작품을 분석하여 작품에 대한 가치 판단을 내릴 수 있는 능력을 배양하는 데 목표를 두고 있다. 행위의 주체가 학습자와 비평가라는 차이는 있으나 그 내용은 큰 차이가 없음을 알 수 있다. 둘째로 교수·학습 방법에서도 둘은 상당한 유사점을 보인다. 문학교육이나 문학비평에서 교사의

따른 교사의 역할 변화를 체계적으로 정리한 것은 유의미한 일이다.

역할은 안내자나 조력자의 역할에 그친다. 교사는 문학작품을 선정하는 일이나, 비평방법을 어떻게 가르칠 것인가 외에는 그리 깊게 영향력을 행사하지 못한다. 이에 반해 학습자인 학생은 주체적으로 자기 나름대로의 가치 기준이나 관점을 설정하고, 그것을 기반으로 하여 작품을 평가하고 새로운 의미를 부여하여 또 다른 문학작품을 창조해내는 능동적 역할을 수행한다. 또한 문학교육과 문학비평 모두 대상을 문학작품과 학습자에 두고 있음도 이러한 점을 반영한다고 할 수 있다.

그러나 문학교육의 대상이 문학작품과 비평적 학습자인데, 문학비평은 여기에 비평의 방법이라는 문학비평만이 지니는 고유의 내용이 추가된다. 문학교육은 다분히 감상교육에 중점을 두고 있는 경향이 짙은데, 감상방법의 다양성은 비평방법의 다양성을 넘어선다. 이 두 방법들은 서로 다른 층위를 형성하는데, 여기에서는 위에서 언급했듯이 창의성과 논리성이 충돌한다. 물론 이 두 가지를 함께 지닌 개념이 필요하게 되는데, 그것이 바로 문학비평교육이라고 할 수 있다.[15)]

3) 문학비평교육과 비평교육

문학비평교육은 문학연구와 문학교육의 연결 통로이자, 문학연구자와 문학교사들이 추구하는 목표와 목적을 이루는데 유효한 수단이라고 할

---

15) Henrry G. Widdowson은 언어와 문학을 연결 짓는 역할을 비평이 아닌 문체학에 주고 있다. 문체학이 문학비평과 구별되고 다른 한편으로는 언어학과도 구별하였다. 문체학을 본질적으로 이 두 가지를 연결시킬 수 있는 수단이라고 정의하며, 문체학은 학생들이 언어나 문학으로부터 문학비평이나 언어학 쪽으로 발전해 나가는 것을 도와주는 것이라고 하였다. 또한 비평가의 과업은 생소한 방식으로 부호화된 메시지를 해독하고, 친숙하고 소통적 용어로 그 의미를 표현함으로써 사적인 메시지에 공적인 관련성을 주는 것이다. 본질적으로 문학 이외의 다른 예술 형식의 비평가들의 그것과 다를 바가 없다고 주장하였다.(문체학과 문학교육, 최상규 역, 예림기획, 1999, pp.14-16.)

수 있다. 그러나 문학비평교육의 대상은 문학이라는 한계를 벗어날 수 없다. 실제의 학습자는 문학만 배우는 것이 아니라 문학을 포함한 다양한 대상을 만나게 되는데, 문학비평교육만으로는 이들을 모두 비평하기에는 역부족이다. 문학을 배우고 하위 갈래인 서사, 서정, 극을 배우듯이 비평교육을 학습한 후에 세부 영역인 문학비평교육, 음악비평교육, 미술비평교육, 영화비평교육, 예술비평교육, 문화비평교육, 역사비평교육 등으로 접근해야 할 것이다. 마찬가지로 비평문은 문학 비평문을 포함하는 상위 범주이고, 문학비평문이나 문학 평론은 비평문의 한 하위 유형에 해당한다. 비평이라는 말을 들을 때 우선적으로 문학 비평을 떠올리게 되는 것은 이를 비평 또는 비평문이라고 통칭하는 것이 사회적 관습으로 정착되었기 때문이라고 한 권성우의 주장[16]은 타당하다고 볼 수 있다.

문학비평교육과 비평교육의 관계를 도표로 정리하면 다음과 같다.

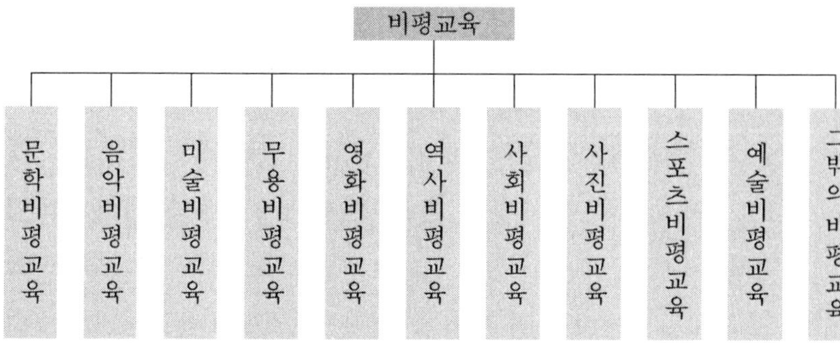

〈그림 1〉 비평교육의 하위 영역

4) 예술교육 / 문화교육과 비평교육

범주로만 보면 문학을 포함하는 예술은 분명히 비평보다는 크다는 것

16) 권성우, 비평의 희망, 문학동네, 2001, p.209.

을 인정하지 않을 수 없다. 그렇다고 예술의 범주 안에 모든 문학이 속해 있지 않듯이 범주적 규정은 그리 큰 의미가 없다. 다만 예술교육은 내용적으로 위에서 언급한 문학교육이나 문학비평교육이 확장된 것과 다르지 않다.[17] 비평교육은 대상의 대소가 문제되지 않는다. 대상은 다만 현상인 것이다. '나'와 대상 사이에 새로운 관계와 의미를 맺게 하는 방법의 문제를 고민하는 것이 비평교육이다. 문화교육의 한 방법적인 면에서 비평교육을 인식해야 한다. 즉 문화교육과 비평교육이 무엇이 같고 다른지, 어느 것이 상위냐 하위냐를 논하는 것은 생산적인 논의가 되기 어렵다. 문화교육은 문화라는 대상에, 비평교육은 대상에 대한 관계 맺는 방법에 초점이 있기 때문이다.

5) 국어교육과 비평교육

국어교육에서 이루어지는 비판적 읽기는 읽기라는 행위의 성격을 비판적으로 해야 한다는 뜻이다. 비판은 위에서 언급했듯이 비평과 유사한 개념으로 쓰이지만 부정적 영향과 행위 후에 새로운 창조물이 없다는 점에서 구별되어 사용된다. 물론 비판이 부정적 어감만 주는 것은 아니다. 합리적이고 공정한 기준을 제공할 때에도 쓰인다.[18] 그렇다 하더라도 영역을 달리하는 비판과 비평의 용어를 비평으로 통합해야 할 필요성이 있

17) 김미혜는 문학비평과 예술 비평이 역사적으로 비평의 패러다임이나 방법론을 공유해 왔고, 현재도 그러하다고 주장하면서, 예술 비평에서 비언어적 텍스트에 대한 비평 주체의 체험을 음성 언어나 문자 언어를 매개로 타자에게 전달할 때 개입하는 표현의 일반적 원리에 주목하였다.(예술비평에 나타난 감각적 체험과 언어화 전략 연구 - 미술 에세이를 중심으로, 문학교육학 26호, 역락, 2008, p.192.)

18) 김선주는 비판적 읽기란 주어진 텍스트를 비난하는 것이 아니라, 텍스트의 구성 요소 및 의미를 분석적으로 검토하고, 공정하고 합리적인 평가와 판정을 내리는 읽기 행위를 의미한다고 하였다.(비판적 읽기 능력 향상을 위한 교과서 구성 방안, 한국교원대학교 석사학위논문, 2007, p.9.)

다. 읽기교육에서 사용되고 있는 비판이라는 개념이 주체와 텍스트의 상호 작용, 그 중에서도 특히 텍스트가 주체에 미치는 영향이라는 문제를 제대로 설명하지 못한다는 점이다.[19]

다음은 읽기에 관한 것인데, 크게 두 가지 면에서 문제점이 발생한다. 첫째로 읽기는 읽는 대상에 대한 행위로만 작용하지만, 비평도 가능할 것인가 하는 것이다. 비평은 읽는 것만으로 그 기능을 다할 수 없다. 물론 읽는 것이 주가 된다. 그렇지만 비평 대상이 갖는 다양성은 비평방법의 다양성을 근본적으로 요구하게 한다. 읽는 것을 넘어 보고, 듣고, 느끼고, 나아가서는 모든 감각을 총동원해야 하는 경우도 생기게 된다. 둘째는 첫째와 연동되어 생각할 수 있는 문제인데, 누가 가르쳐야 하는가에 대한 질문을 갖게 한다. 읽기는 국어교육의 한 기능적 범주임에 틀림없다. 읽기는 국어교사가 가르쳐야 하지만, 비평교육은 누가 가르쳐야 하는가? 이것은 국어교육과 비평교육의 관계에 대한 질문이기도 하다.

지금까지의 비평교육이 국어교육의 하위 영역인 문학교육 중심으로 이루어진 것은 부정할 수 없는 사실이다. 문학을 포함한 다른 예술 영역에서도 대상에 대한 비평 후의 활동이 언어로 이루어진 것에 기인한다. 이로 인해 비평교육이 마치 언어교육과 등가를 이루는 것처럼 인식하는 것은 매우 적절하지 않다. 문학교육이 현재의 교육과정에서는 국어교육의 하위 영역에 있지만, 미래에는 미술이나 음악과 같이 독립교과로서의 지위를 획득하려는 지향성을 가지고 있고, 문학교육만의 고유한 본질적 영역이 있다. 국어교육의 도구적 성격을 전제한다 하더라도 국어교육이 모든 교육의 방법을 책임질 수 없음은 주지의 사실이다.

다만 국어교육의 영역 확장에 가장 큰 영향을 주는 방법으로 비평교육과의 관계를 재설정할 수 있다. 국어교육을 언어기능적인 면에서 벗어나

19) 김성진, 문학교육론의 쟁점과 전망, 삼지원, 2004, p.30.

게 하려는 총체적 언어교육과 비평교육은 상당한 상관관계를 가지고 있다. 읽기만을 강조하지 않고 보기와 듣기, 그리기 등의 기능을 중요시하며, 더욱이 이들 기능 범주들을 통합하려는 관점은 비평교육의 성격과 매우 유사하다. 다만 총체적 언어교육이 학습자 중심과 활동 중심에 경도되어 있다는 점과 보편적이고 체계적인 이론 구성이 어렵다는 점에서 비평교육과 변별된다. 그렇지만 방법적인 측면에서는 총체적 언어교육이 실행하고 있는 활동을 비평교육에서는 거의 수용한다고 할 수 있다.

6) 창작교육과 비평교육

창조와 모방에 관한 논의는 아리스토텔레스 이후로 끊임없는 논쟁의 대상이었다. 인간이 자연을 관찰하고, 닮아가려는 모습이 문화적 모방이라면, 자연과 다른 방향으로 나아가려는 모습은 창조라고 할 수 있는데, 창작과 비평 역시 같은 논리로 적용할 수 있다. 기존 작품(대상)에 대한 이해와 감상, 가치 평가가 비평이라면, 이를 비평적 학습자가 재구성하여 표현한 것은 창작이라고 할 수 있다. 창작자가 자연과 사회를 관찰하고 직접 표현한 것이 창작이라는 반론도 있을 수 있지만, 창작자가 머릿속에 떠오르는 것을 언어나 몸짓, 소리나 그림으로 나타내는 것 역시 다른 표현에서 온 영향을 배제할 수 없다는 점도 인식해야 한다. 이런 점에서 창작과 비평의 경계적 개념은 모호해질 수밖에 없고, 창작교육과 비평교육은 서로 별개의 것이 아니라는 결론을 도출하게 된다.[20] 따라서 창작교육의 전제조건이 비평교육이며, 비평교육을 강화하는 것이 바로 창작교육이 된다.[21]

---

20) 한원균, 비평교육은 왜 '비평적 교육'이 되어야 하는가, 한국문예창작 1호, 한국문예창작학회, 2002, pp.173-174.

21) 임성규는 비평과 창작의 일원적 소통이 비평과 창작 모두에게 생산적인 작업이

비평 대상을 인식한 후에 비평적 사고가 발생하게 되는데, 이는 비평의 종착이자 창작의 시발점이 된다. 비평과 창작의 경계선이 형성되는 것이다. 창작은 곧 새로운 비평 대상을 창조하며, 이러한 순환은 변증법적으로 계속된다.

지금까지 논의된 비평교육과 다른 개념들의 차이를 비교하여 정리하면 <표 1>과 같다.

〈표 1〉 비평교육과 다른 개념과의 비교

구분	문학 비평	문학교육	문학비평 교육	예술교육/예술비평 교육	문화교육/문화비평 교육	비평교육
목표	문학작품을 이해하고 감상하며 객관적 기준을 마련하고, 작품에 대한 판단 능력을 배양	문학작품에 대한 수용, 표현 능력 신장	문학작품에 대해 이해하고 가치를 평가한 후 재창조	예술작품에 대해 이해하고 가치를 평가한 후 재창조	문화의 보편성과 다양성을 이해하고 문화마다 지니는 가치를 평가한 후 새로운 문화를 창조	대상에 대한 분석, 평가를 통해 대상과의 관계를 파악하고 새로운 의미를 부여하여 합리적 세계관을 소유
대상	문학작품 + 독자	학습자	문학작품 + 학습자	예술작품 + 학습자	문화 + 학습자	비평 대상 +비평적 학습자
성격	분석적, 논리적	감상적	분석적, 논리적	분석적, 논리적	통합적	통합적, 관계적, 구성적
범주	문학	문학	문학	예술	문화	모든 대상이나 현상

라고 하였다.(비평적 글쓰기를 통한 문학 교수-학습 방법 탐구, 국어교육연구 제42집, 국어교육학회, 2008, pp.152-162.)

1.2.2. 비평교육의 조작적 정의

비평교육은 비평과 교육이 합쳐진 개념인데, 이것은 국어와 교육을 합친다고 해서 국어교육이 될 수 없는 것과 마찬가지로 새로운 의미로 받아들여야 한다. 위에서 비평을 비평가가 대상에 대해 이해·수용하고 분석하여 가치를 판단하고 평가한 후 새로운 비평물(비평 대상)을 만들어 비평가와 대상이 새로운 유의미한 관계를 만드는 일련의 과정이라고 정의했다. 여기에 교육의 개념이 더해지면 또 다른 의미 변화가 생긴다.

교육은 목적이 분명한 행위이다. 이 진술은 교육의 목적을 달성하기 위해서는 교육의 내용 역시 현실의 공간 속에서 가능한 것이어야 한다는 말이다. 또한 교육해야 할 가치를 가지고 있어야 한다는 의미를 내포하고 있다. 비평이 비평가와 비평 대상 사이의 관계에서 이루어지는 행위라면, 비평교육은 비평적 학습자와 비평 대상이 보다 교육의 목적에 맞는 관계를 맺을 수 있게 하는, 여러 변인들에 의해 일어나는 종합적인 행위라고 할 수 있다.

비평 상황이 임의적이고, 일시적이고, 즉시적인 장면에서 벌어지는 것이라면 비평교육 상황은 계획적이고, 일상적이고, 지속적인 상황에서 이루어진다. 비평의 방법과 대상, 내용이 광범위한 것이지만, 비평교육의 방법과 대상, 그리고 내용은 교육이라는 범주 안에 속할 수밖에 없다. 비평적 학습자에게 비평은 유의미한, 무의미한 과정을 모두 제공했다면, 비평교육은 한정된 시간 속에서 비평적 학습자가 유의미한 것만을 경험해야 하는 부담감을 갖게 된다.

비평교육을 실행하고 있는 각 교과에서는 비평교육을 어떻게 받아들이고 있는가를 교육과정 해설에 나온 부분들을 중심으로 정리해 보았다.

악곡에 대한 역사적, 음악적 특징을 이해한다는 것은 분석, 비평능력을 가지게 된다는 것을 의미한다. 음악을 이해한다는 것은 아는 것에 그치지 않고 그것을 자신의 것으로 받아들인다는 것이다. 사물, 현상, 지식의 이해는 그에 대한 명료하고 과학적인 지식을 얻는 것을 통해 주어진 문제들을 판단하여 무엇이 옳은지 그른지를 판별하는 지적 능력도 보장한다. 따라서 음악에 대한 이해가 확대되면 될수록 가치 평가의 힘은 더 커진다고 할 수 있다. - 음악, p.38[22]-

다양한 미술작품의 특징을 분석, 해석할 수 있는 능력을 기른다. 미술작품의 가치를 판단할 수 있는 미적 안목을 기른다. 미술 작품과 감상자, 감상자와 또 다른 감상자 간에 서로의 느낌과 생각을 소통하는 활동을 다른 사람의 생각을 존중할 수 있도록 지도한다. - 미술, p.204-

다양한 무용 작품이나 무용 활동의 특성을 비교하고 분석하고, 무용 작품이나 무용 활동의 가치를 이해하고 판단하고, 무용에 대한 이해를 바탕으로 올바른 무용 감상을 위한 미적 태도를 기른다. - 무용, p.287-

문학작품을 다양하게 이해하여 작품의 미적 가치를 판단하는 비평능력을 기른다. 문학의 미적 특질과 역사적 흐름을 안다. 주체적인 관점에서 문학 작품을 감상하고 비평한다. 미적 특질을 작품 창작에 활용하는 능력을 기른다. - 문학, p.320-

작가의 의도와 가치 등을 논리적으로 평가할 수 있는 능력, 공연 예술로서의 연극의 특성을 이해하고 작품을 평가할 수 있는 능력을 기른다. 작품을 구성하는 요소들에 대한 분석적 평가 능력 및 종합적 평가 능력을 기른다. - 연극, pp.464-465-

영화에 대한 소통과 이해를 바탕으로 한다. 영화의 역사를 통하여 형성

22) 7차 교육과정 해설, 교육과학기술부, 2009.(이하 과목과 쪽수만 기록함.)

된 다양한 장르와 감독, 작가들의 작품을 선택하여 감상하고 영화적 스타일과 예술관을 살펴본다. 영화는 정치, 철학, 경제, 사회, 문화적 요소 등과 연관을 가지고 있으므로 작품의 콘텍스트를 살펴보는 것이 중요하다.

- 영화, p.541-

감상과 비평을 통하여 미적 경험의 폭을 넓힌다. 주관적 인상을 논리적으로 체계화하고 분석할 수 있는 비평적 능력을 기른다. 감상과 비평을 통하여 자신의 작품 창작에 활용할 수 있다. 감상과 비평을 통하여 올바른 사진 감상의 태도를 기른다. 비평은 따뜻한 시선이 있어야 한다.

- 사진, pp.658-659-

각 교과의 내용을 종합해 보면 인간의 행위와 행동을 대상으로 하며, 인식하는 것으로서가 아니라 실천하는 것까지가 비평의 영역이라는 것과 자신의 삶을 변형시켜 행위로 보여주는 것이 비평이라는 점에 대한 어느 정도의 합의가 이루어진 것을 알 수 있다. 또한 비평 활동의 결과물로 감상문이나 비평문 쓰기, 토론하기 등을 공통적으로 제시하고 있다.[23)]

지금까지 논의한 내용을 종합하여 비평교육의 개념을 정의하면 다음과 같다. 비평교육은 비평적 학습자인 '나'를 포함한 사물과 사람, 세계와 관련된 모든 현상과 본질, 존재와 의미에 대해 비평적 학습자의 주관적인 내적 논리와 비평적 학습자와 비평 대상 간의 관계를 객관화하는 일련의 과정을 말하며, 대상 간의 관계를 넘어 세계와의 관계도 재해석하여 새롭

---

23) 개정 7차 교육과정(예술 전문 교과에서의)에 나타난 비평교육의 긍정적인 부분으로는 1) 비평 교과를 대체 및 신설한 것('미술과 감상 비평' 신설, 무용 감상을 '무용과 감상과 비평'으로 수정, '고전문학'을 '고전문학의 감상과 비평'으로, '현대문학'을 '현대 문학의 감상과 비평'으로 수정하고, '연극 감상과 비평', '영화 감상과 비평', '사진 감상과 비평'을 신설)과 2) 장르를 통합하여 '영상 미술'을 '영상 매체와 미술'로 수정하고, '매체와 문학'을 신설한 점을 들 수 있다. 문제점으로는 감상과 비평을 다르게 보고 있으나 실제로는 거의 같은 개념으로 사용하고 있다는 것이다.

게 정립된다. 새로운 관계의 결과물도 생성된다. 또한 새로운 관계의 결과물에도 생성되며, 이 과정에는 비평에 방해가 되지 않는 범위에서 반드시 계획을 필요로 한다.

1.3. 비평교육의 필요성

문학 이론의 고답적 성격은 문학과 독자와의 거리감을 형성하였고, 이로 인해 문학과 독자 사이를 매개하는 비평 이론의 발달을 가져왔으나, 거대담론의 상실로 비평 이론은 파편화되고 난해해지고 말았다. 보편성과 특수성의 사이에서 비평과 문학, 독자는 해체되고, 철학의 부재 속에 문학과 문학교육은 동시에 위기에 직면하였다.[24] 그럼에도 비평적 학습자들의 끊임없는 독서행위와 예술 향유는 비평교육을 필요로 하게 되었다.[25]

비평은 국어과 외에도 미술, 음악, 무용, 역사 등 인문 교과 대다수에 존재해 있는 영역이다. 특히 예술 교과는 원래 한 뿌리에서 발생하여 분리된 과목들이다. 예술의 내용은 하위 영역에 따라 달라지는 것이 아니다. 다만 표현 방법만이 구별의 의미를 가진다. 예술은 기존의 것에서 새로운 것을 만들어내는 것이다. 즉, 하나의 대상을 자신에게 유의미한 관계로 만드는 일체의 과정에서 대상을 규정하고, 분석하고 가치를 판단하여 대상을 평가한 후 자신의 새로운 대상을 생성하는 것을 비평이라고 할 때 예술의 내용과 방법을 통합하는 방법으로 비평이 가장 적합하다고 할 수

---

24) 문학 교사들은 자신들 분야의 특별한 목적에만 너무 몰두한 나머지 좀 더 적극적인 용어로 말하자면 보통 사회학자나 심리학자, 철학자, 혹은 역사학자들의 분야로 여겨지는 주제들과 문제들을 다루는 일을 종종 소홀히 하게 된다.(L. M. Rosenblatt, 엄해영 역, Literature as Exploration, 한국문화사, 2006, p.4.)

25) 장경렬, 매혹과 저항, 서울대학교출판부, 2007, pp.30-35.

있다.[26] 다른 예술 교과에서 비평교육이 필요해짐에 따라 국어교육 영역

---

26) 감상과 비평을 교과명으로 사용하고 있는 예술 전문 교과의 목표를 정리해 보면 비평교육의 필요성을 절실히 인식하고 있음을 알 수 있다.
가. 시대별로 우리나라, 동양, 서양 음악을 감상하고 그 특징을 이해한다. 나. 다양한 시대와 지역의 음악, 다양한 종류의 음악을 역사적 맥락 속에서 이해한다. 다. 음악사적 배경과 악곡에 관한 이해를 바탕으로 다양한 음악을 분석, 비평한다. 라. 음악 문화유산에 대한 이해를 바탕으로 이를 보전하고 발전시키려는 태도를 가진다.(고등학교 교육과정(Ⅳ), 교육과학기술부, 2009, - 이하 교과목과 쪽수만 명시함- 음악사 · 감상, p.1701.)
가. 다양한 미술 작품의 특징을 분석, 해석할 수 있는 능력을 기른다. 나. 미술 작품의 가치를 판단할 수 있는 미적 안목을 기른다. 다. 미술에 대한 이해를 바탕으로 올바른 미술 감상 및 비평의 태도를 기른다.(미술 감상과 비평, p.1731.)
가. 다양한 무용 작품이나 무용 활동의 특성을 비교하고 분석한다. 나. 무용 작품이나 무용 활동의 가치를 이해하고 판단한다. 다. 무용에 대한 이해를 바탕으로 올바른 무용 감상을 위한 미적 태도를 기른다.(무용 감상과 비평, p.1747.)
가. 고전 문학의 미적 특질과 역사적 흐름을 안다. 나. 주체적인 관점에서 고전 문학 작품을 감상하고 비평한다. 다. 고전 문학의 미적 특질을 작품 창작에 활용하는 능력을 기른다.(고전 문학의 감상과 비평, p.1752.)
가. 현대 문학의 미적 특질과 시대적 흐름을 안다. 나. 주체적인 관점에서 현대 문학 작품을 감상하고 비평한다. 다. 현대 문학의 미적 특질을 작품 창작에 활용하는 능력을 기른다.(현대 문학의 감상과 비평, p.1754.)
가. 매체의 발달에 따른 문학의 변화 양상과 매체를 활용하여 창작한 문학의 특성을 안다. 나. 다양한 유형의 매체를 활용하여 창작한 문학 작품을 감상하고 비평한다. 다. 다양한 유형의 매체를 활용하여 문학 작품을 창작한다.(매체와 문학, p.60.)
가. 공연 예술로서의 연극의 특성을 이해하고, 작품을 평가할 수 있는 능력을 기른다. 나. 작품을 구성하는 요소들에 대한 분석적 평가 능력 및 종합적 평가 능력을 기른다. 다. 연극 감상의 내용을 언어로 표현할 수 있는 능력을 기른다. 라. 다양한 연극을 찾아 감상하고 비평하는 태도를 기르고, 이를 바탕으로 창의적인 연극 제작에 필요한 바탕을 마련하려는 자세를 가진다.(연극 감상과 비평, p.1769.)
가. 감상과 비평 활동을 통하여 미적 경험의 폭을 넓힌다. 나. 주관적 인상을 논리적으로 체계화하고 분석할 수 있는 비평적 안목을 기른다. 다. 감상과 비평 활동을 통하여 영화 문화를 올바르게 수용하는 태도를 기른다.(영화 감상과 비평, p.1780.)
가. 감상과 비평을 통하여 미적 경험의 폭을 넓힌다. 나. 주관적 인상을 논리적으로 체계화하고 분석할 수 있는 비평적 능력을 기른다. 다. 감상과 비평을 통하여 자신의 작품 창작에 활용할 수 있다. 라. 감상과 비평을 통하여 올바른 사진 감상의 태도를 가진다.(사진 감상과 비평, p.1796.)

속에 있는 문학을 통한 예술과 문화에 대한 교육의 중요성은 계속 제기되었다.

비평은 이미 내용과 방법이 통합된 형태이며, 그 속에 국어교육 외적 영역 속에 있는 철학과 심리학, 사회학, 자연과학 등의 내용과 방법이 담겨 있다. 비평의 내용과 방법 속에는 단순히 대상에 대한 자신의 생각이나 느낌을 전달하는 감상이 아닌 비평가로서의 사상과 철학이 내재되어 있는 것이다. 또한 인문학적인 관심을 넘어 자연과학에서 이룬 성과를 통합한 비평 이론들이 산재해 있다. 이렇게 다양한 비평 이론의 통일적 산물로 내용과 방법을 만드는 비평교육은 매우 유용하다고 할 수 있다.

교육은 평가를 떠나서 논하기 어렵다. 통합적 교육이 현실적으로 어려운 가장 큰 이유 중에 하나는 평가의 문제다. 국어과 내의 영역을 통합할 경우에는 문제의 심각성이 다소 줄어들지만, 국어과 외적 영역의 통합일 경우에는 어느 과목 교사가 학습자의 무엇을 평가할 것인가에 대한 평가 주체와 평가 요소 및 방법 문제에 있어 난관에 부딪히게 된다. 비평은 자체에 판단과 가치 평가의 의미와 방법을 수용하고 있는 개념이다. 비평교육에서의 평가방법은 더욱 정밀한 연구가 진행되어야 하겠지만, 개인과 집단(국가와 사회) 수준을 동시에 만족하는 평가 방법과 평가 내용은 비평교육에 상당히 가깝다고 할 수 있다.

비평교육은 언어능력 신장을 목표로 하는 국어교육과 문학능력 향상을 목표로 하는 문학교육을 동시에 달성할 수 있는 방법이다. 비평을 무엇보다 언어로 한다는 점, 비평이 가지고 있는 메타적 성격은 의사소통능력을 향상시킬 수 있다는 점에서 언어능력의 신장을 기대할 수 있다. 또한 심미적 경험을 살려 작품을 보는 안목을 높이고 자신의 생활에 적용하는 능력을 키우기 위한 문학능력 역시 향상될 것으로 생각된다. 국어교육과 문학교육의 접점에는 논리성과 상상력이 위치해 있는데, 이들은 비평교육에서 얻는 비평능력과 깊은 관계를 맺고 있다.

2. 비평교육의 목표

2.1. 목표

비평교육을 통해 과연 무엇을 배울 수 있는가 하는 질문의 답은 비평교육도 교육행위이므로 일반적인 교육의 목표를 수행하는 과정 속에서 찾게 된다. 교육은 자신이 속해 있는 사회의 전통과 문화적 지식을 학습하는 것과 사회적으로 가치 있다고 여겨지는 학습 내용을 개인이 수용하고 새로운 문화를 창조해내는 능력을 함양하는 것이라고 할 수 있다. 이러한 능력을 '문화적 리터러시'[27]라고 한다. 사회적으로 가치 있는 내용들이 모두 학습자에게 그대로 가치 있게 여겨질 리도 없지만, 가치 있다 하더라도 지식의 홍수 속에 살고 있는 시대에서 모든 지식을 개인이 받아들일 수도 없다. 따라서 자신에게 유용한 지식을 선택하고 자신의 삶에 맞게 변용시키는 능력이 필요한데, 이 능력을 키우는 데 있어서 '비평적 리터러시'는 매우 유효한 개념으로 작용한다. 비평의 대상이 되는 예술과 문화는 개인의 욕망을 충족시켜주는 또 다른 모습이라는 점에서 개인의 욕구와 사회의 요구를 현실적으로 동시에 만족시킬 수 없으므로 이들을 유기적으로 조절하는 능력이 요구되는 것이다.

'리터러시(Literacy)'라는 개념은 처음에는 인쇄 미디어와 관련하여 읽는 능력을 의미하였으나, 영화나 텔레비전 등의 다른 미디어가 나타나자 '비주얼 리터러시(Visual Literacy)'로 확대된다.[28] 또 다시 비주얼 리터러

---

27) 류수열, 문학@ 국어교육, 역락, 2009, p.34.

시는 미디어를 이해할 수 있는 '미디어 리터러시(Media Literacy)'로 전환되는데, 미디어 리터러시는 분석, 평가, 비판적 성찰을 포함하는 일종의 '비판적 리터러시'이다. 미디어교육을 혁신적인 교육 개념과 결합하여 발전시킨 메이로비츠(Meyrowitze)는 '통합적 리터러시(multi literacy)'이라는 개념을 통해 미디어 문식성이 복합적인 개념으로 정의되어야 하고 다수의 문식성들을 포함시킬 수 있어야 하며 학생들의 분석 범위를 확대시킬 수 있는 개념으로 정의되어야 한다고 주장하였다.[29] 이 통합적 리터러시는 대상의 확장이라는 범주에서는 비평적 리터러시(Critical Literacy)가 더 맞을 듯하다. 이러한 문식성은 단순히 활동함으로써 증명되는 것이 아니라 자신이 수행하는 활동을 설명할 지적인 도구를 갖춤으로써 증명된다.[30] 결국 이 도구란 문식성을 위한 지식을 말한다. 그러나 문식성교육이 지식교육으로 경도되는 것과 비평적 리터러시의 잘못된 적용으로 자칫 일부 학생들이 비평적 능력이 없는 것으로 파악될 수 있는 우려를 고려해야 한다.

비평의 방법을 선택한 2009 개정 교육과정에 편재되어 있는 교과목들의 목표에 나타난 비평교육이 추구하는 방향을 분석[31]해 보면 문학과 미

---

28) 김대행 외, 방송의 언어문화와 미디어 교육, 서울대학교출판부, 2004, p.339.

29) Buckingham, 기선정 역, 미디어 교육, 제이앤북, 2004, pp.72-73, 김선민(국어교육방법론, 역락, p.472.)에서 재인용.

30) 최지현, 문학교육과정론, 역락, 2006, p.262.

31) 나. 담화의 글을 수용하고 생산하는 데 필요한 지식과 기능을 익혀, 다양한 유형의 담화와 글을 비판적이고 창의적으로 수용하고 생산한다.(고등학교 교육과정, 교육과학기술부, 2009-이하 교과목과 쪽수만 명시함, 국어과 목표, p.31.)
나. 문학 작품 수용과 생산을 통하여 언어에 대한 통찰력을 기르고 창의적으로 사고하고 소통하는 능력을 함양한다.(문학 교과, pp.90-91.)
다. 매체 자료를 비판적으로 수용하고 창의적으로 생산하며 사회적 소통과 문화 창조에 참여할 수 있는 능력을 기른다. 매체 교과의 성격 역시 의미 해석이 필요하다.(매체 교과, pp.99-100.)
다. 다양한 역사적 자료를 탐구하고 해석하는 과정을 통해 스스로 문제의식을 가지고 비판적으로 사고하는 능력을 기른다. 라. 현대 사회가 직면한 문제들에 대한 역사적 배경과 상호 관련성을 파악하여 그 의미와 가치를 평가할 수 있도

술 관련 과목들은 작품의 비판적 수용과 창의적 생산을 주된 목표로 삼았다. 이에 비해 같은 예술 장르에 있는 음악과 체육은 비평보다는 감상에 무게를 더 실은 쪽으로 제시하고 있음을 알 수 있고, 역사와 사회 계열에서는 자료에 대한 분석과 비판, 종합적 판단을 요구하고 있었다. 공통적으로 대상(자료나 작품, 또는 현상)에 대한 비판적인 분석과 종합적 활동과 창의적 사고능력을 통한 새로운 문화 생산을 주목표로 하고 있음을 알

록 한다.(역사 교과, p.161.)
라. 각 문화 현상과 관련된 자료를 분석, 비판, 종합하는 활동을 통해 역사적 탐구력을 키운다.(한국 문화사 교과, p.195.)
마. 주제와 관련된 자료를 비교, 분석, 비판, 종합하는 활동을 통해 역사적 사고력을 신장시킨다.(동아시아사 교과, p.210.)
나. 사회 문화 현상에 대한 여러 가지 자료를 수집, 분석, 종합, 평가하여 지식을 구성하는 능력과 사회 · 문화적 쟁점에 대한 가치 탐구 능력을 기른다.(사회 · 문화 교과, p242.)
1) 건강 활동의 가치를 이해하고, 건강관리 방법을 실천하며 자신 및 지역 사회의 건강 문화를 감상할 수 있는 능력을 기른다. 2) 도전 활동의 가치를 이해하고, 도전 정신을 실천하면서 도전 스포츠를 수행하고 감상할 수 있는 능력을 기른다. 3) 경쟁 활동의 가치를 이해하고 선의의 경쟁을 실천하면서 감상할 수 있는 능력을 기른다. 4) 표현 활동의 가치를 이해하고 창의적으로 표현 활동을 수행하며 감상할 수 있는 능력을 기른다. 5) 여가 활동의 가치를 이해하고 지속적으로 여가 스포츠를 수행하며 감상할 수 있는 능력을 기른다.(체육 교과, p.445.)
다. 스포츠 문화의 가치를 감상하고 스포츠 문화 활동을 생활화한다.(스포츠 문화 교과, p.478.)
나. 음악을 개성 있게 표현하고 악곡의 내용과 구조를 파악하면서 감상하게 한다.<중학교> 나. 음악을 창의적으로 표현하고 악곡의 내용과 사회적, 문화적 맥락을 파악하면서 감상하게 한다. <고등학교> (음악 교과, p.498.)
다. 음악에 관한 안목을 기른다. (음악과 사회, p.516.)
(3) 미술 작품을 맥락적으로 해석하고 미술 문화의 의미를 이해한다. <중학교> (1) 생활 속에서 미술의 의미를 이해하고 가치를 판단한다. (3) 미술 작품을 판단하고 미술 문화에 참여한다. <고등학교> (미술 교과, p.525.)
나. 시 · 공간에 따른 미술의 변화의 흐름을 이해하고, 새로운 내용과 방법을 창조적으로 활용한다.(미술과 삶 교과, p.533.)
가. 미적 대상의 특성을 관찰하고 이해한다. 나. 미술 감상과 비평 방법을 이해하고 적용한다. 다. 비평적 관점에 근거하여 미적 가치를 판단하고 활용한다.(미술 감상 교과, p.539.)

수 있다.

상급 학년으로 올라갈수록 언어능력과 의사소통능력을 별도로 하는 고유의 능력이 그 폭을 확장하며 배치된다.[32] 이러한 접근 능력을 비평능력이라고 할 수 있다. 비평교육을 통해 비평능력이 향상된다는 것은, 대상에 대해 비평을 잘 하는 능력이 길러진다는 의미이다. 여기서의 '잘'은 '능력이 좋다', '우수하다'와 '자주 비평하다'를 모두 함의하고 있다. 또한 '잘'은 작가가 구성해낸 것을 의도대로 파악하는 것, 작가와 다른 의미로 파악하는 것, 자신의 삶에 맞게 이해하고 적용하는 것, 새롭게 표현할 수 있는 것을 의미하기도 한다. 비평능력은 네 가지 하위 능력으로 구성되는데 관찰력과 비판력, 논리력, 상상력이 그것이다.

1) 지속적인 관찰력 향상

비평이든, 창작이든 그 시작은 대상에 대한 끊임없는 관찰에서 출발한다. 효과적인 관찰을 수행하기 위해서는 기존의 관찰에 대한 몇 가지 개념들을 해체한 후 재구성하는 작업이 필요하다. 우선은 대상에 대한 관심과 애정을 가져야 한다. 이것은 관찰에 있어 가장 기본적인 것인데, 막연한 동경이나 관심이 아니라 대상과 비평가인 '나' 사이에 존재해 있는 거리감을 줄이는 것부터 시작한다. 떨어져 있는 '나'와 '너'가 아닌, '나'와 '너'가 다른 것이 아닌, '나'가 '너'를 바라보듯이 '너'도 '나'를 바라보는 관점이 요구된다. 일방향적인 진행의 관찰이 아닌 상호영향을 주는 관찰이 필요한 것이다. 또한 관조적 입장으로 일관하는 것보다는 계속되는 질문과 대답을 찾아가는 작업으로서의 능동적 관찰이 필요하다. 즉 '나(비평적 학습자)'와 '너(비평 대상)'는 각기 다른 개념이나 존재가 아니라 서로에게 꼭 필요한 존재임을 깨닫고 존중하는 자세를 견지해야 한다는 것이다.

---

32) 김상욱, 소설교육의 방법 연구, 서울대학교 출판부, 1996, p.315.

2) 해체와 환원의 분석력, 관계력, 통합적 조망 능력 향상

하나의 대상은 하나의 큰 덩어리로만 존재하는 것보다 그 하나가 작은 요소들의 결합으로 이루어진 경우가 더 많다. '어떤' 요소들이 '왜'라는 기준을 가진 선택과 배제의 원리로 '어떻게' 결합되어 있는지를 궁리하다 보면, 사물을 이루고 있는 요소들의 각 성질과 구조를 자연스럽게 습득하게 된다. 요소와 요소들과의 관계를 인지하게 되고, 맺었던 관계들이 전이되면서 생기는 새로운 대상에 대한 재구성능력이 자동적으로 형성된다. 또한 분석된 대상들 간에 관계를 맺으면서 부분이 아닌 전체를 바라보는 능력을 지니게 된다. 통합적 조망은 부분과 부분의 합보다도 큰 전체이며, 접근하는 방법에서도 통합적인 능력을 갖게 된다.

3) 비평 주체의 객관적 가치 판단과 논리력 향상

대상을 주체적으로 바라보는 관점이 형성되면 대상이 나에게 어떤 가치와 영향을 주는지 판단을 해야 한다. 모든 존재가 스스로의 주관적 가치를 가지고 있기는 하지만, 비평적 학습자에게 필요한 것은 그 상황에 맞는 객관적 가치[33]에 대한 판단을 내리는 것이다. 모든 대상을 유의미하게 받아들일 수도 없고, 그럴 필요도 없다. 비평적 학습자 자신이 바라보는 대상에 대해 합당한 근거에 의한 객관적 가치 판단을 내리면 되는 것이다. 물론 이에 따른 논리력이 확보되어야 한다.

33) 남민우, 시교육의 해체와 재구성, 역락, 2006, pp.22-32.

4) 미래적 상상력 향상

대상을 사실적으로 보는 관찰력만으로는 대상의 본질이나 의미를 제대로 파악할 수 없다. 숨겨진 내면의 세계에 접근하기 위해서는 상상력이 반드시 요구되는데 비평교육은 사물과 자신, 그리고 현실로 연결되는 상상력을 향상시킨다.

다음은 실천으로의 전이(轉移)다. 대상에 대한 지식을 습득하여 정보를 알게 되고, 앎과 동시에 가졌던 느낌을 토대로 내렸던 판단은 대상이 아닌 비평적 학습자 자신의 삶을 변화시키는 가장 큰 동인(動因)이 된다. 대상에 대한 비평 후에 진행되는 창작만 중요한 것이 아니라 비평 대상을 통해 알게 된 앎, 느낌, 깨달음이 자신의 행동으로 실천될 때에 그것은 유의미한 활동으로 인정된다.[34)]

비평교육의 목표를 삶의 교훈과 변화를 중심으로 살펴보았지만, 이것 못지않게 중요한 것은 비평 행위를 즐기는 것이다. 비평의 즐거움을 맛보는 사람이 되어야 한다고 주장한 롤랑 바르트(Roland Barthes)는 즐거움이란 편안함, 용이함의 가치 속에서 확인되는 주체 자아의 강화에 연결되는 것으로서 자신에게는 이를테면 고전 작품들의 모든 독서 영역이 해당된다고 하였다.[35)] 대상을 자신의 삶 속에서 즐기는 것부터가 비평의 시작이라고 할 수 있다. 위에서 언급한 비평교육의 목표를 잠정적으로 정리하면 다음과 같다.

1. 대상에 대해 이해하고, 그 가치를 평가하여 대상을 재창조한다.
2. 대상과 나의 관계를 파악하고 내면화하여 새로운 의미를 부여한다.
3. 대상을 통한 즐거움을 가지게 된다.
4. 대상을 통해 얻은 바를 삶의 변화로 실천한다.

---

34) Paul Ricoeur, 텍스트에서 행동으로, 아카넷, 2004, pp.227-233.
35) Roland Barthes, 텍스트의 즐거움, 동문선, 2002, pp.65-195.

2.2. 비평교육의 성격

1) 비평교육은 소재면에서 범교과적 성격을, 방법적인 면에서는 통합교과적인 성격을 지닌다.[36] 비평적 학습자와 관계를 맺고 있는 모든 세계에 있는 존재와 현상은 비평의 대상이 되기 때문에 어느 특정한 교과에서만 다룰 성질의 것이 아니다. 비평은 대상 자체만을 다루는 본질적 비평과 대상 외에 대상과 관련한 부분을 연구하는 비본질적 비평으로 나누어지는데[37], 비평교육에서는 이 두 가지는 물론, 비평적 학습자의 수준, 능력, 취미를 바탕으로 두 연구의 영향관계와 관계의 전이까지를 내용으로 하기에 통합성을 가진다. 문학, 음악, 미술, 무용, 체육, 영화, 예술, 사회, 문화 등 학교 교육과정에 있는 모든 영역을 망라한다. 가령 문학에서는 문학의 이론, 문학사, 문학 감상방법 뿐만 아니라 문학 작품의 내적인 부분에 해당하는 표현, 구조, 언어, 비유와 상징, 인물, 주제, 소재 등과 외적인 부분에 해당하는 작가와 창작 배경, 당대 사회, 역사적 사실 등을 포함하여 다른 작품과의 영향관계와 유사점, 차이점을 밝히는 비교문학의 성격도 아울러 지닌다.

범교과적 성격에는 세 가지 특성을 함께 가지는데 개방성과 다양성, 벼리성이 그것이다. 우선 다양성과 개방성은 교육내용의 광범위함을 통해 알 수 있다. 영역과 영역 간의 자유로운 전이는 비평교육의 가장 큰 특징 중의 하나라고 할 수 있다. 예를 들어 문학을 읽고, 표현은 그림으로 그릴 수 있다. 대상의 전이도 영화와 같은 종합예술은 말할 것도 없이 소설에서 희곡으로의 갈래 전환과 같이 매우 용이하다. 또한 비평 대상에

36) 이성영은 범교과적 언어교육(language across the curriculum)의 필요성을 역설하였다.(국어교육의 내용 연구, 서울대학교출판부, 1995, p.75.)

37) 김윤식, 문학비평용어사전, 일지사, 1986, pp.104-110.

대한 비평 방법과 비평 도구는 타당도만 입증되면 어느 것이라도 선택할 수 있고, 나아가 자신의 능력과 취미에 맞는 독창적인 비평 도구를 개발할 수도 있다. 기존에 연구되어 실현되고 있는 어떤 교수·학습 모형으로도 효과적인 수업을 전개할 수 있다. 일반성이라고 할 수 있는 벼리성은 그물의 위쪽 코를 꿰어 잡아당기게 된 줄인 벼리에서 착안하였다. 벼리(綱)는 그물에 있어 가장 핵심적인 부분으로, 벼리를 중심으로 그물코가 펴져 나간다. 비평교육은 어떤 전문적인 교육을 원하는 것이 아니라, 대상의 영역에서 비평과 관계되는 공통된 내용들을 추출하여 상보적 관점에서 가르치자는 의미를 지니고 있다. 물론 비평교육은 그 자체로 이미 전문적 성격을 지니지만, 국민공통과정에서의 비평교육은 일반성을 추구한다고 할 수 있다.

2) 비평교육은 목적이 아닌 방법론적인 성격을 지닌다고 할 수 있다. 총체적인 면을 보이는 비평교육은 교육의 최종 목표나 목적이 아니라, 그 목적을 이루는 하나의 방법이며, 도구이다. 비평교육의 대상과 내용의 광범위함으로 인해 자칫 '비평교육의 목표 = 교육의 목표'로 생각할 수도 있으나, 그것은 적절하지 못하다. 비평교육은 교육의 일반적 목적인 전인교육의 실현과 그것을 실행하기 위한 각 교과의 기능적 목표를 보다 효율적으로 수행하는데 적극적인 도움을 주는 가장 응용적인 방법론이다. 이런 면에서 비평교육은 국어교육, 문학교육, 예술교육, 문화교육과의 관계가 설정된다고 할 수 있다.

3) 비평교육은 양면적인 성격을 지니며, 이러한 양면성을 아우르는 총화적 성격도 함께 지닌다. 비평교육이 가지고 있는 양면성은 논리성과 창의성, 독창성과 전통성, 보기(비평)와 만들기(창작), 전문성과 비전문성,

교사와 비평적 학습자의 역할 공유의 면에서 접근해 볼 수 있다. 비평은 대상에 대한 주관적 감정의 객관화라는 논리적 사고를 요구한다. 그러나 여기에서 머무르지 않고, 비평 도구의 개발이나 선택, 그리고 비평교육의 결과물 생성 과정에서는 창의적 사고를 필요로 한다. 전통적으로 내려오는 비평 준거의 틀도 무조건 도외시할 수만은 없다. 기존의 방법을 익히고 비평적 학습자 자신만의 독창적인 방법을 마련해야 하는 것이다.

비평교육은 대상을 감상하고 이해하는 것과 비평적 학습자 자신이 하나의 비평 대상을 창작하는 이중성이 있다. 대상을 읽는 것, 느끼는 것[38]을 포함하는 '보기'의 개념과 쓰기, 그리기를 포함하는 '만들기'의 개념이 혼재해 있다. 또한 위에서 언급했듯이 비평교육 자체는 이미 전문적 영역에 속한다. 그러나 지향하는 바는 일반적 성격을 가진다. 전문계 고등학교(특히 예술고)나 대학 이상에서는 전문가를 키우고자 하겠지만, 일반 초·중등학교에서는 공통의 내용을 학습하는 학생이면 족하다. 모둠 토의 수업 할 때, 직소Ⅲ(JigsawⅢ)모형에서는 영역별 전문가 집단을 만들 수도 있지만, 수준이 그리 높은 것은 아니다. 실제로 고도의 전문가가 양성될 수도 있지만, 학교에서의 비평교육이 추구하는 바와는 거리가 있다.

교사와 비평적 학습자의 역할도 언제든지 바뀔 수 있다. 기존의 비평 방법과 비평 대상에 대한 선택을 돕는 안내와 조력의 역할을 맡았던 교사는 새로운 방법을 선택하고 적용한 비평적 학습자들에게서 그 내용을 전달받는 사람으로 변화하여 교사와 비평적 학습자 서로의 역할이 전도되거나 공유될 수 있다.

4) 비평교육은 비평적 학습자와 비평 도구, 비평 대상, 비평 후 표현이 서로 유기적 관계를 맺고 있다. '나'의 관점에서 바라본 '세계'는 '나'를

38) 여기서 '느끼는 것'은 感想이나 鑑賞이 아닌 만지는 것 등의 감각을 의미한다.

포함한 세계를 변화시킨다. 이것은 일방향이 아닌 쌍방향적 입장을 견지한다. 비평교육의 한 축을 이루고 있는 이 요소들은 고정되어 있는 것이 아니라 언제든지 변화할 가능성을 함의하고 있다. 요소 하나하나가 매우 다양하기에 이들의 결합은 그 수에 있어 무한함을 지닌다. 비평 대상과 비평 후 표현은 연쇄적으로 끊임없이 대상과 표현을 재생산하는 구조로 되어 있다. 예를 들어 영화를 비평한 것을 그림으로 표현했다면, 이를 다시 비평하는 글로도 만들 수 있고, 역시 또 다른 방법으로 비평하는 순환과 환송의 성격을 가진다.[39)]

5) 비평교육은 일반적인 교육학이 지니는 단계성과 단위성이 있다. 초급 비평가는 중급이나 고급의 수준의 비평가와 다르며, 이에 따라 선택하는 방법에 차이가 난다. 학교급별로 수준 차이가 날 수 있으나, 그것보다는 비평적 학습자 개인의 수준에 따른 단계 설정이 좋을 듯하다. 또한 비평교육에서 요구되는 사고력이 각기 다를 수 있는데, 초급 수준에서는 내용 전개에서 논리적인 면보다는 상상력을 키우는 쪽에 무게를 둔다면, 고급 수준으로 갈수록 과학적이고 합리적인 사고를 지향하게 된다. 형식적인 면에서는 초급·중급·고급 모두 창의적 사고를 원한다. 이러한 단계들은 비평적 학습자의 학령에 따른 경험의 정도, 비평 대상의 수준의 정도, 비평교육의 실현 가능성 정도, 비평 방법의 난해도 등을 종합적으로 고려하여 제시되어야 할 것이다.

단위성은 비평적 학습자의 개인에 맞는 비평 도구의 선택과 개발이 이

---

39) 이것은 Ⅳ장에서 자세하게 다루기로 한다. 비평교육의 전개는 교사(비평적 학습자에게 비평 방법과 대상 소개) - 비평적 학습자(대상 인식, 그리고 비평 방법과 도구 선택) - 비평적 학습자(대상의 분석과 비평) - 비평적 학습자(비평 후 표현) - 비평적 학습자와 교사(비평과 그 결과에 대한 토의와 평가)로 되풀이된다. 여기에서 비평 후 표현은 교사와 비평적 학습자, 비평 대상과 방법에게 모두 환송(feed back)된다

루어져야 한다는 것이다. 아무리 좋은 방법이라도 비평적 학습자의 취향과 능력과 소질에 맞지 않으면 교육적으로 큰 효과를 기대하기 어렵다.

6) 비평교육은 독립성을 지닌다. 엄밀히 말하자면 비평교육이 아닌 '비평 교과'가 교육과정에서 하나의 독립적인 영역으로 자리매김해야 한다는 뜻이다. 비평교육과 비평 교과는 다른 개념이다. 그런데 본 연구에서 비평교과가 만들어지기 전까지는 비평교육과 비평 교과를 유사 개념으로 사용하려 한다.

7) 비평교육은 아나키즘(Anarchism)적 성격을 지닌다. 다소 생소하게 들릴지는 모르겠지만 비평교육의 철학적 원리와 지향점, 교수·학습방법 등의 여러 면에서 아나키즘이 추구하는 바와 많은 부분이 일치하는 점을 발견할 수 있다. 일반적으로 예술에서 아나키즘이라고 하면 아방가르드 예술을 떠올리거나, 문학비평에서 해석이 무한적으로 다양하게 나타날 경우를 무정부주의적인 읽기라고 해서 부정적인 용어로 사용되는 경우가 많다. 무정부주의자란 말이 보통으로 뜻하는 바를 규칙을 깨뜨리는 사람이 아니라 규칙을 깨뜨리는 것을 원칙으로 하는 사람, 규칙적으로 규칙을 깨뜨리는 사람으로 인식되어야 한다.[40)]

아나키즘의 해석을 무정부주의보다는 현실을 파악하는 하나의 방식 가운데 권위의 해체로 인정[41)]한다면 비평교육의 아나키즘적 성격이 바로 도출된다. 일종의 해체 정신과 맞물려 있는데, 이것과 무정부적인 해석은 다르다. 아나키즘적 해석은 무정부적인 것만을 지니고 있는 것은 아니라 나와 타자의 관계를 동등하게 대하는 것부터 시작된다. 차이를 인정함으

---

40) Terry Eagleton, 문학이론입문, 창작과 비평사, 2008, pp.156-157.
41) Jean Préposiet, 이소희 옮김, 아나키즘의 역사, 이롬, 2003, pp.49-88.

로 다양성의 가능성을 인지하게 된다. 개인의 권위 해체는 인간 권위의 해체로 이어지고, 인간의 대상에 대한 해석의 해체도 자연스럽게 진행된다. 기존에 인정되어온 중심의 원리에서 벗어나고자 하는 비평교육의 성격은 어떠한 권위도 인정하지 않는, 심지어 자기 자신의 권위도 해체하려는 아나키즘의 그것과 일치한다고 할 수 있다.

인간 중심적 사고를 탈피하여 인간과 자연 모두의 공존을 궁구하는 생태주의를 지향하는 최근의 아나키즘의 경향과 비평교육은 그 맥을 같이 한다. 아나키즘은 단순히 어떤 하나의 그 무엇으로 정의내리기 어려운데, 그것은 아나키즘의 내용적 범위가 무한하며, 나날이 확장되어 가는데 원인을 찾을 수 있으며 이러한 점도 비평교육의 그것과도 유사하다고 할 수 있다. 교수·학습방법에서도 교사와 학생을 동시에 존중하며, 상호의 입장을 바꾸어서 생각하려는 교육비평철학자들의 상당수가 아나키스트인 점도 이를 뒷받침한다고 할 수 있다.[42)]

8) 비평교육은 내용과 방법에 있어서 확장성을 가지고 있다. 이는 달리 말하자면 가변성 혹은 불확정성[43)]이라고도 할 수 있다. 기존의 문학교육이나 비평교육은 여러 비평가들의 다양한 확정적 요소들에 의한 접근 방법을 배우거나, 문학을 이루고 있는 각 요소들에 대한 분석적 연구로 가르쳐 왔다. 이것은 비평적 학습자와 문학을 더욱 거리 있게 만들었고, 비평적 학습자의 수준, 관심, 능력 등을 고려하지 않은 것은 문학교육의 애매성이나 난해성을 더욱 공고히 하였다. 기본적으로 모든 작품은 하나의 미완성이다. 독자가 글을 읽어 나가는 과정에서 계속해서 미완성된 부분

---

42) 박홍규, 아나키즘이야기, 이학사, 2007, p.281.
43) 텍스트의 불확정성은 해석이 끝난 다음에 고정된다. 물론 그것 역시 상대적인 확정성 속에서 잠재적으로 고정될 따름이다.(김상욱, 위의 책, p.85.)

을 채워 넣기도 하고 때로는 그 내용을 확장해 나가기도 한다.44)

2.3. 비평교육의 원리

비평교육의 개념과 특성 속에는 비평교육을 구성하는 원리와 비평교육이 지향하는 원리가 내재되어 있다. 이 두 원리는 동떨어진 것이 아니다. 비평교육의 구성 원리를 토대로 앞으로 비평교육이 나아가야 할 방향을 제시하는 것이 지향 원리라고 할 수 있다.

2.3.1. 비평교육의 구성 원리

첫째로 통합성의 원리를 들 수 있다. 특성에서도 보았듯이 비평교육은 통합성을 필수적으로 요구하게 된다. 하나의 교과 영역만으로 대상이나 사물을 바라보는 관점은 장님이 코끼리를 만지는 한계를 면할 수 없는 것과 같다. 각 교과의 관점에서 대상을 바라보는 공통의 가치와 방법을 습득한 후, 각 교과의 세부 내용을 학습해야 비로소 학문과 학문 간의 연관 관계를 인지할 수 있게 되고, 학문을 연구하는 방법을 자연스럽게 익히게 된다. 비평교육은 교과 간의 공통 영역에서 내용과 방법을 찾고, 그것을 적용하는 교육이므로 통합적인 원리로 이루어져야 한다.

둘째는 자발성의 원리를 꼽는다. 교육은 결국 학습자의 변화를 의도하는 것인데, 교육의 효과를 높이는 가장 좋은 방법으로 비평적 학습자 중심의 학습을 꼽는다. 비평교육은 비평적 학습자가 스스로 비평가가 되어 대상에 대한 이해와 분석, 비평 도구와 방법의 선택, 가치 판단과 평가를

---

44) 신헌재 · 이재승, 학습자 중심의 국어교육, 박이정, 2001, p.193.

내리는 작업을 수행하기에 비평적 학습자가 학습자 스스로를 교육한다고 할 수 있다. 비평적 학습자 주체가 학습할 대상과 방법을 고르는 선택의 원리도 들어 있다.

셋째는 관계성의 원리이다. 세상의 모든 것은 서로 연관되어 있다는 철학적 명제를 기반으로 하는 비평교육은 비평적 학습자인 '나'와 '나'의 근원어인 '너'[45]로서의 대상과 확장된 '우리', 그리고 이 모두를 포함하는 '세계'와의 관계를 이해하는 하나의 과정이라고 할 수 있다. '나'와 '너' 속에 내재된 관계는 어떤 것이며, 이 관계는 어떤 변인의 어떤 영향으로 어떻게 변하는지 알게 되고, '나'와 '세계'가 어떤 관계를 맺고 있는지 알게 된다. 대상에 대한 정의와 분석은 대상과 '나'의 관계를 인지하게 되고, '나'에게 있어, '세계'에 있어 대상이 어떤 의미와 가치를 지니는지 판단하는 계기를 마련한다. 비평교육 상황에서 생기는 가치가 기존의 그것과 어떤 점이 같고 다른지를 비판적으로 비교하게 된다. 또한 대상에 대해 새로운 가치와 의미를 부여하게 한다.

넷째는 구성의 원리이다. 기존에 있는 지식을 전달하거나 전문가의 비평을 학습하는 것이 아니라 비평적 학습자가 자신의 경험과 배경지식, 대상 속의 구조 등을 새롭게 구성하는 구성주의적 관점을 취한다. 또한 비평교육의 구성은 비평적 학습자의 발달 단계에 따른다.

다섯째는 과정의 원리이다. 비평교육은 비평 후 표현(결과물)도 중요하지만, 비평적 학습자 스스로가 학습(비평)을 해 나가는 과정 속에서 대상과 대상, 영역과 영역, 방법과 방법의 통합을 통합하고 선택하여 가치를 판단하며, 관계를 파악하여 새로운 의미를 부여하면서 '나'와 '세계'의 관계성을 인지하는 것을 더 중요하게 여기 기 때문에 결과보다는 과정에 더 큰 의의를 갖는다고 할 수 있지만, 결과의 중요성을 전적으로 부정하는

45) Martin Buber, 나와 너, 문예출판사, 2004, p.7.

것은 아니다.

여섯째는 탈 중심의 원리이다. 중심은 권력지향에 가깝다. 서구 사회를 보더라도 남성 중심, 이성 중심, 물질 중심, 유럽 중심으로 이루어져 왔고, 동양 사회도 남자와 상위 계급 중심으로 지속되어 오고 있다. 이에 권력의 중심에서 벗어난 부분들에 대한 고찰이 필요하다. 사회적인 문제만이 아니라 하나의 방법과 내용만을 선택해서 강조하여, 마치 다른 생각과 방법은 잘못된 것처럼 오도하는 학문의 풍토를 버리고, 모든 것은 양립할 수 있다는 전제로 중심에서 주변으로의 이동에 주목해야 한다.[46] 비평 대상 중심, 교사 중심, 비평적 학습자 중심 등 특정 중심을 따라 움직이는 것이 아니라 상황과 선택에 따라, 단계에 따라 알맞고 다양하게 결합하는 것을 의미한다. 이제 문학교육은 내용 중심(가치관, 이데올로기)에서 형식 중심(텍스트 장르 이론)을 거쳐, 방법 중심(활동)을 넘어 왔지만 이제는 탈 중심(비평교육)으로 진행되어야 한다.

2.3.2. 비평교육의 지향 원리

첫째는 전인교육[47]이다. 비평교육은 교육의 이상적 목표인 전인교육을 추구한다. 어느 한 교과나 영역, 방법만으로 이루기 힘든 지·덕·체의 조화로운 전인적 인간상을 만들기 위해 여러 가지 방법을 동시에 교육한다. 이것은 곧 인성교육까지 아우르게 된다. 대상에 대한 깊이 있는 이해, 그리고 '나'와 연관된 '세계'와의 관계교육을 통해 정의적 영역에 대한 심도

---

46) 다양한 명시와 형성과정에서의 차이의 개념 - 차연(데리다), 격차(료타르), 결합된 배열과 다중성(푸코) - 은 자아, 문화, 세계사에 잠재된 유일한 논리적, 형이상학적 원리로 간주되는 헤겔식 변증법의 전체화적인 혹은 철저한 종합력에 반대한다.(Michael Peters · Nicholas Burbules, 탈구조주의와 교육, 교육과학사, 2007, pp.157-158.)

47) 박인기 외, 문학을 통한 교육, 삼지원, 2005, pp.120-128.

있는 교육이 이루어진다. 세계를 바라보는 가치관과 세계관을 자연스럽게 터득하며, 이러한 것들이 켜켜이 쌓이면서 내면화된다.

둘째는 사고교육[48]이다. 비평교육은 비평이 가지고 있는 논리적 사고, 과학적 사고, 합리적 사고, 분석적 사고와 직·간접적으로 연관을 맺고 있고, 여기에 창의적 사고도 요구한다. 사고의 다양한 분야를 향상시키는 교육을 한다.

셋째는 문화소양교육이다. 비평교육은 그 내용을 보면 매우 다양함과 방대함을 알 수 있다. 그러나 한편으로 이 내용들은 각 단계의 학습자가 알아두어야 할 가장 기초적인 내용이면서, 핵심적인 것들이며, 비평적 학습자 자신의 소양에 큰 도움을 주는 것이어야 한다. 결과적으로 비평교육은 문화의 확대와 재생산에 기여해야 한다는 것이다.

넷째는 생태교육이다. 인간이 올바른 가치를 가지기 위해서는 인간적인 것으로만 접근해서는 어렵다. 즉 인간이 맺고 있는 타자와 자연과의 상생관계 속에서 궁구되어야 한다. '나 = 유일자'라기보다는 나와 관련한 생태와의 관련 속에서 나를 찾아가 나와 다른 나를 동시에 변화하여 상존하는 방식이 반드시 요구된다. 인간 중심의 교육에서 인간과 함께 하고 있는 생태와 환경 모두를 인간만큼, 인간 이상으로 중요시하는 교육으로 진행되어야 한다.[49]

2.4. 비평교육의 위상

비평교육의 위상은 독립된 하나의 교과로 인정이 가능한가 혹은 가능하지 않은가에 따라 크게 두 가지 면에서 정립될 수 있는데, 하나는 교육

48) 이삼형 외, 국어교육과 사고, 역락, 2007, 2장 참조.
49) 정재찬, 문학교육의 현상과 인식, 역락, 2007, p.92.

과정 속에서, 다른 하나는 교육 활동에서 찾아볼 수 있다.

비평교육이 하나의 교과로 인정받을 수 있으려면 교과교육의 성립 조건을 만족시켜야 하는데[50] 현실적으로 쉽지가 않다. 비평교육에 대한 연구자들의 논의가 거의 없었다는 점, 이로 인해 사회적 인지도가 떨어진다는 점, 비평교육을 위계화할 수 있는가의 문제가 남아 있다는 점, 교과의 목표를 수행하기 위한 하나의 방법론을 독립된 교과로서 인정할 수 있는가의 문제, 비평교육과 내용이 유사한 과목과의 문제를 어떻게 해결할 것인가 하는 점, 근본적으로 비평교육이 통합교육을 지향하고 있는데 또 다른 교과를 만드는 것이 과연 내적 논리에 부합하는가에 대한 회의적 성찰에 부딪히게 된다.

특히 국어교육과의 관계 정립은 비평교육의 입장에서 보면 매우 절실한 사항이다. 현재 비평교육의 중심을 이루고 있는 문학교육조차 국어교육에서 독립되지 못하고 있는 실정에서 방법론으로서의 비평교육이 독립할 수 있는가의 문제는 다소 무리라는 지적에 동의하기가 쉽다.[51] 비평교

---

50) 교과교육학의 성립 조건으로 1) 교육받은 사람이 어떤 상태인가, 교육의 목적이 제시되어야 한다. 2) 교과란 어떤 것이며 누구나 알아야 할 것인가를 따져보아야 한다. 3) 교육의 목적을 달성하기 위한 효과적인 방법은 무엇인가 탐구가 필요하다.(김경배 외, 교과교육론, 학지사, 2005, p19.) 또한 교과의 특성으로 1) 교과란 문화 요소이며, 2) 사회적으로 지지를 받으며 선택되는 것이며, 3) 일정한 준거를 제시하고 있다.(곽병선, 교육과정, 배영사, 1987, pp.43-47.)

51) 이용주는 작품 감상 이외에 문학 이론이나 기타 전문적인 지식의 전수가 본격적으로 행해질 필요가 있다면 국어교육과 별도로 예술로서의 문학 교과를 설치하는 문제를 신중히 검토하는 것이 좋다며 문학교과의 독립 가능성을 제기하였고 (국어교육의 반성과 개혁, 서울대학교출판부, 1999, p.487), 최영환은 언어로서의 국어교육을 논의하면서 문학이 국어로 이루어진 예술이라는 이유로, 국어로 표현된다는 이유로 국어교육에 문학을 포함시키고자 하는 어떠한 의도도 인정되지 않는다고 하였다.(국어교육의 지향, 삼지원, 2005, p.29.) 그러나 국어교과에서 분리된 후 고립되어가는 작문 교과의 예를 통해서도 알 수 있듯이 문학교과 역시 그 영역의 애매성으로 문학 교과의 독립성에 반대 논리를 형성하고 있으며, 이를 대다수의 국어교육학자와 문학교육학자가 동의하고 있다.

육의 내용이 상당한 부분에서 문학교육과 겹치고 있는 점도 부담스러운 요인으로 작용한다. 만일 방법적인 차이를 주장한다 하더라도 총체적 언어교육이나, 문학을 통한 교육을 통해서 극복될 수 있다고 보는 주장에 많은 무게가 실릴 것이다. 또한, 비평 교과를 담당할 교사의 전문성에 대한 문제도 적지 않을 것이라 예상된다. 더군다나 교육과정으로서의 인정은 중등 교육과정만으로 끝나는 것이 아니라 이와 연동되어 있는 대학 교육과정의 변화를 자동적으로 추인해야 할 것이다.

그러나 현재 운용되고 있는 교육과정을 개편해야 한다는 주장이 대두되고, 개편의 방향이 영역군의 조정, 교과목의 통폐합과 새로운 시대에 맞는 교과목 설정에 있는 것이라면 지금의 비평교육에 대한 교육과정 수용의 문제는 보다 근본적인 차원에서 재고되어야 할 사안이다.[52)]

비평교육의 필요성과 중요성에 대한 인식이 높아지고 있고[53)], 각 교과 교육의 목표와 수행 방법의 공통점이 비평교육인 점을 감안하면, 하나의 교과로서의 가능성을 완전히 배제하기 어려워진다.

교과교육으로서 비평교육에 제기되는 문제들을 하나씩 점검해 보면, 비평교육에 대한 사회적 인지도가 낮다는 지적과 연구가 많지 않다는 점에 대해서는 지금 당장 교육과정에 수용되는 것이 아니라 비평교육에 대한 연구 성과가 쌓인 후에 검토해 보아야 한다고 할 수 있다. 물론 그 시기는 계속 논의되어야 할 것이다. 또한 비평교육이 과연 위계화될 수

---

52) 지금까지의 교육과정은 국어, 사회, 예 · 체능, 수리 · 과학, 외국어 군으로 나누었으나 문화교육론자들은 이를 인간의 지각 능력을 중심으로 시각문화, 청각문화, 시 · 청각문화 군으로 설정해야 한다고 주장한다.(문화교육실천연대, 이제는 문화교육이다, 문학과학사, 2003, pp.86-90.) 만일 이 주장을 수용한다면, 비평교육은 지각 군에 지식을 겸비한 하나의 군으로 설정될 수 있거나 예술 · 문화 군을 비평 영역과 창작 영역으로 나눌 수 있다.

53) 도정일은 비평교육의 중요성을 역설하면서 대학의 교육과정에 비평교육이 반드시 존재해야 하며, 현대의 비평 이론을 가르쳐야 한다고 주장하였다.(시인은 숲으로 가지 못한다, 민음사, 1994, pp.319-327.)

있느냐에 대한 물음은 오히려 다른 교과목, 특히 기능을 수행하는 과목들에 비해 계열성과 위계성이 현저히 높다고 할 수 있다. 비평교육 자체가 가진 비평적 속성인 평가는 그 자체로 위계성이 있다고 할 수 있다. 비평교육과 유사한 과목과의 설정과 비평교육의 지향점인 통합성에 대한 문제 제기는 새로운 교육과정에서는 어차피 재조정이 불가피하기에 다시 논의될 수밖에 없다.

역시 문제는 국어교육과의 관계 재조명에 있다고 할 수 있다. 국어교육과 문학교육은 사실 상위 영역과 하위 영역의 관계로만 설정되어 있는 것이 아니라 문학교육을 통해 국어교육을 강화하는 방법적인 면과 문학교육이 가지고 있는 고유한 영역인 감상이나 정서교육, 심미적 교육을 통해 국어교육에서 부족한 면을 채우는 역할도 수행하고 있다. 문학교육에서 심미적 기능을 강화하면 미술이나 음악과 같은 예술 교과로 분리되는 것이 마땅하다. 언어 중심의 국어교육에서 상상력 중심의 예술교육과 문화교육으로 전환하는 새로운 패러다임을 인정한다면, 국어교육과 문학교육은 대등한 위치를 점해야 할 것이다. 이와 마찬가지로 국어교육과 문학교육을 통해 문화교육을 하고자 하는 것 같이 비평교육을 통해 문화교육을 매개할 수 있어야 한다는 논리가 성립된다.[54] 문학, 미술, 음악, 영화, 사진, 매체에서 추출된 공통의 내용을 가르치는 비평교육이야말로 교과의 중복성을 해결할 손쉬운 방도일 것이다. 중등 교육과정에서 비평교육이 인정된다면, 대학 교육과정에서도 비평교육을 전공하는 학과의 설립은 자동적으로 요구된다. 만일 시행된다면 초기에는 비평교육이 비교적 안정되게 이루어지고 있는 국어와 미술을 중심으로 전개될 것이다. 특히 비평교육 결과물의 다양성을 예상하더라도 결과물이 대다수 국어로

---

54) 김세령, 대학 교양 과목에서 비평교육의 실천 방안, 한국문예창작 15호, 한국문예창작회, 2009, pp.122-123.

생성된다는 점은 이러한 예상을 뒷받침하고 있다.[55)]

국어교육은 목적교과이면서 동시에 도구교과의 성격을 지닌다. 이것은 곧 비평교육이 한 동안 국어교육에서 이루어져야 함을 반증하는 것이다. 국어교육을 2대 영역으로 나누면 이해 영역과 표현 영역이 된다. 이해 영역과 표현 영역을 나누는 기준은 무엇인가. 어디까지가 이해고, 어디까지가 표현인지를 구별하는 것은 용이하지 않다. 범박하게 듣기와 읽기는 이해고, 말하기와 쓰기는 표현이라고 말한다면 두 가지의 문제에 직면하게 된다. 우선은 엄밀한 의미에서 기능적으로 결합된 2대 영역이나 4대 영역은 구분할 수 없다는 것이고, 둘째는 국어과 하위 영역을 6대 영역으로 나눈 경우에 있는 문학과 문법에 대한 설명은 문학과 문법은 기능에 따라 분류한 것이 아니기 때문에 논리적 타당성을 잃게 된다. 이해와 표현은 하나의 연결고리로써 교육을 실행해야 하는데 대상에 대한 이해와 이해한 바를 표현하는 비평교육이 매개적 역할을 할 수 있다.[56)]

국어과 하위 영역을 심화한 것이 국어과 교육과정 내의 선택과목이라면, 비평은 '문학'과 유사한 자리를 점하게 되는데, 여기서 발생하는 또

---

55) 현재 국어교사는 막대한 내용의 양을 가르치는 부담을 안고 있는데, 여기에 비평교육까지 함께 하라는 것은 더욱 부당한 일이다. 문학교육, 연극교육, 영화교육까지 하고 있는 국어교사는 만능이 아니다. 국어교육의 전문화를 위해서도 문학교육과 비평교육의 전문화는 반드시 이루어져야 한다. 다만 본고에서는 과도기적 성격을 인정한 것이다.

56) 우한용은 창작교육과 표현교육의 용어 가운데 국어교육의 성격에 부합되는 것은 창작교육이라는 주장에 무게를 싣고 있다. 여기서 비평교육을 통해 이 두 개념에 대한 정리를 이끌어 낼 수 있다.(창작교육론, 태학사, 2009, pp.281-312.) 대상에 대한 분석과 해석을 통한 이해와 그 이해를 바탕으로 한 표현 사이에 존재하는 비평과 창작의 영역의 관계에 대한 설명이 바로 그것이다. 이해 영역과 표현 영역의 교집합에 있는 비평은 제1비평이라고 할 수 있는데 비평가가 자기 자신에게 표현하는 것이며, 밖으로 표출되기 직전까지의 과정이다. 제2의 비평은 다른 이에게 표현하며 일정한 형식을 지니고 있다. 제2비평이 창작의 시작이라고 할 수 있다. 창작은 표현의 영역 가운데 이해와 겹쳐있지 않은 부분을 말한다고 할 수 있다.

다른 문제는 '독서'와 '매체'와의 관계다. 독서는 읽기를 심화한 것이다. 읽기를 심화한 것은 문학도 포함된다. 즉 문학과 독서는 상당 부분 겹칠 수밖에 없고, 비평이 보기와 듣기, 읽기, 만들기, 그리기를 포함한다고 하지만 읽기가 주를 차지하는 것이 현실이면, 이 역시 내용이 중복된다. 국어과 하위 영역에 없는 부분을 심화한 매체언어는 매체의 언어적 기능과 매체의 속성과 내용을 비평하는 역할을 하는 것이라 할 수 있는데, 전자는 국어교육에서 하위 영역으로 존재할 수 있을 것이나 후자는 비평교육과 역시 합치되는 부분이 적지 않다. 국어과의 선택 과목에 대한 정리가 필요한 이유가 여기에 있다. 읽기로서의 문학, 비평으로서의 매체와 비평은 비평이라는 범주 속에서 재개념화하여 통합되는 것이 필수 과제라고 생각된다.

문학교육의 하위 영역에 있는 수필·비평과의 용어상 혼란이 발생하여 이에 따르는 재정립이 불가피하다. 수필·비평은 문학을 서정, 서사, 극 갈래로 나눈 이외의 것들을 묶은 범주이다. 여기에서 수필·비평은 하나의 방법으로서가 아니라 문학 작품을 묶어 놓은 갈래로서 존재하는 것이다. 즉 여기서의 비평은 엄밀히 말하면 비평이 아니라 비평문 쓰기에 해당하는 것이기 때문에 본 연구에서 논의되고 있는 비평과는 층위가 상당 부분 다른 것임을 알 수 있다. 수필·비평에서의 비평은 수필의 일부분으로서 존재하는 것이기에 비평문이나 다른 용어로 대체하는 것이 옳을 듯싶다.

여러 가지 예상되는 논란 속에도 현재의 비평교육의 위상을 상정하면 다음과 같이 전개될 수 있다.

교육과정 안에서 자리매김을 할 경우에는 비평교육의 심미적 요소와 비평의 대상이 주로 예술인 점을 고려하면 우선 음악, 미술, 무용과 같은 예술 영역 군에 속할 수 있다. 이럴 경우 비평교육을 어느 시점에서 가르쳐야 할 것인지에 대한 논의가 필요하다. 교과목이 분화되는 시점과 비평적 학습자의 발달과정으로 미루어 보면 중학교 1학년 과정이 적당할 것으로 생각된다. 문학을 다른 예술 교과와 분리시켜 생각하지 않았다가 이를 다르게 인식하는 시점과 예술에 대한 감상이 주를 이루다가 비평의 관점을 도입하는 시점을 고려한 것이다. 또한 6학년 때까지 예술과 교과목을 상당 부분 통합적으로 다루다가 7학년 때 분리되는 것도 고려해야 한다.[57) 여기에 성(性)이나 이데올로기, 다른 것들에 관심을 갖는 시기와도 맞물려 있다고 할 수 있다. 게임이나 미디어에 대한 관심이 증폭되는, 즉 문화환경을 경험하게 되는 시점, 무언가를 선택해야 할 때 비평적 학습자는 자신이 선택 가능한 비평 대상에 이끌려가지 않도록 해야 한다.

다음으로 상정할 경우는 국어과 내에 배치하는 것이다. 국어과 하위 영역에 위치하는 경우에는 문학, 독서, 화법, 작문, 매체와 같이 선택 과목에 자리 잡을 수 있고, 국어교육의 하위 영역인 듣기, 말하기, 읽기, 쓰기, 문법, 문학과 같은 영역[58)]으로 편입될 수 있다. 문학교육의 하위 장르인 서정, 서사, 극, 수필·비평에서 비평을 하나의 영역으로 인정하여 서정, 서사, 극, 수필, 비평으로 나눌 수도 있다.[59)]

또한 예술을 전문으로 하는 고등학교의 교육과정에서의 비평교육을 생각해 볼 수 있다. 비평교육의 내용과 방법에 따라 기초 과목과 심화 과목

---

57) 서민정은 7차 국어과 교육과정 학년별 내용을 보아도 비평을 위한 요소는 7학년부터 본격적으로 등장한다고 보았다.(앞의 논문, p.49.) 중학교 이상의 학생에게는 형식적 조작기의 사고에 맞추어 간학문이나 다학문적 통합 등 모든 형태의 방법이 적용될 수 있다는 김재복의 주장도 여기에 힘을 더한다고 할 수 있다.(통합교육과정, 교육과학사, 2003, pp.25-26.) 임성규는 초등에서의 문학비평교육을 주장하였지만(아동문학과 초등비평교육, 한국문화사, 2008), 비평교육 속에 내재된 비판성, 논리성, 평가성은 초등학생의 정서적인 면에서 부정적 영향을 초래할 위험을 소지하고 있기 때문에 주의해야 할 것이다.

58) 듣기, 말하기, 읽기, 쓰기는 영역이 아니라 기능적 범주에 가깝지만 아직까지는 교육과정에서 영역으로 처리되고 있어 이에 따른다.

59) 수필과 비평의 관계 문제는 차후에 논의하기로 한다.

에 해당될 수 있다. 전문계 고등학교(예술 고등학교)에서도 1학년인 10학년은 공통교육과정을 적용하고 있다. 일반 선택과목에서 다른 교과목 대신에 비평 교과를 선택할 수 있다. 미술, 음악, 연극·영화, 사진, 문예창작 등 전공에서서는 전문화된 비평교육을 배울 수 있도록 한다. 이 때의 내용은 직업인으로서의 비평적 학습자를 고려하여 내용과 방법의 중심에서 벗어나 표현된 질료 중심으로 전환하는 것이 좋다.[60)]

재량 활동의 과목으로도 가능하다. 독립 교과, 국어과 내의 영역, 예술 고등학교의 교과목이 검정 교과에 해당되었다면, 재량 활동[61)]에서는 보건 등과 같이 인정교과[62)]로 놓이게 되어 교과의 성립이나 운영 면에서 상대

---

60) 비평교육은 일반적인 면과 전문적인 면을 동시에 지니고 있다. 본고에서는 일반적인 면을 중점으로 다루고 있다. 그러나 특수목적으로 설립된 전문계 고등학교(예술고)에서의 비평교육이 일반적인 비평교육과는 같을 수 없는 것이다.(Richard D. Lakes, Critical Education for Work : Multidisciplinary Approaches, Ablex Publishing corporation Norwood, New Jersey, 1994, 10장 참조.)

61) 7차 교육과정에서는 고등학교 재량 활동 영역으로 교과 재량 활동(1. 선택 과목 학습 영역, 2. 국민 공통 기본 교과의 심화 보충 학습 영역)과 창의적 재량활동(3. 범교과 학습 영역)으로 설정해 놓고 있는데 민주 시민 교육을 포함하여 국가 교육과정에 제시된 35가지 교과 범교과 학습을 위해 학습 주제를 활용할 수 있는 것이다. 범교과 학습의 주제는 민주 시민 교육, 인성 교육, 환경 교육, 경제 교육, 에너지 교육, 근로정신 함양 교육, 보건 교육, 안전 교육, 성교육, 소비자 교육, 진로교육, 통일 교육, 한국 문화 정체성 교육, 국제 이해 교육, 해양 교육, 정보화 및 정보 윤리 교육, 청렴 · 반부패 교육, 물 보호 교육, 지속 가능 발전 교육, 양성 평등 교육, 장애인 이해 교육, 인권 교육, 안전 · 재해 대비 교육, 저출산 · 고령 사회 대비 교육, 여가활용 교육, 호국 · 보훈 교육, 효도 · 경로 · 전통 윤리 교육, 아동 · 청소년 보호 교육, 다문화교육, 문화 · 예술 교육, 농업 · 농촌 이해 교육, 지적 재산권 교육, 미디어 교육, 의사소통 · 토론 중심 교육, 논술 교육 등이 있다.(고등학교 교육과정 해설, pp.262-263.) 본 연구에서는 문화예술교육과 미디어 교육, 논술교육 등과 관련하여 비평교육의 주제 설정을 제시하고자 한다.

62) 위 주제 중에서 현재 인정 교과로 인정받은 과목으로는 보건을 비롯하여 생활과 철학, 생활과 논리, 생활과 심리, 생활과 교육, 생활과 종교, 생활 경제, 안전과 건강, 진로와 직업, 환경 등이 있다.(고등학교 교육과정 해설, p234.) 이 책에서는 생활과 비평, 비평교육의 과목을 설정하고자 한다.

적으로 비교적 자유롭다고 할 수 있다. 교육과정 운용도 초등학교나 중학교, 고등학교를 가리지 않고 가능하지만, 가급적 중학교 이상의 학령에서 더 유효할 것으로 예상된다.

교육과정으로 인정받지 못하게 되면 교육 활동 속에서 그 모습을 찾아볼 수 있을 것이다. 우선은 재량 활동과 유사하게 특별 활동의 형태로 가능한데 예를 들면, 문학토론반, 음악감상반, 미술비평반, 영화감상반 등의 교육 활동에 내용과 방법을 마련해주는 데에서 의의를 찾을 수 있다. 교과교육에서 추구하는 목표가 상당 부분 일치하므로 각 교과교육에서 목표를 수행할 하나의 방법론으로 인정하는 것도 있는데, 이러한 경우에 비평교육은 대학의 교육과정에도 속할 수 있게 된다.

평생 교육의 차원에서 보면 대학의 교양 강좌나 지역 평생학습원 강좌의 형태로 남을 수 있다. 이 경우는 중등 교과로서의 인정 유무와 관계없이 성립이 가능하다.

3. 비평교육의 구성

3.1. 비평교육의 대상

3.1.1. 비평 대상의 범주

비평 대상이라고 하면 일반적으로 문학이나 예술을 떠올리기 쉬운데, 비평의 정의에서도 언급했듯이 비평적 학습자가 관찰하고, 분석하고, 가치를 판단할 수 있는 모든 것은 비평의 대상이 될 수 있다. 여기에는 문학, 음악, 미술, 무용(체육)을 비롯한 예술 분야와 역사, 사회, 정치, 경제 등의 광의의 문화도 포함된다. 인간이 자연을 가공해 만들어 낸 것의 총체를 문화로 보는 과거의 개념에서 요즘에는 자연을 바라보는 인간의 시선까지를 고려하여 자연 자체도 문화로 보는 관점이 제기되었다. 이들을 모두 비평의 대상으로 여긴다면, 비평적 학습자가 듣고, 느끼고, 볼 수 있는 모든 것들-인간과 사물의 작은 몸짓에서 집단이나 국가의 일체 행위, 유형은 물론 무형의 것, 사람의 심리나 대화-이 비평의 대상이라고 할 수 있다.

비평 교육의 대상은 비평의 대상과 조금은 다른 개념적 차이를 가진다. 미술의 대상과 미술교육의 대상이 다르듯 비평의 대상이 삼라만상의 모든 것이 될 수 있으나, 비평교육의 대상은 비평을 교육적인 범주에서 해결해야 할 것으로 제한을 받는다. 비평적 학습자가 비평하는 대상 가운데 교육적인 내용과 방법 내에서 의미 있는 것만 비평교육의 대상이 된다는 말이다. 또 비평교육을 실행하는 주체인 비평적 학습자 역시 비평교육의 대상이 된다.

3.1.2. 비평 대상의 선정 조건

비평교육은 비평 대상을 선정하는 행위인 비평 대상 선정(Critical Filter, Critical Filtering)으로 시작된다고 할 수 있다. 여기서는 비평적 학습자의 선택이 우선시되는데[63], 위에서 언급했듯이 원론적으로는 비평적 학습자의 시선에서 보는 모든 것들이 대상이 될 수 있다. 자신의 취미, 적성, 관심, 능력 등을 고려하여 교사와 협의하여 결정하되 전문적 비평을 제외하고는 가급적 한 분야에 치우치지 않도록 한다. 일반적으로 비평적

63) Wilfred L. Guerin,, 최재석 옮김, A Handbook of Critical Approaches to Literature, 한신문화사, 1995, 서문.

학습자는 자신의 개인적 감상, 취향, 의미 등을 중심으로 판단하고 교사는 국가나 사회에서 전달해야 하는 내용이나 대상으로 익힐 역할 등을 중심으로 판단한 후 평가하는 경향을 보인다.

비평적 학습자와 대상에 대한 협의를 하는 교사는 학생의 선택을 존중하는 것을 전제로 하며[64], 다음 세 가지 가능성을 충분히 생각하면서 상의한다.

우선은 교육가능성을 살펴보아야 한다. 내용이 교육적으로 별 무리가 없는가, 보편적이고 일반적인 정서에 부합하는가, 주어진 시간에 해결할 수 있는 분량인가 등이 여기에 해당된다. 다음으로는 관찰가능성인데, 대상을 주어진 시간동안 관찰할 수 있는 것인지, 대상과 관련된 자료의 양과 수가 적절한지, 자료의 수집과 활용이 유효한 것인지를 점검해야 한다. 세 번째로는 비평가능성이다. 비평은 가치 판단의 문제와 관련이 깊은데, 대상이 과연 가치를 판단할 수 있는 대상인지를 인지해야 한다. 예를 들어 절대적인 진리라든지, 비교의 대상이나 참고 자료가 지나치게 적은 것은 아닌지를 확인해야 한다. 여기에 하나를 덧붙이면 대상에 대한 접근 곤란도를 조정해야 한다. 대상의 의미나 내용이 너무 난해하여 해석이 불가능한지, 아니면 비평적 학습자의 수준이나 능력에 비해 못 미치는지에 대한

---

64) 선주원은 문학 텍스트를 선택할 때 교사와 청소년들이 고려해야 할 문학 텍스트의 자질들을 나타내는 척도로 다음과 같은 것들을 제시하고 있다. ① 신뢰할 만한 작중인물. 신중히 창조된 작중인물은 진부하거나 전형적이지 않고 다층적인 성격을 지닌다. ② 통일성 있으나 예상할 수 없는 플롯 ③ 합리적인 갈등 ④ 만족스러운 갈등 해결 ⑤ 작중 인물간의 의미 있는 상호 작용 ⑥ 의미 있는 주제 ⑦ 적절한 배경. 그리고 문체와 관련된 척도로는 ① 생생한 대화 ② 언어의 명료성 ③ 생생한 이미지 ④ 풍부한, 그리고 성기게 퍼지지 않은 묘사를 제시하였고, 통일성에 유의하면서 텍스트의 의미를 이해하기 위해 고려해야 할 사항들로 ① 작중인물의 특성과 적절한 언어 ② 시대를 초월하는 이슈들을 전달하는 영원한 주제들 ③ 논쟁적인 사상들을 신뢰성 있게 제시하는 것이 있다고 하였다.(청소년 문학교육론, 역락, 2008, pp.308-309.)

준비도 해야 한다.

교사가 이 단계에서 주의해야 할 점은 자신의 대상에 대한 체험, 교육적 체험, 지식을 중요하게 여기는 것은 유의미하지만, 선(先)경험한 것을 이야기하거나 대상에 대한 예단이나 선입견을 전달하여 이를 토대로 비평적 학습자를 설득하거나 특정한 결론을 내리는 것은 경계해야 한다.

3.2. 비평교육의 주체 – 네 명의 비평가

비평교육을 교수·학습의 공간에서 수행하는 주체는 엄밀하게 말하면 비평 교사와 비평적 학습자라고 할 수 있다. 그러나 비평교육은 비평적 학습자 개인만의 행위가 아닌 비평 교사와 전문 비평가, 동료 비평적 학습자와의 상호작용으로 이루어져 있다. 비평교육에서의 교수·학습 활동은 결국 비평 대상에 부여된 의미를 찾는 것이라고 할 수 있는데, 이러한 의미를 구성하고 있는 것을 '의미망(semantic-net)'이라고 한다. 의미망은 개인 내에서 구성되는 경우와 집단에서 요구하는 의미망, 비평교육 후에 비평적 학습자 내에 구성된 의미망으로 나누어 볼 수 있다.[65]

개인적 의미망은 비평 대상을 접하게 된 후 즉각적으로 반응하는 비평적 학습자의 주관적인 감정이나 생각들을 말한다. 비평 대상에 대한 자유롭고 다양한 진술들을 나타낼 수 있으나, 무정부적인 표출로 인해 비평의 본령 중에 하나를 이루는 평가의 기능을 발휘하기 힘든 점이 문제로 지적되었다. 이러한 점을 극복하기 위해 미국의 해석학자 허쉬(E. D. Hirsch Jr.)[66]는 개인과 개인 간의 의견 가운데 간주관성을 가지고 형성된 의미망

65) 텍스트의 층위별 소통 주체에 관한 내용은 김창원의 글을 참조하였음.(시교육과 텍스트 해석, 서울대학교출판부, 1998, pp.76-89.)

66) 우리가 작가의 의미를 존중해주지 않는다면 해석의 규범을 갖지 못하여 비평의

에 대해 '해석공통체'라는 개념을 고안하였다. 일종의 집단적 의미망이라고 할 수 있으나, 원래 교육과정에서 비평적 학습자에게 요구하는 고정된 지식의 의미망과는 다르다.

개인적 의미망과 집단적 의미망, 그리고 사회적 의미망을 토대로 비평 대상과의 교섭[67]을 통해 만들어지는 것이 구성된 의미망이라고 할 수 있는데, 비평교육에서는 이들 모두를 중요하게 여긴다. 의미망이 어떻게 상호 작용하는지, 각 단계의 비평교육에서 맡은 역할은 무엇인지를 다음과 같이 규명해 볼 수 있다.

1) 전문 비평가

비평내용교육과 비평활동교육[68] 초기에 역할을 한다. 비평 대상에 접근하는 구체적이고 체계적인 비평방법을 알고 있고 먼저 비평을 실행하였다. 비평 이론을 제시하고 자신이 접근한 방법과 적용한 바, 즉 여러 가지 선택적 조합을 먼저 수행함으로써 분석과 그에 따르는 해석을 논리적인 결과물로 생성한다. 전문 비평가를 또 하나의 개인으로 본다면 전문비평가의 의견은 개인적 의미망에 해당하지만, 전문 비평가가 사회적으로 공인된 점을 인정하면 사회적 의미망에 더 가깝다고 할 수 있다.[69] 이들의

무정부상태가 흘러나올 수문을 열어놓을 위험이 있다는 것이 Hirsch의 주장이다.(Terry Eaglton, 문학이론입문, 창작과 비평사, 2008, p.89.)

67) Holland는 자신이 추구하는 비평을 작품과 독자 사이에 이루어지는 교섭비평(transactive criticism)이라고 명명한 바 있는데, 독자가 작품에게 대화를 건네면 작품이 다시 독자에게 대화를 건네는 방식으로 비평작업이 이루어진다는 뜻을 갖는다.(장경렬, 위의 책, p.30.)

68) 비평교육은 비평교육의 내용을 가르치는 비평내용교육과 비평교육의 수행을 가르치는 비평활동교육으로 구성되어 있다.

69) 현대비평가들과 교사들은 자신들이 텍스트와 동일시 할 수 있는 요소를 토론할 때 그들은 분명 객관적이 되고 있다고 생각한다.(L. M. Rosenblatt, 김혜리 역, The Reader, the Text, the Poem : The Transactional Theory of the Literary

주장을 정리하여 교과서나 보조 자료, 참고서 등으로 활용되는데, 비평적 학습자가 비평 과정에서 조정의 기능을 수행할 때 도움을 주기도 한다. 교사가 전문 비평가가 되기도 하는데, 이러한 경우보다는 전문 비평가들의 공통된 의미망을 전달할 때가 더 많다. 교사나 비평적 학습자가 생성한 결과물도 다른 비평학습자에게는 선행 연구물로 사용된다.

2) 비평교육가 – 교사

구성주의 교육에 동의하면서도 일선 현장 교사들이 교실에서 그러한 교수·학습 방법을 수행하지 못하는 이유가 단순히 입시제도 때문만은 아닐 것이라는 생각을 먼저 해야 한다. 그 원인은 크게 두 가지로 볼 수 있는데 하나는 구성주의 교육관이 지닌 모호하고 애매한 방법의 문제이다. 인지심리학, 배경지식론 등의 도움으로 새로운 지식을 구성한다고 하지만 비평적 학습자 내부에서 일어나고 있는 이러한 일련의 과정들을 교사가 발견해낸다는 것은 현실적 여건 상 쉬운 일이 아니다.[70] 이는 구성주의 문학교육의 교수·학습이 지닌 고도의 추상성에서 기인한다.

둘째는 교사 역할의 모호성이다. 학습자 중심의 수업 속에서 교사는 협력자로서의 역할로 고착된다. 학습자 내부에서 학습(비평)이 일어나는 과정에서 교사의 역할은 제외된다. 덧붙이면 교사 중심, 텍스트 중심의 방법에서 차용할 만한 방법이 전혀 없었는지에 대한 진지한 고찰이 필요하며, 가치 있고 유의미한 방법은 도입해야 한다. 비평적 학습자가 비평교육의 주체적으로 참여하는 것을 중시해야 하지만 그것이 역으로 교수·자

Work 한국문화사, 2008, p.26.)

70) Mary Jett-Simpson and Lauren Leslie and Wisconsin Reading Association, 원진숙 옮김, Authentic Literacy Assessment / an Ecological Approach, 한국문화사, 2004, pp.24-28.

의 역할에 대한 상대적인 무시로 이해되어서는 안 된다.[71)]

비평교육에서 교사의 역할은 고정되어 있는 것이 아니라 각 과정에 따라 변화해야 한다. 비평내용교육 단계에서는 주로 지식 전달을 수행한다. 비평활동교육 초기에는 협력자로, 비평 과정에서는 비평적 학습자와 함께 과정의 각 단계의 조정자[72)]이며, 비평 전략의 수립을 위한 상호작용자로서의 권한을 부여해야 한다. 비평 후반부에는 공동 비평자로서 자리가 변화하게 된다.[73)]

교사는 전문 비평가로서 역할을 담보할 수도 있지만, 개인적인 역량에 따라 차이가 발생할 수 있다. 따라서 비평교육에서 교사는 보편적으로 선행 연구물에서 제시된 집단적 의미망을 자신의 개인적 의미망과 함께 비평적 학습자에게 전달한다. 교사는 비평적 학습자의 비평 활동 결과물을 메타 비평한다.

지금까지의 논의를 정리하면 다음과 같다.

〈표 2〉 교육관의 변화

구분	전통적 교육관	구성주의 교육	탈 구성주의 교육
중심	교사 중심	학습자 중심	탈 중심
교사의 역할	전달자	촉진자, 보조자	공동연구자, 상호협력자
교사의 역할 변화	고정	보완	전이

71) 구인환 외, 문학 교수・학습 방법론, 삼지원, 1999, p.179.
72) 비고츠키(L. S. Vygotsky)의 비계이론에서는 읽기와 쓰기의 과정에서 문제 해결을 위한 조정을 매 단계마다 할 것을 주장하였는데, 이 조정의 역할을 비평적 학습자가 1차적으로, 교사와의 상호 협력으로 2차 조정을 할 수 있다는 것이다.
73) 비평가가 다른 비평가들로부터 배울 수 있는 것처럼 교사는 학생들로부터 배울 수 있다.(James Gribble, 나병철 역, 문학교육론, 문예출판사, 1990, p.38.)

3) 비평적 학습자[74] – 학생

비평내용교육에서는 비평교육의 내용과 방법을 배운다. 비평교육의 내용과 방법에서는 고정되어 있는 선언적 지식이 부족할 수 있으므로, 지식의 구조이론에 의한 접근 방법을 취하고, 다른 결합원리는 교사와 함께 비평적 학습자가 비평교육 중에 직접 생성한다. 자신의 취향과 흥미, 능력에 맞는 비평 대상을 선정한 후 교사와 협의하여 최종 확정한다. 비평 대상이 정해지면 비평 대상에 대한 자료 조사를 실시하고, 자료를 토대로 교사와 함께 비평 전략을 수립한다. 선행된 전문비평가의 연구물을 참조하면서 그것을 메타 비평할 수도 있다.

비평 대상을 구성하고 있는 관계소들 가운데 선택과 배제할 것을 구분한 뒤, 그 이유를 준비한다. 선택과 배제의 이유는 자신이 구성할 새로운 결과물에 대한 관점으로 작용한다. 자신의 삶과 조응한 내용을 구성하여 하나의 결과물을 생성한다. 이 때 의미망은 비평적 학습자의 능력에 따라 달라지지만, 창의력이 높은 학생일수록 개인적 의미망에 더 가깝다. 개인적 의미망은 구성된 의미망으로 실현된다.

---

74) 학습자의 역할 모형과 문학관의 관련 양상에 대해서는 J. Sprio는 다음과 같이 정리하였다.(김상욱, 문학교육의 길 찾기, 나라말, 2006, p.41.)

역할 모형	문학교육을 보는 관점
문학비평가	비판적이고 분석적인 사고의 발전: 철학으로서의 문학
문학연구자	지식의 습득과 이 지식을 분석하고 종합하며 맥락화하는 능력: 정전으로서의 문학
작가	언어를 매개로 하는 실험과 창조적인 자기 표현의 재능을 개발: 창조성을 훈련하는 자료로서의 문학
감식력 있는 독자	텍스트나 대상이 되는 문화가 무엇이든지 간에 읽기를 통해 자율성, 향유, 감상 능력을 개발: 자율적인 읽기를 촉발하는 자료로서의 문학
인문주의자	인간 조건에 관한 공감과 이해의 계발: 인문주의적 훈련자료로서의 문학
능력 있는 언어사용자	언어 기능의 계발과 모든 장르와 맥락 안에서 언어 기능의 인식: 언어 사용 실례로서의 문학

4) 동료 비평적 학습자 – 동료 학생

비평활동교육 초기부터 교사와 함께 조정자의 역할을 할 수 있다. 동료 비평적 학습자는 동료 비평자 이전에 비평적 학습자임을 잊지 말아야 한다. 같은 비평 대상을 비평하면 더욱 좋지만, 그렇지 않을 경우에도 비평적 학습자가 작성한 비평교육의 결과물을 메타 비평하는 역할을 수행하며, 비평적 학습자의 견해에 동의하거나 비판한다. 동료 비평적 학습자는 선택에 따라 집단적 의미망을 가질 수 있으나 개인적 의미망에 가깝다고 할 수 있다. 비평적 학습자의 개인적이고 주관적인 상상력에 의한 반응은 동료 비평적 학습자의 토론 활동으로 인해 논리성과 타당성을 획득하고 상상력과 다양성을 강화한다.

4분야의 비평교육의 주체 중에서도 역시 가장 중요한 역할을 담당하는 것은 비평적 학습자이다. 비평적 학습자는 비평교육을 통해 주체적 자아를 형성하고 평생학습으로서의 토대를 마련해야 한다. 개인의 능력과 취향에 따라서는 전문비평가로서의 역할도 고려한다.

3.3. 비평교육의 교재

3.3.1. 비평교육의 교재

비평교육의 교재는 교육과정에서 제시된 내용을 중심으로 모든 학습자들에게 일괄적으로 적용하는 단일형 교재로부터 출발하여, 여기에 상호텍스트성을 갖춘 복수 교재, 그리고 개인의 요구를 포함한 맞춤형 교재까지 학생의 수준별, 흥미별로 준비한다. 국가 수준의 내용과 지역 수준의 내용[75], 개인 수준의 내용이 고르게 담보되어 있도록 구성한다.

제재는 단순한 비평 대상에서 보다 복합한 구조를 지니고 있는 대상으로 단계별로 배치한다. 난이도 역시 비교적 쉬운 대상에서 어려운 대상으로 한다. 장르적 인식이 필요 없는 대상에서 장르의 특성을 알아야 하는 대상으로, 나아가 종합 장르의 형식을 지닌 대상으로 한다. 접근 방법에서도 직관에서 분석으로, 그리고 통합적 조망을 하는 것으로 한다. 해당 영역의 관점에서만 접근해도 가능한 것부터 다른 영역과의 관점을 고려해야 하는 것으로 하고, 영역 내적 방법만으로 가능한 것과 철학과 심리적 방법을 동원해야 하는 것으로 배치한다.

다양한 텍스트가 공존[76]하는데, 가장 먼저 비평의 대상이 되는 대상 텍스트가 있다. 비평적 학습자의 감각과 사고에 자극을 주는 일체의 것은 모두 대상 텍스트가 된다. 단순한 몸짓, 소리, 그림, 말과 글은 물론 이러한 질료들로 표현한 무용, 음악, 미술, 문학 등의 예술과 역사와 사회를 아우르는 문화까지 포함한다. 즉 보고, 듣고, 만지고, 느낄 수 있는 것들에서 형체가 없지만 인간이 살아가면서 생성되는 것들까지 모두 대상 텍스트가 된다는 것이다. 다음으로는 전문가의 비평 텍스트가 있다. 일반적으로는 언어를 질료로 택하는 경우가 대부분이지만, 전문가의 취향에 따라

---

75) 비평교육은 일상생활에 있는 모든 것들이 교육의 대상이 된다. 집단적 의미망은 여러 가지 층위로 나뉘는데 국가적 수준, 지역적 수준, 학습자 개인이 속해 있는 집단의 수준이 있다. 개인적 수준의 요구는 학습의 계획과 수행, 평가의 단계에서 반영되지만, 학습자 개인이 살아가는 지역에 대한 부분이 생략된다. 교재에서는 지역 수준의 내용이 꼭 필요하다고 본다. 내용교육의 지역화에 대해서는 조규태의 책을 참조하였음.(국어교육의 지역화와 실천방안, 한국문화사, 2008.)

76) 포스트모더니즘에서는 문화를 포함한 모든 현상이 비평의 대상이 된다고 보고 있는데, 이러한 관점에 전적으로 동의한다. 영상 텍스트, 문화 텍스트 등으로 명명되는데 의미가 고정되어 있는 작품과는 달리 의미가 재해석되는 텍스트(text)라는 용어를 비평 대상 전체를 아우르는 말로 사용하기도 한다. 텍스트라는 용어는 다분히 읽기를 위한 개념어이므로 본고에서는 가급적 비평 대상이라는 표현을 사용하였다. 그러나 비평 대상이라는 용어와 비평 주체들이 생성하는 비평 대상이 혼동될 수 있어 이 부분에서만 텍스트라는 용어를 빌려 사용하여 구분하기로 한다.

다른 질료를 사용하기도 한다. 그리스·로마 신화의 내용을 재해석하여 그림이나 그리거나 악곡을 만든 작품들이 그 좋은 예가 된다. 전문가의 비평 텍스트는 참고 자료로 의미를 지니지만 그 역시 비평적 학습자가 비평해야 할 하나의 대상 텍스트이다.

대상 텍스트와 관련된 비교 텍스트가 있다. 비교 텍스트는 내용이나 형식, 기법이 유사한 작품이거나 동일 작가의 다른 작품은 대상 텍스트를 분석하는 데 매우 유용한 자료들이다. 작가에 관한 전기(傳記)적 사실을 기록한 텍스트도 여기에 포함된다. 작가에 대한 텍스트를 지나치게 신봉해서 작가의 삶이나 의도가 대상 텍스트에 그대로 반영되었다고 판단하는 것도, 작가와 대상 텍스트가 관련이 없다고 생각하는 것도 대상 텍스트를 바로 이해하는 과정에 별 도움을 주지 못한다. 작가에 관한 사실적 정보들로 얻어진 비평도 하나의 가능성을 가지고 접근해야 한다. 전기적 텍스트를 포함한 비교 텍스트도 비평 대상 텍스트가 된다.

비평적 학습자와 비평교육의 처음과 끝을 함께하는 교사의 모든 구두(口頭) 지도도 텍스트로 존재한다. 교사가 대상 텍스트를 선정하는 이유, 전문 비평가의 텍스트를 선정하는 기준, 비교 텍스트를 고른 이유도 텍스트로서 성립이 되고, 교사가 비평교육 이전에 제작한 비평 결과 텍스트와 교사가 비평적 학습자에게 하는 비평도 이 범주에 속하게 된다.

비평적 학습자가 만든 텍스트는 네 가지로 단계에서 나타나는데, 대상 텍스트를 처음 볼 때 직관에 의한 감상 텍스트, 실제 비평 활동을 통해 생성된 비평 텍스트, 비평 텍스트를 메타 비평하여 다시 생성된 재고(再考) 텍스트, 그리고 실천으로 옮기는 행동 텍스트가 있다.

동료 비평적 학습자가 비평적 학습자의 비평 텍스트를 보고 만든 메타 비평 텍스트도 있다.

3.3.2. 비평교육의 내용

교육이란 어떤 특정한 지식을 전달하는 기능을 가지고 있다. 비평교육에서도 역시 지식이 그 내용을 차지하는데, 비평교육에서의 지식은 비평교육의 개념과 비평교육 이론에 대한 개념적 지식, 비평교육을 수행하는 절차적 지식으로 구성된다.

내용적 지식과 방법적 지식은 서로 분리하여 학습하거나 사고할 수 없다. 비평교육을 활동하기 위해 학습하는 내용은 곧 방법이 된다. 비평을 정의하는 것도 고정되어 있는 내용으로서의 선언적 지식이 아니라, 비평교사와 비평적 학습자 사이에서 새롭게 정립된다. 기존에 정의되었던 내용들을 비평적 학습자와 상황에 맞게 해체한 후에 재개념화한다.

이론적으로 비평교육의 내용은 비평적 리터러시를 획득하거나 향상하기 위한 모든 범주를 포함한다. 비평 대상이 관련 맺고 있는 영역인 심리학이나 사회학, 생물학, 종교학 등이 내용이 된다고 할 수 있으나 이들을 비평교육에서 전부 수용할 수는 없다. 이러한 학문에서 비평교육에 유용한 요소들을 찾아내어 통합한 것이 비평교육의 내용이 된다.

비평교육의 주된 내용은 비평교육을 개념화 또는 재개념화, 비평교육에 필요한 인접 요소들을 통합하는 과정, 비평 대상을 이루고 있는 가장 기초적인 요소들에 대한 이론적 학습과 학습된 부분을 실제로 대상에 적용하는 방법적 활동의 일체이다.

비평교육의 내용으로 쉽게 추출이 가능한 것은 비평교육과 가장 인접한 비평 이론이라고 할 수 있다. 비평 이론을 전문 비평가와 같은 방식으로 비평교육에 적용하는 행위의 모순은 이미 4차 학문 중심 교육과정에서 충분히 경험했다. 비평적 학습자는 전문 비평가와 배경지식, 학습능력, 비평능력 등에서 차이가 나는데도 그들이 비평 대상에 접근했던 방식으로 비평교육을 수행하게 하는 것은 비평과 비평적 학습자를 더욱 멀어지게 한다. 엄밀한 의미에서 비평 이론은 이미 과거에 생성된 이론이다. 대상은 끊임없이 달라지고 있는데, 과거의 이론만으로 새로운 대상에 접근하는 것은 올바른 비평 방식이 되기 어렵다. 비평 교사나 전문가들조차 납득하기 쉽지 않은 난삽한 비평 이론을 학생들에게 전달하는 것은 비평 교육을 또 다른 이론과목으로 전락하게 하는 결과를 초래할 것이다.

그렇다고 비평교육에서 비평 이론은 완전히 배제할 수도 없다. 기존에 선험 했던 연구자들의 경험이 축적된 이론을 도외시하면 비평적 학습자에게 가르칠 내용이나 방법은 거의 존재하지 않는다. 현재나 미래의 비평 대상도 과거의 영향권 안에서 생성되었기 때문에 비평 이론의 학습은 절실한 과제이다.

비평 이론의 양면적 성격을 극복하는 것은 비평 이론 자체에 내재되어 있다. 비평 이론이 어려운 이유는 여러 가지가 있지만 고도의 복잡성과 개인적 취향이라고 할 수 있다. 전문 비평가가 다양한 학문들을 교육을 통해 통합적 고찰을 한 것이거나, 그것들에 대해 전문 비평가가 특이한 접근 방법을 선택한 것이다. 그렇지만 많은 비평 이론들은 어찌 보면 유사와 차이, 분리와 종합이라는 개념적 범주 내에 위치한다. 전문 비평가들이 비평 대상에 접근했던 방법을 내용으로 삼는 것이 아니라, 그들이 공통적으로 사유했던 방식을 이론화하여 비평적 학습자에게 교수·학습하면서 비평적 학습자에 맞는 방식을 개발하는 과정까지가 비평교육의 내용이 된다.

4. 비평 이론과 비평교육

비평 이론과 비평교육은 불가분의 관계에 있다. 비평 이론을 학습하는 것이 비평교육을 하는 것이라는 주장이 무조건적으로 틀린 말은 아니다. 그렇다고 모든 비평 이론을 학습할 수도, 학습할 필요도 없다. 이론으로 검증받지 못한 이론도 무수히 많고, 검증받은 이론 역시 시대나 상황, 작품에 따라 선택되었다가 폐기되는 경우가 다반사이다. 비평 대상이 어느 한 이론에 맞게 창작되었을 가능성도 매우 낮다. 다만 비평교육의 이론적 근간이 될 만한, 특정한 시대나 갈래, 작품에 사용된 이론이 아니라 보편적으로 사용 가능한 이론들을 소개하려고 한다. 백화점식으로 비평 이론을 나열하기보다는 비평 이론의 근저에 있는 비평 관점과 방식을 세 가지로 정리하였다. 객관주의와 주관주의, 유사와 차이, 분리와 혼합이라는 기준으로 분류하였지만, 이들은 이론 비평과 실제 비평과 같은 이분론적이거나 이항대립적인 이론들이 아니다.

이론을 위한 이론이었던 이론 비평에서 벗어나 작품 하나하나를 비평 대상의 실체로 보려 했던 리처즈(I. A. Richards)의 실제 비평[77]은 비평과 창작에서 비평의 위치를 명확하게 해 준 연구였다. 창작 뒤에 따라 다니는 결과적 비판이 아닌 비평만의 고유한 역할을 찾게 된 것이다. 즉 실제 비평은 이론 비평을 극복한 것이라고 할 수 있다.

객관과 주관, 유사와 차이, 분리와 혼합 비평은 표면적으로 상호대립적인 면이 있지만 내면적으로 이들은 원래 많은 공통점을 지닌 개념과 방법이다. 비평적 학습자는 이론적으로 이러한 비평 이론들의 차이점보다는 이론들이 지니고 있는 대상에 대한 접근 방식에 대해 학습해야 한다. 비평

77) Donald G. Marshall, Contemporary Critical Theory, The Modern Language Association of America New York, 1993, pp.45-46.

이론 가운데 하나를 선택할 수도 있지만 다양한 비평 방법의 통합은 비평의 질을 높이고 비평능력을 향상시킬 것이다.

4.1. 객관주의 비평과 주관주의 비평

르네 웰렉(René Wellek)은 문학 작품에 접근하는 방식을 운율, 문체, 심상, 은유, 신화 등 문학의 본질적 연구를 하는 내재적 접근과 전기(傳記), 심리학, 사회학과 다른 예술들과 관련시키는 문학의 비본질적 연구를 하는 외재적 접근으로 나누어 설명하였다.[78] 문학을 순수하게 문학작품만으로 볼 것인가, 문학을 다른 학문과의 관계 속에서 파악할 것인가의 문제라고 할 수 있다. 다시 말하면 작품을 이루고 있는 구조를 분석하는 것과 그 외의 것이라고 말할 수 있다.

비평 대상의 구조를 분석하기 위해서는 구조를 이루고 있는 고정적인 요소에 대한 연구가 선행되어야 한다. 이는 작품은 다른 어떠한 영향도 받지 않는다는 진공 속에 있다는 가정에서 출발한다. 작가가 무엇을 어떻게 표현했는가를 중요시했던 과거 비평의 모습에 문제를 제기하면서 대두된 것이 바로 신비평이다. 작가가 작품을 만든 순간부터 작품은 작가에게서 독립을 선언한다. 작품 자체가 하나의 유기체로서 완성된 구조를 가지게 된다. 신비평주의자들은 작가의 창작 의도가 그대로 작품에 표현될 수도 없고, 표현된다고 하더라도 오류를 범할 수밖에 없다는 주장을 펼친다. 작가의 해석에 의존한 비평의 형태에서 벗어나 객관적으로 작품의 실체를 학습자들에게 전달하는 방법으로서의 신비평은 각광을 받는다. 작가의 창작의도가 아닌 전문가들의 권위 있는 연구로 옮겨온 것이다.

78) René Wellek, Austin Warren, 이경수 옮김, 문학의 이론, 문예출판사, pp.99-334.

전문 비평가들의 심도 있는 연구 결과를 학습자들은 학습하면 되는 것이다. 학습을 위해서는 전문 비평가들의 연구 방식과 문학 이론을 정립해야 할 필요가 요구되었다. 작품에서 상대적으로 변하지 않는 요소들에 대해 천착하게 되었는데, 작품을 이루고 있는 형식과 언어였다. 신비평과 러시아 형식주의는 이러한 공통점을 가지고 서로에게 영향을 주었다.[79)]

신비평으로 대표되는 객관주의적 비평은 문학의 재료인 언어와 그 형식에 대한 연구로 비평적 학습자가 작품을 쉽게 분석하는 방법을 제시하였다. 문제는 잘못된 분석 방법에 대한 오해에서 비롯되었다. 신비평이 4차 학문 중심 교육과정에 채택된 이후 거의 대부분의 문학 시간에 활용되었지만, 진정한 의미에서의 신비평이 아닌 굴절되고 왜곡된 신비평이었다. 신비평의 결점은 지나치게 작품에만 치중한 점이지 분석적 방법이 잘못된 것은 아니다. 분석 이후에 활동이나 분석의 목표가 무엇인지에 대한 고민이 부족했던 것이다. 작품을 분석한 결과가 결과로만 끝나 버리는, 일종에 허무한 작업이 되어 버렸다. 이로 인해 학습자들은 작품을 전체로 보지 못하고 부분적으로 보게 되었고, 작품을 배우고 감상하는 문학 교육의 본령과는 거리가 멀게 되었다.

주관주의 비평은 객관주의 비평을 도외시하면서 대두된 것이 아니라 객관주의 비평의 위와 같은 한계를 극복하면서 나타났다. 초기의 주관주의 비평은 신비평에 대한 막연한 비판을 가하면서 태동하였지만, 후기에는 객관주의 비평에서의 분석적 방법의 장점을 수용하고 있다.

작품이 하나의 유기체로 존재하기 위해서는 지속적으로 양분을 공급해야 하는데 진공 속 상태를 유지하려고 하는 객관주의적 비평에서는 이점이 곤란하였다. 작품에 공급되는 양분은 바로 독자의 관심이다. 독자가

---

79) Cleanth Brooks 외, 이경수 외 옮김, 신비평과 형식주의, 고려원, 1996, pp.105-130.

작품에서 무엇을 어떻게 받아들이고 있는지가 주요한 문제로 부각되었다. 독자의 반응이 없는 작품은 무기체로 전락될 것이다. 작품 내에 고정되어 있는 객관적인 요소보다는 독자가 가지고 있는 주관적인 반응이 더욱 중요한 요소로 인식된 것이다.[80)]

문예 현상에서 중요한 존재이면서도 소외되었던 독자에 대한 인식을 하게 해준 독자반응이론이나 수용미학은 무게 중심을 지나치게 감상자 쪽으로 가져오면서 우려했던 문제들을 노출하였다. 이러한 이론들은 감상자의 반응을 중심으로 한 이론과 그것에 근거한 학습자 중심의 교수·학습은 학습자의 적극적 활동과 자발적 참여, 학습 내용에 대한 호기심 증가, 비평 대상과 감상자와의 관계를 파악하는 등의 장점을 나타냈다. 그렇지만 학습자가 원하는 방향에 매몰되어 집단적 의미망을 구성하는데 실패하는 경우가 일선 현장에서 종종 생겨났다.[81)] 활동만 있고 학습이 부재한 수업이 운영되어, 작품을 감상하고도 수업 후에는 결과적으로 학습자의 뇌리 속에 남는 것이 별로 없게 되었다는 지적을 받게 되었다. 개념이나 원리에 대한 학습 부족으로 매 작품마다 새로운 접근 방법을 배워야 하는 부담도 추가되었다. 또한 상대성 이론을 기반으로 하여 감상자의 모든 주관적 반응에 가치를 부여해야만 했다. 사물에 내재되어 있는 절대적 가치만이 아니라 상대적 가치도 인정되어야 한다는 주장은 타당하지만, 상대적 가치를 지나치게 강조하면서 문제는 출발한다. 모든 상대적 가치의 인정은 보편적 진리의 부정으로 이어졌고, 작품에 대한 학습자들의 반응에 있어 무정부적인 형태가 보여졌다. 대상에 대한 반응만 있으면 된다는 식의 사고는 교육에 있어 평가의 어려움은 물론 학습자가 도달해

---

80) D. W. Fokkeme · E. Kunne-Ibsch, 정종화 역, 20세기의 문학이론, 을유문화사, 1995, pp.201-239.

81) 신헌재 · 진선희, 학습자 중심의 시 교육론, 박이정, 2006, pp.24-60.

야 하는 목표가 무엇인지 불분명하게 했다.

감상자의 주관적 반응에 대한 내적, 외적 논리가 뒷받침되어야 한다는 반성이 일기 시작했다. 감상자 개인의 의미망을 포기하자는 것이 아니라, 이를 집단적 의미망과의 조응점을 찾아 구성적 의미망을 만들자는 것이 구성주의적 비평교육이라 할 수 있다. 의사소통이론을 근간으로 하는 구성주의는 작품을 매개로 한 작가와 감상자의 소통뿐만이 아니라, 작품 속 등장인물과의 대화를 포함하여 작품 내에 위치해 있는 중간적 존재와의 대화까지 시도한다. 대화를 시작하기 전에 해야 할 과제가 생긴 것이다. 바로 의사를 소통할 대상에 대한 분석이다. 구성주의도 분석이라는 과정을 거쳐야만 하는 것이다.

4.2. 유사와 차이

비평 대상은 그 갈래를 떠나서 독립적으로 존재할 수 없다. 하나의 작품은 이미 창작된 다른 작품들의 영향의 소산이다. 어느 작품이 먼저 생성되었는가에 대한 소모적 논쟁[82)]에서도 분명한 것은 다른 한 작품은 영향을 받았다는 것이고, 이들 간에는 어떤 유사점이 있다는 것이다. 작품과 작품 사이에 서로 관련이 있다는 전제 아래 주제나 기법, 사상 등을 비교하는 것을 상호 텍스트적 비평이라고 한다.

작품의 영향 관계를 파악하는 것은 프랑스 비교문예학에서 출발하였

---

82) 레싱은 라오콘을 소재로 한 미술작품과 문학작품에서 문학이 미술에 앞선다고 논증하였다.(Gotthold Ephraim Lessing, 윤도중 역, Laokoon, 나남, 2008.) 그의 논의는 문학과 미술이 서로 영향을 받은 부분에 대해서는 중요하지만, 어느 것이 선행하는 것이 과연 유의미한 일인가에 대한 비판이 제기되었다. 문학작품이 선행되었다 하더라도 문학이 미술보다 우월한 영역임을 증명하는 것은 아니기 때문이다.

다. 어느 작가나 작품, 혹은 문예사조의 영향을 어떻게 받았는지를 주요한 연구과제로 설정하였다. 또한 영향을 주고받는 과정 속에서 기존의 작품이 어떤 모습으로 굴절되고 변형되는지도 이들의 주된 관심사였다. 자국의 자랑스러운 문예가 다른 나라에 가서 어떤 영향을 미치는가의 자부심은 다른 나라에서 행해지는 모방을 넘어선 표절을 밝혀내는 것으로 전이되기도 하였다. 영향을 받은 나라의 입장에서는 단순한 모방이 아니라 자국의 문화와의 결합에 의한 독특한 작품 창조라는 주장을 하게 되었다. 문예의 역사가 빈천한 미국에서의 비교문예학은 작품 간의 영향 관계를 밝히기보다는 작품과 작품의 동종성(同種性) 연구에 치중하였다.

작품과 작품 사이에서 나타난 유사성과 관련성은 작품 내적 구조의 연관성에 관한 연구와 관계 깊다. 작품을 이루고 있는, 동일하거나 유사한 요소들의 관계를 인지하게 된 것인데, 객관주의적 비평과 일맥을 같이한다고 할 수 있다. 산재되어 있는 수많은 작품과 제재를 일정한 기준에 따라 분류하여 비슷한 성질을 가지고 있는 것끼리 묶는 과정 일체를 구조주의라고 한다. 구조주의에서 말하는 기준점에 대해서는 레비스트로스(C. Levi-Strauss)는 신화에, 알튀세르(L. P. Althusser)는 상부와 하부 구조의 관계에 있다고 하는 등 다양하다.[83] 작품 내의 유기적 구조를 설명하는데 용이한 구조주의는 작품 내의 고정적 관계에 치중한 나머지 작품과 작가, 작품과 감상자, 작품과 환경과의 관계는 물론, 작품 내의 요소들의 관계가 변한다는 것을 인지하지 못하는 치명적 결함을 가지게 되었다.

구조주의와는 반대로 철학이나 사상이 유사한 작가나 동일한 작가의 다른 작품 속에서 공통적으로 나타나는 점에 대한 천착은 문학이나 예술 속에 사회 문화적 상황이 반영되어 있다는 데까지 나아갔다. 문학이나 예술은 그 자체로 존재하는 것이 아니라 작가와 작품, 감상자가 속해 있는

83) 김형효, 구조주의, 인간사랑, 2008, pp.114-128.

그 사회와 문화로부터 영향을 받는다는 것이며, 곧 비평의 대상이 확장됨을 의미한다.[84)]

비평 대상은 다른 작품과의 관계 속에서 유의미성을 획득하며, 그것은 작가나 작품, 작가와 작품이 속한 사회와 문화의 공통적 자질에서 온다는 전제 아래에서 가능하다.

획일적인 가치의 절대성을 부정하며 사회나 집단마다 가지고 있는 고유 문화의 다양성을 인정하자는 주장에 기초한 문화 상대주의는 비평 대상의 공통적 속성보다는 차이점에 더욱 많은 관심을 기울인다. 보편적 문화라는 용어 속에 내재되어 있는 지배적 속성에서 벗어나려는 이러한 움직임은 차이와 지연을 결합하여 새로이 '차연'이라는 개념을 만든 데리다에 와서 종합된다.[85)] 가치라는 것은 일정한 기준점과 잣대가 필연적으로 요구되는데, 기준점을 설정하는 잣대를 바꾸어야 한다는 것이다. 기존에 선행했던 연구 결과로서의 기준점과 당대의 비평 대상과는 차이가 존재한다는 것이며, 그러한 차이는 시간과 공간의 지연과 관계한다. 지배적 개념에 대한 부정은 곧 개념과 접근 방법과 작품까지도 해체하는 과정을 이행한다. 해체는 기존에 대한 거부이지, 무한정의 파괴가 아니다.

예를 들어 장난감 비행기를 만들기 위해 블록들이 사용했다고 하자. 장난감 자동차를 만들기 위해서는 비행기 만들기에 사용된 블록을 해체하는 수순을 밟는다. 해체는 끝이 아니고 시작을 의미한다. 해체된 블록은 자동차를 재구성한다. 해체는 곧 재구성인 것이다. 시대의 변화에 따라 달라지는 개념과 원리와 방법들에 대한 해체는 고착되어온 비평의 원리에 대해 회의감을 주기에 충분했고, 새로운 개념과 방법 창출에 대한 기대감이 팽배했으나, 해체와 재구성의 방식이 저마다 다른 것을 학습자가

---

84) 홍성호, 위의 책, pp.76-133.
85) Jacques Derrida, 위의 책, pp.118-159.

모두 수용할 수 없고, 재구성된 작품이나 개념도 역시 해체의 대상이 된다는 지적에서 자유로울 수 없게 되었다.

4.3. 탈 중심

데리다가 주장한 해체의 주된 내용은 중심으로부터의 탈피였다. 지금까지 세계를 제패한 서양 사회, 그 가운데도 백인 남성 중심의 시각에서 비평 대상을 바라보았던 관점에 대한 문제제기였다. 상대적으로 소외되었거나 그들의 인식에서 제외되었던 영역에 대한 관심을 환기시키고 비평 대상의 범주와 방법을 확대하였다.

주관주의 비평도 객관주의 비평 중심에서 벗어나려는 노력에서 태동하였다. 작품 자체에 무한한 의미를 부여하려고 했던 신비평은 물질주의(materialism)에 근거하고 있다. 작가나 감상자와 같은 인간적 요소는 배제하고, 오직 물질인 작품 연구에만 몰두하는 것은 비평 대상과 비평 주체와의 의사소통을 인정하지 않는다. 물질주의는 인간의 노동보다는 기계에 의존하는 것이 더욱 효율적이라고 생각하는 자본주의와도 연관되어 있다. 기계를 만들고, 작동하고, 기계와 상호작용하는 주체가 인간인 사실을 간과하고 당장 자신들의 이해와 요구에 부합하는 기계에만 유의미성을 주면서 자신들의 순수함을 주장하였다. 대상의 목적성을 감춘 채 순수성만을 고집하였고, 순수성 자체가 자신의 목적이라는 사실은 은폐하였다. 이로 인해 나타난 인간 소외 현상에 대한 반발로 작품을 매개로 의사소통하는 주체인 작가와 감상자에 대한 연구가 이루어진 것이다. 기계에 빼앗겼던 신성한 노동의 가치를 재획득하려는 노력의 일환으로 인간의 노동에 입각한 비평 방법이 제시되었다.

물질주의는 인간만이 아니라 인간을 둘러싼 환경에 대해서도 외면했다. 자연 환경 중에서도 산업화와 자본화가 가능한 요소 외에는 철저히 무관심했으며, 자연을 훼손하게 되었다. 인간에 대한 중요성이 다시 증폭되면서 인간에게 가장 필요한 것이 무엇이냐는 근원적 물음에 대한 답이 요구되었는데, 바로 환경이었다. 자연 생태계의 평형적 안정이 인간 생태계의 근간이 된다는 평이한 사실이 절실해진 것이다. 인간만의 세계도 아니고, 인간을 위해서라도 작품과 생태(ecology)와의 비평은 계속적인 요청을 받고 있다.

현대 사회가 물질에 의해 지배를 받기 이전에도 모든 인간이 중심이었던 것은 아니다. 특권을 지닌 민족의 어떤 특정 남성들만이 중심에 있었다. 이는 동양보다는 서양 쪽에 가깝다. 이른 시기에 산업화에 성공한 서양 사회는 신(神)중심의 가치관에서 탈피하여 인간 중심을 지향하는 것까지는 성공했으나, 서양과 다른 문화를 가진 민족과 국가에 대해서는 인정하지 않았다. 자신들의 문화에 대한 과도한 우월감은 식민지를 정당화하였고, 식민지였던 국가들은 해방과 더불어 이식되어온 서양의 제국주의적 문화에 저항하려는 이론들을 정립하였다. 대한민국 역시 일제강점기 시대의 사회, 문화, 문예 등 다방면에서 탈식민지 비평 이론을 수립하기도, 수용하기도 하였다. 과도한 우월감이 부른 또 다른 문제는 인종 차별 의식이다. 우수한 인종을 백인이라 규정하고 유색 인종에 대한 멸시와 학대를 공공연하게 자행하였다. 특히 아프리카 흑인을 노예로 삼아 인간 이하로 취급하였다. 미국에서 1980년대를 전후로 형성된 인종 차별 반대 의식의 확산으로 흑인 문화에 대한 재조명이 이루어졌고, 흑인의 시각에서 본 백인과 백인 문화에 대한 비평적 접근이 생겨났고, 이것은 곧 탈식민지이론과 결합하여 다문화에 대한 새로운 패러다임을 형성하였다.

서양 백인 중심의 사회에서 차별을 받은 것은 흑인만이 아니라 정도만 다를 뿐 여성도 마찬가지였다. 고대 그리스·로마 시대 이래로 서양 남성에게 있어 서양 여성은 노예보다 조금 나은 지위에 있는 사람에 불과했다. 참정권이나 투표권이 부여된 근·현대 이후에도 남성이 여성보다 우월한 존재라는 관점은 크게 달라지지 않았다. 남성보다 물리적인 힘의 한계가 큰 여성은 정치, 종교, 경제, 예술 등 모든 면에서 남성에 비해 정당한 권리를 행사하지 못했다. 이로 인해 여성이 지닌 원천적 능력을 사장시키는 결과를 초래하였고, 남성과 여성의 대립이라는 소모적 갈등만 양산하게 되었다.

이는 서양 사회만의 문제는 아니다. 동양에서도 노예와 여성 비하는 비일비재했다. 유교 사상에 대한 잘못된 인식을 무기로 상대적 약자인 여성에 대한 노동 착취와 남존여비의식이 성행하였다. 남성의 폭거에 체계적으로 이의를 제기한 것은 서구 사회의 여성이었다. 여성과 남성의 차별이 아닌 차이를 인정하여 상호 평등의 사회를 만들자는 노력들이 비평 이론에도 적용되었다. 이러한 비평 이론인 페미니즘은 장애인 보호와 맞물리면서 강자 중심에서 약자 중심으로의 이동을 촉진하는 계기가 되었다.

남성이든 여성이든 서양 사회에서 주된 관심사는 정신에 관한 것이었다. 신과 인간, 인간과 환경의 제반 문제는 인간의 사유 체계, 즉 철학과 사상에서 연유한 것이라고 생각했다. 철학은 인간 정신세계와 불가분의 관계에 있다고 믿었기에 인간의 모든 활동을 정신이 지배한다고 여겼다. 관념과 물질의 대립에서 물질이 우선한다는 마르크스와 엥겔스의 유물론의 전개에 힘입어 일대 전환이 오는 듯싶었으나, 그들 역시 정신세계의 범주에서 크게 벗어나지 못했다. 정신과 반대되는 개념은 추상적으로 존재하는 물질이 아닌 인간의 육체라는 주장이 정신 중심적 사고에서 벗어나게 되는 계기가 되었다. 뇌수로만 사고하는 것이 아니고 인간의 몸도 인간이 경험하는 다양한 정보들을 저장하고 있고, 그것을 표현하기도 한다는 것이다. 예를 들어 시의 운율, 음악의 가락은 육체의 맥박과 관련하여 접근하고 감각적 이미지 역시 육체의 오관에서 재현된다.

4.4. 비평 이론의 혼합

특정한 기준으로 형성된 이론의 중심은 해체되었다. 이로 인해 하나의 이론만으로 비평 대상을 설명하기는 더욱 어려워졌다. 비평 대상도 하나의 질료나 주제로 이루어진 것보다는 여러 가지 작품과 질료가 복합적으로 구성되어 있는 경우가 많아졌다. 이러한 과정에서 비평 이론들끼리의 혼합은 자연스럽게 이루어졌다.

탈 인간화의 촉진은 인간을 대체한 인격체(character)와 인간과의 관계를 규명해야 하는 원인을 야기하였다. 인간에 관련된 이론과 인간을 대체한 사이보그나 인공로봇 이론의 혼합이 바로 그것이다. 인간을 복제하여 만든 복제 인간은 기존의 인간관계이론만으로는 해석이 쉽지 않다. 사이버 공간에서 만들어진 아바타(avatar)도 마찬가지이다. 자연과학과 인문과학이 방법적인 면에서 상호작용을 하기도 한다. 이러한 흐름 속에서 인문학 이론과 최신 과학 이론의 접목을 통섭이라고 명명하기도 한다.

비평 이론은 강한 것끼리, 중심과 중심의 결합이 주로 혼합되었다. 즉, 서양 - 백인 - 남성 - 자본가 - 식민지 종속 - 정신 등의 축을 이루었다면, 최근 경향은 제3세계 - 유색 인종 - 여성 - 노동자 - 탈 식민지 - 육체 - 장애인 - 환경 등의 축으로 상대적으로 소외되었던 약자 중심으로 재편되고 있다. 약자적 요소들이 서로 결합하여 가장 힘겨운 대상의 상대편에서 세계와 사회를 변화시키기 위한 작품의 대상, 비평의 대상, 비평 이론과 방법으로 전환되고 있다. 예를 들어 식민지 시대를 살았던 여성 노예나, 외국으로 강제 이주 당한 농민들의 삶을 대상으로 하는 비평 이론 등이 있다.

비평 이론은 매체나 다른 이론과도 결합하여 새로운 비평 이론을 창출하기도 한다. 시네 페미니즘(cine-feminism)이 그 대표적인 예이다. 여성들은 기존의 영화제작에서 제작자나 감독, 제작진 등에서 소외되었으며, 여성 배우도 남성 배우의 보조적 역할을 수행하는 경우가 다반사였다. 이에 대해 영화 속에 등장하는 여성들에 대한 재인식과 영화 제작과정에서의 여성 참여 등을 주장하게 된 것이다. 작가와 감상자, 등장인물과 감상자 등의 대화를 다룬 의사소통이론에서 확장되어, 인간이나 작품이 가지고 있는 문제를 해결하는 방식을 컴퓨터와 연관한 정보처리이론도 이러한 예에 속한다.

비평 이론과 비평 이론, 비평 이론과 다른 학문, 비평 이론과 매체와의 다양한 결합은 복잡해지는 비평 대상에 대한 적극적 접근이라고 할 수 있다.

4.5. 비평교육에서의 시사점

비평 대상의 수만큼이나 다양한 비평 이론을 비평적 학습자들에게 모두 소개할 필요도 없고, 그럴 이유도 부족하다. 전문적이고 구체적인 비평 이론을 학습하는 것은 비평적 학습자에게 비평과 멀어지게 하는 충분한 이유가 된다. 비평적 학습자는 비평 이론을 학습하는 것이 아니라 비평을 하는 방법을 학습해야 하기 때문이다.[86] 비평 대상에 접근했던 방법을 객관과 주관, 유사와 차이, 탈 중심, 혼합이라는 네 가지 주제어를 통해 정리해 보았다. 그렇다면 이들을 어떻게 비평교육에 적용시킬 것인가 하는

86) 남민우, 문학교육의 역사와 성장의 시학, 역락, 2006, p.197.

문제가 남게 된다.

우선 비평 이론들 사이에 있는 차이점보다는 공통점에 주목한다. 약간의 차이는 있지만 이들 모두는 대상을 비평하기 위한 방법이라는 점에서 크게 벗어나지 않는다. 가장 큰 공통점은 하나의 관점이나 방법으로 대상에 다가가지는 않는다는 것이다. 비평 대상과 관련한 학문이나, 연관 있는 작품들에 대한 연구가 함께 이루어져야 한다. 비평 대상이 인문학적 존재라고 하더라도 인문학의 방법만으로는 해결하기 쉽지 않은 문제들이 산재되어 있기에 자연과학에서 사용되고 있는 개념과 방법을 차용해야 한다. 여러 가지 영역과 방법에 대해 검토하고 방식을 결정하는 과정이 반드시 요구된다. 또한 기존의 방법들에 대한 해체도 제기된다. 비평 대상마다 고정되어 있는 방법들은 이미 특정한 비평가나 주체에 의해 적용된 것들이다. 중심에 있던 대상과 주체, 그리고 주변에 있던 대상과 주체를 모두 중심으로 보는 주변부의 중심화, 중심부의 탈 중심이 동시에 이루어져야 한다. 작품 중심, 작가 중심, 감상자 중심, 사회 중심, 인간 중심이 아니라 이들 모두가 중심이면서 상호 간의 관계를 인지하는 방법이어야 한다.

이를 위해서는 중심을 구성하고 있는 요소들을 분석하는 작업에 대한 거부가 없어져야 한다. 분석이 없는 비평은 생각하기 힘들다. 분석 자체가 문제가 아니라 분석하는 방법이 문제이거나, 분석만 했던 과거의 비평 경험이 문제였다. 전체를 조망하면서 부분과 부분의 구조 관계, 부분과 전체의 관계, 대상과 대상의 관계를 파악하는 분석방법이 필요했던 것이다.

다음으로 비평적 학습자의 주관에 기반 한 개인적 의미망과 비평적 학습자와 비평 대상이 속해 있는 사회의 집단적 의미망을 동시에 만족시켜야 한다는 점이다. 국가나 사회의 주된 요구는 지배 이데올로기에 치우치거나, 작가의 창작 의도만을 파악하게 하거나, 비평 이론을 암기하게 하거나, 평가에 용이한 내용들로 전락될 위험의 소지가 매우 많다. 비평적 학습자의 단순한 감상이나 근거 없는 비평들은 비평교육 자체의 의미를 훼손시키는 결과를 초래할 수도 있다. 개인적 의미망과 집단적 의미망이 비평적 학습자의 내면에서 구성된 의미망으로 형성될 수 있는 방법을 마련해야 한다. 비평에서 주로 다루어지는 해석에 대한 다양한 견해에도 관심을 가져야 한다. 작가의 의도나 작품의 의미를 받아들이는 것이 이해라면 이해의 방법 중에 선택된 해석이 과연 어떤 주체에 의한, 무엇을 위한 해석이었는가의 문제는 어떤 해석이 옳은 것인가를 가리는 작업에 선행되어야 한다.[87] 해석이 해석으로 그친다면 해석하는 이유가 있는가의 문제도 고민해 보아야 한다. 해석 이후의 과정, 즉 비평은 해석 이후의 실천까지도 생각하는 방안이 필요하다. 개인적 해석과 집단적 해석이 공존하여 하나의 관점으로 정리되고, 비평적 학습자가 자신의 삶 속에서 실천할 수 있는 방법이 요구된다는 것이다.

네 가지의 방법을 정리하면, 비평 대상을 전체적으로 보고, 개인적 의미망과 집단적 의미망을 동시에 형성하면서, 다양한 영역과 접근 방법과 그 혼합을 아우르는 통합과 개인적 의미망을 형성하면서 비평 대상과 비평 주체와의 구조와 역할을 분석적으로 파악하는 관계의 방법이 있다.

87) Susan Sontag, 이민아 옮김, Against Intrepretation, 이후, 2008, pp.19-35.

Ⅲ장 비평교육의 내용·방법

내용과 방법은 서로를 규정하는 성질을 지니고 있어서 어느 하나만을 선정하기 쉽지 않다. 학문적 편의를 위해 부득이 내용과 방법을 나누어 접근하지만 교수·학습의 현실에서는 이를 분리할 수 없다. 내용이 방법을 규정하고 동시에 방법이 내용의 특성을 드러내는 상호 규정의 관계에 있는 것이다. 교육과정 설계의 기초를 이루는 3요소, 목표와 내용, 방법은 분리될 수 없고 상호 규정하는 순환적 관계를 이룬다.[1] 비평교육은 방법론이지만 방법론 안에 담는 내용이 선행되는데, 이론적 내용과 방법적 내용으로 나누어 생각해 볼 수 있다. 이론적 내용은 문학을 포함한 예술과 문화 이론, 비평 이론을 기반으로 전문가들이 비평 대상에 접근하는 방법을 주된 내용으로 삼고, 방법적 내용은 그러한 방법을 비평적 학습자에게 교육하는 방법을 주된 내용으로 삼는다.

만일 어느 부분을 알려면 부분이 전체에서 어떤 기능을 하느냐에 따라 규명되는 내용이 정해지므로 전체를 알아야 한다. 그런데 전체를 알기 위해서는 부분을 알아야만 가능하므로 부분과 전체에 대한 파악은 순환적이 된다.[2] 또한 허쉬(E. D. Hirsch Jr.)는 '의의는 시간과 공간의 변화, 혹은 개인에 따라 의미에 대한 평가가 달라지는 것이다'라고 말하면서

1) 김창원, 국어교육론, 삼지원, 2007, p.117.
2) E. D. Hirsch Jr. 김화자 역, 문학의 해석학, 이화여대 출판부, 1988, p.17.

의미는 해석에 있어서 고정된 요소이고, 의의는 변화의 요소를 포괄한다고 주장하였다. 비평교육에서는 의의와 의미를 묶어서 하나의 의미망으로 성립될 수 있다. 비평교육에서 비평 대상에 대한 접근은 비평적 학습자가 생성하는 의미망의 형성과정에 따라 3단계로 볼 수 있다.

우선은 대상을 전체적으로 조망하는 전체1의 단계이다. 이 단계는 통합적인 관점을 가지고 나무가 아닌 숲을 본다. 현실태로 존재해 있는 비평 대상이 다른 어떤 것들과 통합되어 있는지, 앞으로 어떻게 통합될 것인지에 대한 예상을 하는 단계로 비평적 학습자의 개인적 생각보다는 주로 교사와의 상호 협력으로 비평 대상을 비평할 전략을 수립해야 하며, 개인적 의미망을 형성한다. 다음은 비평 대상을 이루고 있는 요소들이 다른 요소들과 어떻게 관계를 맺고, 선택되는지 그 과정을 규명하고, 관계가 어떻게 전이되는지를 살피는 부분의 단계이다. 이 단계에서는 비평적 학습자가 비평 대상에 대한 선택과 결합으로 사회·집단적 의미망이 형성된다. 마지막 3단계는 전체2의 단계로, 2단계에서 생성된 개인적 의미망을 새로운 창작물로 구성하며, 전 단계에 대한 반성적 고찰을 이루는 단계로 비평적 학습자는 구성적 의미망을 형성한다. 전체1 - 부분 - 전체2는 다음과 같은 변증법적인 관계를 이루고 있다.[3)]

3) 바람직한 비평을 위해서는 비평이 텍스트의 유일한 의미에 대한 동화의 과정이어야 한다고 보는 전통적 입장과 텍스트를 이해하여 제 것으로 만드는 일과 비판적으로 거리를 두는 일을 변증법적으로 매개하는 해석처리방식을 비평으로 보는 비판적 입장이 궁극적으로 통합되어야 한다.(김미혜, 비평을 통한 시 읽기 교육, 태학사, 2009, p.74.)

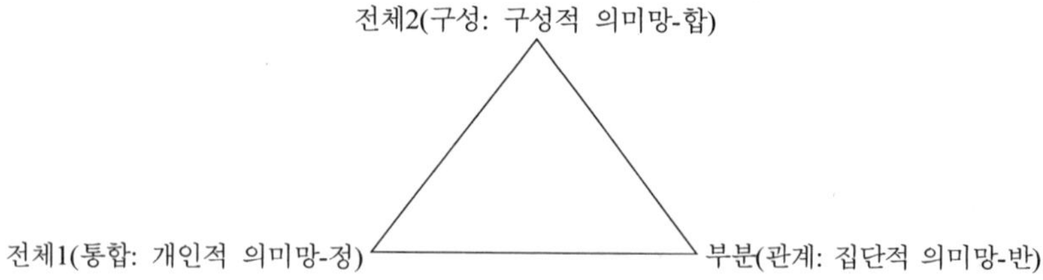

〈그림 2〉 의미망의 변증법적 관계

Ⅲ장에서는 내용-방법으로 통합과 관계를 상정하였다. 1절 통합에서는 통합교육을 다시 한 번 음미하면서 비평교육을 위해 각 교과의 무엇을 어떻게 추출하여 가르칠 것인지를 논구하고, 2절 관계에서는 통합된 형태의 비평 내용을 해체하여 요소와 요소들로 나눈 후 재결합하는 과정을 논증할 것이다.

1. 통합교육

1.1. 통합의 재개념화

1.1.1. 통합의 의미

지식을 세분화하여 연구하는 환원(reduce)은 분석적으로 어떤 진리가 참이 아니라는 사실을 알게 하는데 큰 기여를 했으나 역으로 어떤 것이 참이라는 사실을 알게 하는 데는 비평 이론가들이 생각했던 만큼 쉽지 않았다. 또한 환원적이고 분석적인 것은 연구 대상에 내재되어 있는 상상적 요소와 연구자들의 창의력을 제한하는 결과를 초래했다는 지적에서 자유로울 수 없게 되었다. 한계를 느낀 서양의 분석적 방법은 동양적 사고의 특징인 통합을 인정하게 되었다. 그리고 이를 기점으로 인문과학과 자연과학을 통합의 방향으로 촉진시키는 계기를 제공하였다. 통합은 이제 어떤 특별한 경우에 설명되어지는 하나의 이론이 아니라, 학문과 학문이 살아남기 위한 최소한의 장치로 이해되기도 한다.

통합의 필요성에 대해서는 많은 사람들이 공감을 하면서도 통합에 대해 서로 다른 주장을 펼치는 데에는 통합이란 개념이 가지는 애매성과 모호성에서도 기인하지만, '무엇을', '어떻게' 통합할 것인지에 대한 정치(定置)가 이루어지지 않은 것에도 원인이 있다. 통합의 성격이 지니는 혼란함을 부각시키는 연구자들은 순수한 이론이 아니라고 하여 잡종 이론이라고 폄하하여 부르기도 한다.

통합을 긍정적으로 바라보는 연구자들 사이에서도 통합은 완전하게 합의되지 않은 개념이다. 인문학을 중심으로 통합을 주창하는 가다머(H. G. Gadamer)는 전통의 해석학적 자기 소유와 자기 고유의 역사에 대한 과학적 탐구와 역사성에 대한 통찰을 파악하는 패러다임으로 '통합(統合 : integration)'을 정의하였다.[4] 이에 반해 자연과학 중심으로의 통합을 역설하는 에드워드 윌슨(E. O. Wilson)은 '통섭(統攝 : consilence)'이란 용어를 사용하기도 하였다.[5] 중립적 위치에 있다고 생각하는 이들은 복잡계 이론이라는 표현으로 에둘러 사용하였다. 루스번스타인(Robert Root-Bernstein)은 통합의 창조적 성격에 맞는 단어가 없다고 하여 결합이나 합성을 뜻하는 그리스어의 'syn-'과 지식을 뜻하는 'gnosis' 결합하여 'synisia'라는 신조어를 만들어 쓰기도 하였다.[6]

4) 허창운, 현대문예학개론, 문예출판사, 1993, p.230.
5) Edward O.Wilson, 최재천 · 장대익 옮김, Consilience, 사이언스북스, 2008, pp.10-12.
6) Robert Root-Bernstein, and Michèle Root-Bernstein, 생각의 탄생, 에코의서재,

본 연구에서는 이 용어들이 가지고 있는 공통된 의미와, 비평에서 사용되는 점을 고려하여 통합이라는 개념으로 통일하여 사용하고자 한다.

이항 대립적 관점에서 통합을 단순히 분석의 반대 개념으로 접근하는 것은 그리 바람직하지 않은 일이다. 분석과 통합은 대상을 바라보는 방법의 차이일 뿐이지 상반된 의미를 지니고 있는 것이 아니다. 통합을 위해서는 기본적으로 분석적 작업은 필수불가결하다. 분석적인 방법에서 얻어진 성과를 종합적인 면으로 파악하고 이해하는 것이 통합이기 때문이다.

통합과 유사한 개념으로 사용되는 종합(synthesis)이 개별적인 대상의 형태와 성격을 있는 그대로 받아들이는 정적인 면이 강하다면, 통합은 개별적 요소들의 유기성을 강조한 동적인 면이 크다고 할 수 있다. 통합이나 종합이 대상의 성격이나 성질이 변하지 않는 공통점을 지닌다면, 융합(fusion)은 두 개 이상의 대상이 서로의 성질을 잃고 하나의 새로운 성질을 획득하는 것으로 이들과 대별된다.

종합, 융합과의 비교만으로 통합의 개념 설명은 아직 모호한 점이 있다. 대상을 이루고 있는 요소들이 하나로 결합되어 통일성을 갖는 것은 종합이나 융합이나 마찬가지이기 때문이다. 여기서 통합이 갖는 변별성은 결합이 왜, 어떻게 이루어지느냐에 있다. 바로 선택의 문제이다. 어떠한 이유로 요소들이 배제와 결합의 과정을 거쳐 선택되는가를 규명하고 적용하는 것이 통합이라고 할 수 있다. 다시 정의하면 통합(integration)이란, 대상을 이루고 있는 요소들의 선택적 결합의 내용과 과정은 물론 결과를 포함한 일체를 말한다고 할 수 있다.

2008, p.426.

1.1.2. 선행 통합 연구의 문제점

학문 연구에서 있어서의 통합적 연구는 유효성을 획득함으로 인해 다양한 가능성을 인정받게 되었고, 수많은 연구자들의 접근 방법으로 채택되었다. 그럼에도 통합에 대한 불신은 여전히 남아 있는데, 그 원인을 정리해 보면 다음과 같다.

첫째로, 연구자들이 통합에 대한 명확한 전제나 합의가 이루어지지 않은 상태에서 무리하게 통합을 진행했던 우를 범하였다. 이것저것을 섞어놓는다고 하여 통합이 되는 것이 아니다. 대상과 대상의 혼합, 다양한 이론의 종합 등이 불러올 반향(反響)에 대한 준비가 선행되어야 한다. 또한 통합을 하기 전 통합의 필요성에 따른 기준을 철저히 제시하고, 통합을 이룬 후에는 그 체계가 분명히 세워져야 하는데 그렇지 못했다. 그러한 이유의 기저에는 비평가들의 통합에 대한 심리적 의무감으로 인한 기계적 통합의 폐단과 통합을 지나치게 자기들의 자장(磁場)에 가두고자 했던 편협한 생각이 있다.

둘째로, 통합의 방향을 세우지 못한 점이다. 세상의 모든 이론을 아우를 수 있는 이론은 만들 수도, 만들 필요도 없다. 통합이 왜 필요한 것인지, 어떻게 이루어져야 하는지에 대한 방향성의 부재는 환원적 연구를 주장하는, 장르적 특성만을 강조하는 이들에게 통합적 연구의 한계만 노출하게 되었다.

셋째로, 통합의 내용에 있어서 지나치게 주제(theme) 중심에 쏠려 있다는 점이다. 인문학 내의 통합이든, 인문학과 자연과학의 통합이든, 교과간의 통합이든 대개의 연구는 특정 주제에 대한 비교적 고찰의 수준을 넘지 못하고 있다. 동일한 주제를 전제하고 다른 영역에서 어떻게 표출되고 있는지에 대한 연구와 영역에서 공통적으로 추출될 수 있는 내용을 하나의 주제와 관련짓는 연구의 필요성에 대해 의문을 제기하는 것은 아니다. 이들 연구가 비교적 통합 초기의 형태라면, 비평교육에서는 비평 대상 속에 존재하는 영역 간의 통합 쪽으로 진행되어야 한다.

넷째로, 방법에 있어서 교조적, 일회적, 선조적, 평면적으로 이루어진 통합은 통합이 가지고 있는 장점을 제대로 살리지 못한 결과를 초래하였다. 자체 이론만을 만족하는 이론의 원칙적 통합은 형태적으로도, 내용적으로도 불안정하고 기형적인 틀로 변질되었다. 구성적인 면에서 체계적이지 못하고, 어떤 개인의 즉흥적인 통합적 발상은 이론으로 성립되기 어려울 뿐만 아니라, 이론이 지니는 논리적인 연구를 방해한다. 또한 과거 - 현재 - 미래, 시간적 - 공간적, 공시적 - 통시적 등의 선형적이고 평면적인 접근방법은 유기적이고, 계속되는 관계의 재구성으로 인해 상황에 따라 달라지는 대상, 현실, 비평자의 변이 속도를 따르지 못하는 지체를 만들었다.[7] 형식과 내용, 현실과 이상, 창작과 수용, 생산과 소비, 상부와 하부, 본질과 현상 등의 이항적 대립 관계를 인위적이고 기계적인 방법으로 통합하는 것 역시 대안 있는 방법으로 자리 잡지 못했다.

결국, 통합이라는 연구 방법에서 내용만 통합하거나, 방법만 통합하는 한계에서 크게 벗어나지 못한 것이다. 진정한 의미에서의 통합은 내용과 영역, 방법에서의 통합을 전제로 내용과 방법을 비평 대상과 비평가에 맞게 통합할 때 이루어진다.

---

7) 과학의 내용을 문학으로 삼는다고 통합이 되는 것은 아니다. 자연주의와 같은 실험은 특정한 과학 내용의 잘못된 선취 때문에 실패로 돌아갔다. 통합의 문제는 아니지만, 이효석의 『메밀꽃 필 무렵』에서의 허생원과 동이가 부자 관계임을 암묵적으로 밝혀준 왼손잡이의 유전성이나, 김동리의 『역마』에서 계향과 옥화의 관계가 자매지간임을 나타내는 점의 유전성 역시 과학 상식에 대한 몰이해의 문제점을 적실히 드러낸다.

1.1.3. 통합의 전제 조건과 통합의 방향

통합의 문제점을 해결하기 위한 전제 조건으로는 다음과 같은 것들을 고려해 볼 수 있다. 우선 통합에 대한 개념 정립이 선행되어야 할 것이다. 종합이나 총체의 개념과 달리 통합이 갖는 의미에 합의해야 할 것이다. 여기서의 통합은 통합되기 전 여러 대상 속에 있는 요소들이 관계를 맺으면서 자연스럽게 발생하는 것을 말한다.

통합의 소통과 방법 역시 중요한 과제가 된다. 어느 일방향으로, 아니면 거대 담론으로 작은 이론들이 빨려 들어가는 것이 아니라, 각 이론들이 지향하는 세계를 구성하고 있는 요인들 중에서 벼리[8])를 찾아내어 그 요이들 중심에 서게 하고, 각기 다른 요인들이 어떻게 형성되고 있는가를 천착하여 그들을 벼리와 연관을 맺게 하는 것이다.

또한 통합을 하기 전에 장르와 대상, 영역 내에서 환원적 연구가 충분히 이루어져야 한다. 통합이나 환원적 연구 중에서 어느 하나만 필요하다고 생각하는 것은 바람직하지 않은 일이다. 비평 대상에 대한 기초적인 원리나 이해를 위해서는 분석적 연구가 절실히 요구된다. 그러한 토대 위에 대상의 내적, 외적으로 연관되어 있는 철학적, 과학적 요소들을 전체적으로 전망하면서 다가가야 한다. 분석적 고찰이 없는 통합적 연구는 사상누각이 되고 말 것이다.

무엇보다도 중요한 것은 통합을 왜 하는지 그 목적과 방향성에 있다. 일단 통합을 왜 하는가에 대한 목적을 분명히 하는 것이다. 그 목적성에 따라서 내용과 방법이 결정된다. 통합을 하는 데에는 일정한 전략(strategy)을 세우게 되는데, 이 전략을 지휘할 방향성은 매우 중요한 의미

---

8) 벼리(綱)는 여러 대상이나 이론 중에서 유사한 점이나 같은 점만을 의미하는 것이 아니라, 그들을 아우를 수 있거나, 그들 모두를 설명할 수 있는 것이면 가능하다.

를 지닌다.

첫째, 통합은 과거로의 회귀가 아닌 미래지향적이어야 한다. 과거란 시간적 개념으로서 현재의 이전 세계를 의미하는 것만은 아니다. 미래 역시 마찬가지이다. 과거에 생긴 모든 이론들이 현재나 미래를 위해서 없어져야 한다는 극단적이고 몰상식한 주장이 아니다. 지금까지의 이론이 어느 특정한 세력을 위한 것이었다면, 그렇지 않은 쪽으로 가야 한다는 것이다. 권력과 금전을 가진 자 중심에서 못 가진 자 중심으로, 남성에서 여성으로, 백인종에서 흑인종으로, 서구에서 제 3세계로, 이성 중심에서 감성 중심으로, 인간 중심에서 자연 중심으로, 과학과 기술 중심에서 인간과 자연 중심으로, 개발보다는 환경으로, 단일성보다는 다양성으로 가는 것이 보다 미래지향적이라고 할 수 있다.

시간의 의미에서도 과거의 이론에 얽매이는 것보다는 새로운 이론에 대한 과감한 동의가 절실히 필요하다. 예를 들어 문학의 장르에서 헤겔 이후로 굳어진 시, 소설, 희곡의 영역적 한계를 벗어나야 한다. 전자 매체의 발생은 기존의 장르론으로는 해결하지 못하는 부분을 많이 양산하게 되었으며, 그 양은 앞으로도 엄청날 것이기 때문이다.

또한 서양 중심으로 진행된, 서양이 중심이라고 연구된 관점에서 시급히 탈피해야 한다. 그러나 간과하지 말아야 할 것이 있다. 서양의 부족한 면을 동양에서-특히 중국에서- 다 채울 수 있다는 생각은 버리는 것이 좋을 듯하다. 서양의 반대는 비서양이지 동양이 아니다. 서양의 연구 방법이 잘못 되었으니 동양의 연구 방법은 모두 맞겠지 하는 소박한 생각은 앞으로의 연구 발전에 별로 도움이 되지 않는다. 동양과 서양은 물론이고, 제 3세계와 우리가 문명 부족이라고 부르지 않는 곳까지 모든 곳의 내용과 방법을 받아들여야 한다.

둘째, 그렇다 하더라도 어느 일방향으로만 나아가는 것도 그리 바람직하지 않다. 세상을 양분하여 서로 다투는 것 역시 문학과 예술, 문화와 지구에 좋은 영향을 주지는 못한다. 남성과 여성, 인간과 자연, 인종 등이 서로 대등한 위치에 있어야 한다. 문학이나 문화의 제 이론도 하나가 다른 하나를 흡수하는 식보다는 상호 보완적인 관점에서 통합해야 한다. 의식적, 무의식적 통합이 동시 병렬적으로 나타나야 한다.

셋째, 모든 면을 바라볼 수 있는 입체적 조망을 가져야 한다. 기존의 문학 이론이나 문화 이론은 선조적이거나 선형적인 관점에서 주로 접근하였다. 다각적으로 연구한다 하더라도 상호 의사소통하는 면만 부각시켰을 뿐 작가와 독자가 작품을 매개로 어떻게 소통하고, 그것이 왜 변이되는지를 설명하지 못했다. 이것은 유기체적 구조와 변화의 특성을 지닌 이러한 관계적 변인들을 입체적으로 바라보지 못한 실수에서 기인한다.

통합으로 끝나는 것이 아니라, 통합 이론을 설명할 수 있는 원리가 바로 제시되어야 한다. 통합만을 위한 통합이기보다는 비평 대상의 특성과 작가와 비평적 학습자의 거리를 좁히고, 나아가 실체와 본질에 접근할 수 있는 통합이기 위해서는 더욱 그러하다.

1.2. 통합의 가능역

비평교육의 대상이 비평적 학습자가 바라보고 인식하는 모든 것임을 전제로 하면 원칙적으로는 이들 전체가 통합의 대상이 되지만, 현실적으로 모두의 통합은 매우 어려운 일이다. 비평교육을 실행하는 비평적 학습자의 학습능력과 배경지식을 고려하면 더욱 그러하다. 또한 끊임없이 이루어지는 비평의 과정에서 모든 내용과 방법을 통합하는 것은 불필요한 작업이 될 수 있다. 통합의 가능역을 비평 주체, 비평 내용, 비평 방법으로 나누어 설정한 후 이들을 다시 통합하는 과정을 제시하고자 한다.

1.2.1. 비평 주체의 통합

비평의 주체는 물론 비평자이다. 비평능력이 부족한 비평적 학습자는 다른 비평자의 영향을 받는데, 가장 먼저 비평 교사를 만난다. 그리고 비평 전문가들의 비평을 통해 간접적으로 그들의 영향 범위권 안에 든다. 비평교육을 받는 과정에서 비평적 학습자는 비평 주체로서의 위치가 상당하게 흔들린다. 심한 경우에는 기존에 행해진 비평을 그대로 답습하게 된다. 비평 주체인 비평적 학습자는 선행 비평자인 교사와 비평 전문가, 그리고 동시 비평자인 동료 비평적 학습자의 비평에 대해 자신의 통합적 관점 안에서 주체적으로 통합하여 조망할 수 있어야 한다.

비평 주체는 외적인 요소만 통합해서는 진정한 의미의 통합이라고 하기 어렵다. 비평 주체의 내부에 존재하는 비평능력들도 통합적으로 작용되어야 한다. 가령 고려가요를 단순히 시로 보아 언어적, 문학적으로 접근하게 되면 당대에 고려가요가 지녔던 음악적 면모를 도외시하게 된다. 분명히 고려가요는 가사와 더불어 곡이 애창되었을 것이고, 따라서 문학적 연구와 음악적 연구가 동시에 진행되어야 할 것이다. 이는 문학적 능력과 음악적 능력이 비평 주체의 비평능력 속에서 통합되어야 함을 의미한다. 악보가 전해지지 않는 고려가요에 대해서는 어떤 음악이 고려가요와 어울리는가 하는 비평 주체의 상상력이 발현되어야 하고, 고려가요와 악곡 사이에는 일정한 합리성과 합기성[9]을 확보하는 능력이 역시 통합되어

---

9) 지금까지 학문에서는 주로 이치나 논리에 맞는 합리(合理)를 연구하였다. 인간의 삶 속에는 이러한 합리적인 일보다 비합리적인 일이 더욱 비일비재하다. 비합리적으로 연구하였다고 해서 모두가 모순된 결론을 도출하는 것은 아님을 전제한다면 합리와 비합리 사이에 존재하는 개념을 얻을 수 있는데, 본 연구자는 이를 합기(合氣)라고 본다. 이치나 논리, 상식에 꼭 부합되지 않더라도 당시 주체의 상황이나 환경과 밀접한 관계를 맺고 있을 경우에 해당되는 적극적 개념이라고 할 수 있다.

야 한다.

비평 대상에 접근하는 위치나 인식의 정도에 따라 분화되어 있는 비평 주체도 통합되어야 한다. 공간상으로는 비평 대상과 조금 멀리 떨어져서 관찰하는 실제 비평가와 비평 대상과 거의 일치하여 위치한 내포 비평가의 통합이 요구된다. 위에서 언급한 비평 전문가와 비평 교사가 상정한 비평을 진행하는 자를 실제 비평자라고 한다면 비평을 진행하는 도중에 실제 비평가와의 비평과는 사뭇 다른 새로운 비평을 하는 주체를 발견하게 되는데 이를 내포 비평자라고 할 수 있다. 시간상으로는 초기 비평가, 과정 비평가, 최종 비평가의 통합을 필요로 한다. 관계를 맺기 전 처음으로 비평 대상을 바라보았던 초기 비평가의 인상비평과, 관계를 맺는 과정에서 끊임없는 질문을 통한 과정 비평가의 분석적 비평, 관계를 맺은 후에 비평가의 관점에서 바라보는 최종 비평가의 구성적 비평이 통합되는 것을 의미한다.

비평 주체의 공간적·시간적 통합은 비평 주체의 비평 인식 속에 자리 잡은 의미망의 변증법적 통합을 의미하기도 한다. 초기 비평가가 비평 대상을 통해 가졌던 의미망은 비평 주체가 이미 학습한 비평교육을 토대로 이루어졌기에 사회에서 요구하는 바를 수용하고 있겠지만, 다분히 비평 주체 자신의 직관적이고 인상적인 면에 의존한 면이 적지 않다. 더구나 비평교육에 대한 학습 기회나 학습 능력이 부족한 비평적 학습자는 개인적 의미망을 형성할 가능성이 매우 높다고 할 수 있다. 과정 비평가는 비평 주체가 속해 있는 집단에서 요구하는 바를 학습하는 과정에서 사회적 의미망을 획득한다. 직관에 의존했던 초기 비평가와는 달리, 논리적이고 분석적인 방법을 원용하면서 기존의 비평을 이해하고 해석하는 과정을 거친다.[10] 초기의 비평 내용과 과정의 비평 내용은 아주 작은 부분에서

10) 최지현은 개인화한 제도와 집단적 내면을 만들어내는, 내면화와 제도화의 상호

일치할 수 있으나 대개의 경우 달라지게 되는데, 이들은 서로 갈등과 타협을 통해 비평 주체의 인식 속에 새로운 의미망을 형성하며 이것을 구성적 의미망이라고 할 수 있다. 개인적 의미망, 사회적 의미망, 구성적 의미망은 정, 반, 합의 형태로 작용되면서 변증법적인 통합의 과정을 거치며 지속적으로 통합되는데, 이러한 순환론적 종합의 형태는 화이트헤드(R. Whitehead)의 견해와 유사한 양상을 보인다.[11]

1.2.2. 비평 내용의 통합

비평 내용 속에는 비평할 대상의 영역과 비평 활동의 주제 의식을 포함하고 있다. 비평 대상의 영역적 통합은 영역 간의 통합과 다른 영역과의 통합으로 나누어 볼 수 있다.

1) 비평 대상의 영역적 통합

영역이란 개념은 사용하는 연구자에 따라 각기 다른 의미로 적용될 수 있어서 정리해야 할 필요성이 대두된다. 비평 대상이 속해 있는 영역에 따라 통합의 내용이 달라질 수 있기 때문이다. 최근에 학문 영역의 정점에서 있는 문화라는 주제어를 통해 나누어 보고자 한다. 문화는 인간이 살아가면서 만들어낸 생활양식이라는 고전적 개념 외에도 심지어 인간이 만

간섭과 작용을 원리적으로 그려낸 것을 공진화(共振化 : resonation)라고 부르고, 공진화의 개념은 내면화와 제도화 모두를 상태나 결과가 아닌 '과정'으로 이해할 수 있게 한다고 하였다.(위의 책, p.27.) 방영준은 복잡계 이론에서 나타나는 공진화 현상을 각 요소나 주체가 서로 영향을 주고받으면서 진화해나가는 과정이라고 정의내리고 서로가 영향을 미치면서 이루어내는 창발성을 가진다고 보았다.(저항과 희망, 이학사, 2006, p.195.) 개인과 집단 사이의 공진화 현상이 창발성을 이루어내는 것을 구성적 의미망이라고 할 수 있다.

11) Robert Whitehead, 신헌재 편역, 아동문학교육론, 범우사, 1998, pp.162-189.

들어내지 않은 자연의 상태 역시 문화로 보아야 한다는 급진적 문화론에 이르기까지 매우 다양한 스펙트럼이 존재한다. 문화라는 것을 비평해야 할 모든 대상과 등치의 개념으로 전제한다면, 문화는 인간이 만들어낸 인공 문화(artificial culture)와 자연을 유지하고 있는 자연 문화(natural culture)로 대별할 수 있을 것이다.

인간이 무엇을, 어떻게, 왜 만들었는가를 기준점으로 연구한 분야가 철학, 예술, 종교 등이다. 자연 내의 합법칙성과 자연 상태에 존재하는 우연성을 기준으로 연구한 분야가 과학과 생태 등이다. 실제로 이들 영역이 속해 있는 학문들은 내용과 방법이 분리되어 있지 않다. 다만 비평 대상에 대한 방법적 접근은 비평 방법의 통합 부분에서 다루고자 한다.

비평 대상을 위에서 합의한 문화와 등가를 이루는 개념으로 재개념화하면, 비평 대상의 영역은 문화의 자장 안에 위치하게 된다. 영역과 영역의 통합은 가장 크게는 인공 문화와 자연 문화의 통합을 가리키게 되지만, 이 역시 비평교육의 현실에서는 지나치게 큰 범주이기에 사용하기가 쉽지 않다. 이러한 문제점을 보완하기 위해서 어떤 특정한 영역을 선정하는 것이 필요한데, 본 연구에서는 인공 문화에서 예술, 예술 가운데도 특히 문학이라는 범주에 주목한다. 비평 대상의 영역에서 인간과 가장 밀접한 분야이면서, 비평 이론이 가장 발달한 분야이기에 선정하였으나 다른 영역을 기준점으로 설정하여도 비슷한 결과를 도출할 수 있을 것이다.

문학이라는 하나의 영역과 다른 영역이 어떻게 통합하는지에 대하여 살펴보고 문학 내의 영역이 또한 어떻게 통합되는지도 고민해 본다.

우선 문학과 인접한 예술과의 통합을 생각해 볼 수 있다. 문학과 예술을 분리시키려는 사람들은 문학이 예술과 다른 무엇을 지녔다고 주장한다. 미술이나 음악이 직접적이고 구체적이라면 문학은 다분히 간접적이고 추상적이라고 구분한다. 미술이나 음악의 추상성을 다소 인정하더라도 문학을 표현하는 언어가 가지는 고도의 추상성과 상징성에는 미치지 못한다고 말한다. 결론부터 말하면 물론 문학은 예술과 다르다. 그러나 그 다른 면만을 강조한 나머지 둘 사이에 있는 커다란 공통점을 보지 못하고 문학 스스로를 고립시키는 결과를 초래했다. 본래부터 문학과 음악, 미술, 무용 등은 하나의 뿌리에서 생성된 것이다. 원시종합예술은 어느 한 영역으로 분리하고 싶어도 분리할 수 없는 막강한 유기력을 가지고 있었다.[12] 각 영역의 내적 논리와 특성에 맞게 갈라져 나온 이유도 있겠지만, 더 큰 이유는 언어를 가질 수 있었던 지배층이 언어를 가지지 못하는 피지배층을 이용하려는 음모에 있었다. 음악이나 미술도 오랜 기간 그들의 정략에 막혀 대중과 분리되었었다. 하지만, 이러한 분화에도 불구하고 고대 그리스 이후의 대다수의 예술 작품은 서로가 서로에게 영향을 주었다. 문학에서 영감을 얻은 화가들은 그림을 그렸고, 음악가들은 작곡을 하였다. 그림이나 조각을 보고 글을 쓴 작가들도 있었다.

모든 예술은 음악에서 출발한다고 하는 말이 있다. 문학 이전에 인류에게는 이미 음악과 미술이라는 예술이 존재했다. 여기에 문학이 결합하면서 예술은 한층 인간에게 아름다움을 주고 그 존재 의미를 더욱 높였다. 문학을 이루는 많은 용어들은 음악이나 미술에서 시작되어 변형된 것들이 다수이다.[13] 예를 들어 시의 운율은 음악에서, 이미지나 형상화는 미술에서 영향을 받은 것이다.

기존에는 문학과 예술을 대등하게 보려는 관점이 우세하였다. 그러나

12) 자넷 윌프(Janet Wolff)는 예술 작업을 다른 종류의 작업과 본질적으로 상이한 것으로 생각하는 것이 이롭지 않으며, 그리하여 창조적 혹은 혁신적 행위를 포함한 어떤 수행자의 어떤 현실적 활동도 모든 사회 분야의 사회적·개인적 생활에서와 똑같은 방식으로 이루어짐을 주장한다.(예술의 사회적 생산, 한마당, 1986), (정재찬, 문학교육의 사회학을 위하여, 역락, 2003, p.120에서 재인용.)

13) 문학이 음악에 내용을 제공하고 음악이 문학에 형식을 제공하는 관계를 이룬다. (문학과문학교육연구소, 문학의 이해, 삼지원, 2008, p.242.)

이제는 문학의 독자성을 인정하면서도 예술의 하위 범주로 인식하려는 주장들이 힘을 얻고 있다. 학교 교육의 엄청난 수혜를 받았던 문학만으로는 도저히 예술 전반을 가르치기가 용이하지 않다는 반성에서 온 것이다. 즉, 문학의 특수성을 고려하여, 문학을 통해 다른 예술과의 만남을 이루려는 노력들이 계속되는 것이다. 문학을 매개로 하여 음악과 미술, 나아가 종합 예술인 연극과 영화로 확대하거나 전이하는 모습들은 자연스럽게 이루어지고 있고, 앞으로도 지속될 것으로 예상된다. 이러한 문학과 예술의 영역 통합은 위기를 맞고 있는 문학과 예술 모두가 승리할 수 있는 하나의 방략이 될 수 있다.[14)]

문학과 예술의 관계가 통합적으로 이루어지면 자연스럽게 문학과 문화와의 연결도 매우 용이해진다. 지금 모든 학문에서 문화와 연결되지 않은 것이 없다. 문학 역시 예외일 수 없다. 문학과 예술에서도 언급했듯이 문학을 통해, 예술을 통해 한층 향상된 문화를 향유할 수 있도록 해야 한다. 더 이상 문학을 문화와 동등한 위상에 놓으려는 어리석은 생각은 버려야 한다. 사실 문화에 있어 문학과의 위상 비교는 아무런 도움이 안 된다. 인문과학이든, 자연과학이든 이제는 문화를 떠나서 연구될 수 없기 때문이다. 문화의 장(場) 속에서 여전히 유효한 예술, 그 속에서도 가장 영향력이 남아 있는 문학과의 통합은 상보적 역할을 지니게 된다.

시각 문화, 청각 문화, 촉각 문화 등에 기초적 소재로 작용하는 이야기도 문학의 한 갈래이다. 스토리, 플롯의 과정을 넘어 하이퍼텍스트에서 노드(node)로 이어지듯 이야기의 재구성이 이루어진다.[15)] 이렇게 재구성

---

14) 이러한 필요성에 대한 움직임은 1909년에 발표된 미래주의의 선언에서도 발견할 수 있다. 시인 마리네티(Filippo Tommaso Marinetti)가 기초한 이 선언에는 미래주의의 예술 이론이 함축되어 있는데, 그들은 기술에 대한 찬미와 근접해 있으면서 다양한 매체들의 통합을 지향하고 있다. 따라서 회화, 연극, 문학, 음악이 동등하게 고려되고, 하나의 종합을 추구해 갔다.(Udo Kultermann, 김문환 옮김, 예술 이론의 역사, 문예출판사, 2000, p.234.)

된 이야기는 매체를 통해 사회에 전파되어 문화에 또 다른 반향을 일으키게 된다. 일련의 과정들을 이해하고 전개하려면 문학 이론과 문화 이론의 통합은 필수적이다.

문학과 과학은 이미 많은 부분에서 관련되어 있거나 통합되어 있다.[16)]여기서는 문학을 중심으로 보았을 때 그 주변부에 있었던 사회학, 심리학, 정신분석학 등의 인문과학과 생물학, 유전학, 물리학 등의 자연과학의 영역적 통합을 말한다. 프랑스의 에밀 졸라(Emile Zola)에 의해서 주창되었던 자연주의 계통의 소설이 좋은 예라고 할 수 있다. 소설을 분석할 때 인물의 내면 상태를 접근하는 방법도 심리학에서 원용하였다. 이와는 반대로 심리학에서 내담자의 심리적 성향을 알고자 할 때 문학을 사용하는 것도 이들 사이의 통합의 근거라고 볼 수 있다.

새로운 매체와의 통합도 기대와 우려를 반반씩 갖게 한다. 옛날의 이야기를 말로 하면 구비문학이, 글로 적으면 기록문학이 되었는데 이를 디지털(digital) 매체로 바꾸면 디지털 서사가 된다. 저장이나 표현의 방식이 컴퓨터로 바뀐다는 의미를 떠나 하이퍼텍스트에서는 노드(node)를 통해 또 다른 형식을 취한다.[17)]

비평 대상의 내적인 부문에 있어서 우선 문학의 통합은 장르 간의 영역 전이(transper)나 변환으로 이루어져 왔다. 시를 소설로 바꾼다든지, 소설을 희곡으로 바꾼다든지 하는 방법은 예전부터 시도되었다. 시에서의 극시, 서사성을 지니는 시, 이들 모두를 함께 지니고 있는 희곡이나 드라마는 이제 어느 한 가지의 장르적 특성으로 설명하기 어렵게 되었다.

---

15) 하이퍼텍스트에서는 읽는 것과 보는 것을 통합하는 방향으로 표현방식이 바뀌고 있다.(우한용 외, 인터넷 시대의 글쓰기와 표현교육, 서울대학교출판부, 2006, p.25.)

16) 인문학과 과학 기술의 통합 학문을 테크네 인문학(techne-humanities)이라고 부르기도 한다.

17) 이선이 편, 사이버문학론, 월인, 2001, p.138.

국내 문학과 외국 문학과의 비교 역시 이러한 관점에서 견지할 수 있다. 동서양 문학의 비교, 영향 관계 파악만이 아니라 세계 문학 내에 존재하는 문학적 다양성을 체험할 수 있는 공간이 마련되어야 한다.[18]

미술은 같은 착상에서 비롯된 장르의 전이가 더욱 가속화되고 있다. 표현하는 질료의 특성만으로 장르를 구분하는 것은 유의미하지 않다. 다양한 질료의 혼합은 미술의 새로운 하위 영역을 만들어내고 있다. 음악도 사정은 마찬가지이다. 여기에 종합예술이라고 불리는 연극과 영화, 매체와의 결합은 새로운 형태의 예술을 매일 산출하고 있다.

즉, 비평 대상을 만든 질료나 형태는 비평 대상의 고유한 영역 속에서 영속적으로 소유되는 것이 아니라 비평 대상의 형태를 빌리는 차용의 개념으로 변이되고 있다.[19]

2) 비평 대상의 내용적 통합

구조주의자들이나 러시아 형식주의자들은 예술이나 문학의 내용이 모두 같거나 유사하다고 하여 그 중요성을 인식하지 못했다. 문학이나 예술의 내용이 단순히 '인간의 사상이나 감정'을 나타내는 정도를 넘어서서 이제는 형식까지 규정하는 위상을 지닌다는 점에서 그들의 주장은 설득력이 부족하다.

과학자들은 예술이 비논리적이며 감성에 호소하여 인간의 이성발달을 저해한다고 하였으며, 예술은 과학 기술의 발달이 물질문명을 부추겨 인간을 소외시키며 종국에는 인류를 멸망케 할 것이라고 생각하였다. 그러

18) 조동일, 세계문학의 전개, 지식산업사, 2002, pp.15-22.
19) 제러미 리프킨(Jeremy Rifkin, 이희재 옮김, 소유의 종말, 민음사, 2005)은 소유의 시대가 지나가고 접속의 시대가 도래할 것을 예상하였는데, 비평에서도 이를 적용해 보면 비평 대상을 이루고 있는 질료는 확정적인 것이라기보다는 다른 형태의 대상으로 전이되는 과정에 있는 것이다.

나 최근에 들어 과학 기술의 발전과 함께 과학과 인간의 밀접성은 날로 높아져 가고 있다. 이들은 적대적 관계를 넘어 이제는 동반자로 보는 이들이 적지 않다. 과학 기술의 내용과 형식, 예술의 결합은 새로운 모습의 통합을 보여준다.

우선 뛰어난 과학지식과 컴퓨터 실력을 바탕으로 문학과 과학의 경계를 넘나들고 있는 정보시스템 이론 작가들이 있다. 이들은 유전공학의 오용과 남용의 문제점에 천착하며, 인간 복제나 유전자 변형 문제를 주제로 다루고 있다. 요즘 인간의 염색체 구조가 밝혀지고 유전자 지도가 완성됨에 따라 정보시스템이론 작가들의 위상이 더욱 높아지고 있다.[20)]

20세기 후반에 들어와 인지과학은 신경과학·인지심리학·언어학·인공지능 등 관련 학문 분야와 활발한 학제 간의 연구로 발달하여 여러 학문을 연결시키는 새로운 학문으로 부상하였다. 인간과 기계가 합쳐진 것이 포스트 휴먼(post human)인데, 이들을 다루는 문학을 뉴럴 텍스트(neural text)라고 한다. 의식을 가진 컴퓨터와 의식을 가진 인간 사이에 이어질 수 없는 틈이 생겨나고, 포스트 휴먼이 어떤 존재이든 간에 글쓰기와 생명, 인간과 육화 사이의 차이에서 생기는 고독을 주된 제재로 삼고 있다.

주제(theme)를 통합한다는 것은 개개의 작품이 나타내는 어떤 특정한 생각을 통합한다기보다는 비교적 공통된 생각을 가지고 있는 작가와 문학이론가들의 사상적 결합이라고 보는 것이 타당할 것이다.

먼저 생각해 볼 수 있는 것이 인간과 자연의 통합이다. 인간만을 다룬다든지, 자연만을 다룬 작품은 존재하기 힘들다. 인간과 자연의 공존을 위한 이론과의 만남, 즉 문학생태학이 바로 그것이다.[21)] 훼손된 환경은 어떤 특정 세력이나 집단의 힘으로 되돌릴 수 없다. 더군다나 현존하는

20) 김성곤, 21세기 문예이론, 문학사상, 2008, p.18.
21) 김욱동, 문학 생태학을 위하여, 민음사, 2003, pp.23-41.

지배 세력은 겉으로 말하는 녹색 성장과 달리 자신들의 이익과 배치되는 환경보호를 진행할 가능성이 매우 낮아 보인다. 인간과 자연 모두를 걱정하는 이들의 결합은 지극히 자연스럽다.

강자는 강자끼리, 약자들은 약자들끼리 묶인다. 물질주의와 신비평이 만나 20세기 중반을 이끌었다. 이제 소외 받았던 사람들이 서로를 의지하며 통합된 문학과 문화를 형성해 가고 있다. 지배 계급의 문예 이론에 맞서고 있는 네오마르크스주의를 첨병으로 다양한 부분에 있어 상대적 약자들이 연대를 하고 있고, 해야 한다.

식민지 이론에 대항하여 제 3세계를 중심으로 뭉치고 있는 탈 식민지이론, 남성의 권위에 정면으로 도전하여 인간 본연의 자유와 평등을 부르짖는 페미니즘, 철저한 엘리트적 사고를 갖고 있는 백인종에 맞서는 흑인문학, 위에서 언급한 생태학, 그리고 인간에 의해 만들어졌지만 인간에 의해 폐기된 사이보그문학론 등이 결합 가능한 연대를 하면 다양한 형태의 통합적 이론들이 만들어진다. 인간 내부에 있어서도 정신에 비해서 상대적으로 무시를 받아왔던 육체에 대한 것도 연대의 한 축을 이룰 수 있다. 예를 들어 페미니즘과 에콜로지가 만나기도 하고 제 3세계 해방문학과 흑인 문학이 만나기도 한다. 이들의 조합은 무척이나 자연스럽고 어찌 보면 필연적이다. 여기에 장애인에 관한 연대까지 공고하게 이루어진다.

특정한 주제에 대한 내용의 통합은 활동 중심의 비평교육의 현장에서 매우 유용하게 전개되었고, 많은 현장 연구자들에 의해서 다양한 모습을 나타내었다. 또한 이러한 통합 양상은 주로 교과 간 통합 활동을 가속화하였다. 아직 일부 현장 연구자들은 주제 중심의 통합 활동을 통합교육의 진부로 착각하는 경향이 잔존하고 있다.[22] 특별한 계획이나 교육과정의

22) 장르 중심으로 내용 요소를 재구성함으로써 통합적 교수 · 학습을 도모한다는

변경, 수업의 연구가 부족하더라도 여러 방면에 관심이 있는 탁월한 교사나 교과 간 교사협력수업으로 다른 교수·학습 모형에 비해 높은 효율과 학습자들의 흥미를 유도할 수 있었고, 대상을 통합적으로 접근할 수 있게 하는 목표에 손쉽게 도달할 수 있다는 장점에서 그들 주장의 타당성을 찾을 수 있다.

주제 중심의 통합적 비평 활동은 여러 가지 문제점을 노출하였다. 우선 통합을 지나치게 내용에 치우쳐 접근하려 했다는 점을 지적할 수 있다. 그러다보니 주제를 교사가 제시해주어야만 하는 것과 해결 방안도 교사가 설정한 범주에서 벗어나기 쉽지 않은 한계가 나타났다. 내용 중심의 활동에서 '무엇을'은 해결되었지만, 지속적으로 제기되는 '왜'와 '어떻게'의 문제가 여전히 남게 되었다.

1.2.3. 비평 방법의 통합

1) 접근 방법의 통합

문학을 둘러싼 다른 영역과의 통합은 위에서 이미 언급하였다. 여기서는 문학에 접근하는 기존의 방법들을 이미 통합했거나 통합해야 할 것들에 대해 논의하고자 한다. 문학에 접근했던 방법에는 소통적 방법과 과학적 방법으로 나누어 생각해 볼 수 있다.

문학에 접근했던 방법은 작품만 연구하는 경우, 작가의 삶과 관련시켜 연구하는 경우, 작품을 둘러싼 사회·역사적 환경과 연관시키는 경우, 작품을 수용하는 독자의 반응을 연구하는 경우 등이 있었다. 각자 사회·자연,

---

것 역시 언어활동의 통합이며, 실제를 통한 통합이지, 내용 체계의 통합으로 직결되는 것은 아니기 때문에 체계를 위한 근본적인 처방이 될 수는 없다.(김상욱, 국어교육의 재개념화와 문학교육, 역락, 2006, p.110.)

작가, 작품, 독자와의 관계를 선형으로 연결하여 발신자와 수신자, 매개체의 관점에서 접근하는 소통적 접근 방법이 주를 이루었다. 거기에 자본주의의 영향을 받아 공급자와 수요자, 상품의 논리가 연결되었다. 공급자와 수요자의 관계로 문학에 접근하는 것은 문학을 지나치게 경제적 논리에 얽매이게 하여 문학을 하나의 상품으로 전락시켰다. 물론 자본주의 사회에서 문학과 문화가 유형의 자본과 재화를 이끌 수 있는 가장 좋은 상품 중의 하나인 것은 분명하다. 그러나 오로지 그렇게만 생각하는 것이 문학과 문화의 위기를 초래했다는 점은 생각해 볼 필요가 있다. 문학과 문화의 미래가 인간의 미래와 긴밀하게 연관되어 있다는 점을 주지할 때, 그것을 온전한 논리로 보기 쉽지 않다.

의사소통적 관점을 취한 것은 문학을 매개로 한 쌍방향적 소통을 인정했다는 점에서 매우 의미 있는 일이라 할 수 있다. 다만, 발신자가 나타내려고 한 것이 왜 수신자에게 그대로 전달되지 않는지에 대한 명확한 해결점이 없는 것이 아쉽다.[23] 작가와 작품, 독자를 둘러 싼 장(場)에 대한 설명도 부족하기는 다른 방법과 마찬가지이기 때문이다.

이러한 공시적 연구 방법에 아쉬운 부분을 해소한 연구가 문예사조에 의한 연구 방법이라고 할 수 있다. 플라톤 이후의 서양 문화의 흐름은 현실과 이상, 모방과 창조, 대중과 고급 사이의 이항적 대립이었음을 알 수 있다. 문화와 관련된 모든 것들이 그들이 살았던 당대의 삶과 무관하지 않게 전개되었고, 그 다음 시기에 상이한 영향을 준 것이라 할 수 있다.[24]

그렇다면 문학과 문화는 사회나 역사의 영향을 받았는지, 혹은 받지

---

23) 독일문예학에서는 발신자와 수신자 사이의 변인에 대해 '동위성'이라는 개념을 통해 접근해 보았으나, 여전히 원인 규명에 있어서는 미흡하다.(허창운, 현대문예학의 이해, 창작과 비평사, 2001, pp.124-126.)

24) 실제로 고전주의 - 낭만주의 - 현실주의 - 상징주의 - 포스트모더니즘으로 이어지는 서양의 문예사조는 '현실'과 '이상'을 지향하는 세계가 교차되어 나타나고 있다.

않았는지를 구별해야 하는 과제가 남는다. 이것을 해결하기 위해서는 보편적으로 인정받을 수 있는 방법이 원용되어야 하는데, 그것이 바로 과학적 방법이다. 즉, 작품 속에 나타난 개개의 사실이 과연 역사와 얼마만큼의 관계성이 있는지, 없는지에 대한 가설과 이에 따른 검증의 방법이 필요했다. 자연스럽게 연구자들의 이해와 요구에 맞게 문학과 과학이 방법적으로 통합을 이룬 것이다.[25] 순수문학과 참여문학을 주창하는 사람들 모두에게 이러한 실증적 접근방법은 상당 기간 호응을 얻었다. 통합적 연구를 주장하는 일련의 학자들 중에는 이런 통합을 원하는 이들도 적지 않다.

그러나 문학을 모두 쪼개어 과학이란 장치에 넣어 답을 구할 수 있는가에 대한 회의적 생각을 갖게 되었고, 이전까지 환영했던 과학적 방법의 원용은 배척을 받게 되었다. 선형적 연구의 한계가 드러난 것이다. 문학이 정말로 현실을 반영한 것인지에 대한 반성과 의심이 들면서, 이제껏 진행되어온 서양의 문화 연구방법 자체에 문제를 제기하기도 하였다. 20세기까지 관통해 온 그리스·로마 철학으로부터 자유로운, 우리가 알고 있었던 연구 방법들을 해체하여 변인들에 맞게 새롭게 재구성해야 한다는 데리다의 주장에 많은 이들이 동의하고 있다. 여기서 다시 과학적 방법이 필요해진다. 해체의 필요성에는 동의하면서도 마치 말장난 같은 재구성에는 쉽게 이해를 하지 못하기 때문이다. 곧 평면적 재구성이 갖고 있는 자체 논리의 모순을 극복하지 못한 점에서 기인한다. 재구성을 하는 요인들의 관계는 작품 안팎으로 보더라도 과학적 방법으로 접근해야 한다.

---

25) 허창운, 현대문예학개론, 문예출판사, 1993, pp.336-344.

2) 접근 방법과 비평 후 표현의 통합

비평 대상에 대한 접근 방법의 통합은 비평교육에 있어 양적 팽창을 가져왔으나, 통합의 대상을 백화점식으로 나열했다는 지적에서 자유롭지 못한 점이 생기게 되었다. 교사의 필요에 의한 일회적인 통합은 학습자에게 지속적으로 전이되기 어려운 면도 발생시켰다. 비평교육은 대상에 대한 접근 방법만의 문제로 한정되는 것이 아니라 비평 후 표현의 방법까지를 통합할 수 있어야 한다는 점도 고려해야 한다.

비평 후 표현 활동이 주로 언어로 이루어진 점에 착안한다면 총체적 언어교육(whole language education)에서 도움을 얻을 수 있다. 굿맨(Kenneth Goodman)은 총체적 언어교육에 대한 개념을 언어에 관한 관점, 학습에 관한 관점을 묶는 하나의 방향으로 보았는데, 이는 주로 학습에 있어 기존의 교사 중심 수업을 비판하고 학습자 중심을 주창하고 있다.[26)] 이재승은 총체적 언어교육을 국어교육에서의 통합적 관점으로 적용하여 '통합 언어 교육'으로 진행하였다.[27)] 언어의 네 가지 기능을 각각 분리해서 사용하는 것이 아니라 상황에 맞게 통합해서 교육해야 한다는 점과 교사 중심적 사고를 탈피하여 학습자 중심의 교육을 강조한 것은 매우 의미 있는 일이라 할 수 있다. 여기에 '보기'의 기능까지를 더한다면[28)] 비평 대상을 관찰하는 방법으로 유효하게 활용될 수 있다.

총체적 언어교육을 비평교육에서 통합의 방법으로 그대로 적용할 수 없는 가장 큰 이유는 비평 활동이나 비평 후 표현이 모두 언어로만 이루어

---

26) Kenneth Goodman, 이화자 편역, What's Whole in Whole Language?, 한국문화사, 1986, p.90.

27) 신헌재 · 이재승, 국어과 교육에서의 통합의 범위와 방식, 교수논총 13, 한국교원대학교, 1997, pp.50-51.

28) 추연림, 보기의 국어교육적 수용 방안 연구, 춘천교육대학교 석사학위논문, 2004.

져 있는 것이 아니라는 점이다. 즉, 총체적 언어교육에서는 분산되었던 언어의 사용 양상을 하나로 모으면서 지나치게 언어만을 강조했던 것이다. 물론 그것은 언어교육의 측면에서는 생활교육으로 돌아오는 계기가 되었지만, 비평적 학습자는 언어생활만 하는 것이 아니다. 또한 총체적 언어교육은 언어의 여러 영역 중에도 유독 기능에 초점을 맞추고 있어 비평교육에서 목표로 하고 있는 문화 능력이나 사고 능력 향상과 일정한 거리를 두게 된다.

비평 대상에 대한 관찰이 보고, 느끼고, 만지고, 읽고, 듣는 행위를 포함하고, 비평 후 표현이 쓰고, 말하고, 그리고, 만들고, 부르는 등의 행위 일체를 함의하고 있다면 총체적 감각 교육(Whole Sense Education)이 이루어져야 한다. 유치원이나 초등학교 저학년 때에는 이러한 총체적 감각 교육이 주를 이루다가 점차 학년이 올라갈수록 시각과 청각에만 의존하는 교육으로 바뀐다. 이는 두 감각만 발달시킴으로써 다른 중요한 감각들의 교육을 저해하고, 비평 대상을 올바르게 관찰하고 접근하는 방법을 차단함은 물론 비평 후 표현도 쓰기라는 언어활동으로 국한시키는 결과를 초래하였다.

문학이나 미술, 음악 등 단일한 질료들로 이루어진 비평 대상 말고 여러 질료들이 통합된 대상인 영화나 연극, 역사나 사회 등에서 이러한 총체적 감각 교육이 반드시 수반되어야 한다.

3) 비평 내용과 비평 방법의 통합

비평가들의 4대 영역론이나 다양한 비평 방법론들이 어느 특정한 하나의 방향만으로 접근한 이론적 한계를 극복하지 못하여 나타난 비평 이론의 결합이나 단순 통합은 교사 중심의 작위적 통합에서 벗어나지 못하게 되었다. 관찰 방법의 통합으로 이루어진 총체적 감각 교육은 주로 활동 중심으로 전개될 수밖에 없는데, 내용 중심의 통합에서도 같은 고민을 하게 된다. 활동이 없던 시기의 교육에서 교사의 강의 중심 수업은 학습자들의 경험이나 인식에 아무런 절차적 지식이 남지 않았기에 활동 중심, 활동 통합의 형태를 선호하였다. 지나친 활동 중심은 곧 개념적 지식 없이 활동만 남게 되는 문제점을 발생하였다.[29)]

이론과 활동의 통합적 요구는 통합 비평 이론의 제기 속에서 이루어진다. 허창운은 모든 비평 상황들이 하나의 이론으로 절대시될 수 없으므로 스스로 개별 이론들의 인식들을 이용할 수 있는 하나의 통합 문예 이론이 필요하다고 역설하였다.[30)] 비평 이론들과 활동 속에 존재하고 있는 유사한 부분을 중심으로 하나의 통합 비평 이론을 만들어가는 것이다. 문학에서 하나의 작품으로 여러 가지 형태의 예술과 문화로 전이되는 OSMU(One Source Multi Use)처럼 하나의 이론으로 다양한 작품과 이론을 설명할 수 있는 OTMC(One Theory Multi Critical)를 필요로 한다.[31)]

문제는 이러한 통합 비평 이론의 성립의 존재유무라고 할 수 있는데, 현실적으로 완벽하게 통합적 이론적 체계를 지닌 비평 이론은 불가능하다. 다만 비평 대상을 이루고 있는 요소들에 대한 비평 이론들을 비평 상황에 맞게 통합하거나, 비평 대상의 영역이 전이될 때는 어느 정도 가능할 것으로 보인다. 여기서 성립된 잠정적인 통합 비평 이론은 주제나 내용에 따라 각기 적용이 이루어질 것이다.

또 다른 문제는 잠정적인 통합 비평 이론이 성립된다고 하더라도 수없이 펼쳐지는 비평 상황에 따른 통합 이론을 비평적 학습자가 수립할 수가 없다는 점이다. 곧 통합 비평 이론이 일회적으로 활용된다는 것이다.

---

29) 심대행, 문학교육원론, 시울대학교출판부, 2005, pp.18 19.
30) 허창운, 현대문예학개론, 서울대학교출판부, 1997, p.337.
31) 우문영, 「통합적 문예이론의 가능성 연구」, 「한국언어문학교육학회 53회 정기학술발표」, 2009, p.39.

결국 통합 비평 이론의 한계는 비평 대상에 대한 비평 내용과 비평 방법의 통합은 비평자의 비평 인식 속에서 이루어져야 함을 반증한다. 비평 이론의 학습과 적용의 통합적 활동, 곧 비평교육으로 비평적 학습자 내부에 통합 비평 이론이 성립된다.

지금까지 논의한 바를 정리하면 다음과 같다.

〈표 3〉 통합의 가능역

구분	비평 주체	비평 대상	비평 방법
통합 내용	<외적 주체> · 비평적 학습자와 교사, 전문비평가, 동료비평자 <내적 주체-공간적 주체> · 실제 비평자와 내포 비평자 <내적 주체 - 시간적 주체> · 초기 비평자, 과정 비평자, 최종 비평자	<영역> · 인공문화와 자연 문화 · 다른 영역과의 통합 · 영역 내의 통합-전이 <내용> · 주제나 사상의 통합	· 인문학적 방법과 소통적 방법과 과학적 방법 · 비평 전후의 방법-비평과 창작의 통합 · 총체적 언어교육과 총체적 감각교육 · 비평 내용과 비평 방법의 통합

1.3. 통합적 비평교육

1.3.1. 통합의 심급

통합이라는 것은 결국 산재되어 있는 내용이나 방법들을 묶는 것이므로 내용과 방법 사이에 계열성과 위계성이 존재한다. 누가, 무엇을, 어떻게 통합하느냐에 따라 통합의 양상과 결과는 달라지게 되는데, 계열과 위계를 조정하는 심급(審級)이 그 역할을 수행하게 된다.

1) 계열적 심급

엄밀한 의미에서 통합에서의 계열적 심급은 내용이나 주제를 통합하는 경우를 제외하고는 성립되기 어렵다. 비평 방법을 선택적으로 활용한다고 하더라도 비평 방법 내에서도 난이도에 따른 위계가 존재하기 때문이다. 다만, 비평교육이 이루어지는 순차적 과정 속에서 나타나는 계열적 요소들에 대한 심급을 결정할 수는 있을 것이다.[32)]

우선은 비평 대상을 처음으로 인식했을 때에 비평적 학습자의 내부에서 바로 일어나는 일정한 직관이나 느낌, 전체적인 인상 따위를 말하는 인상비평이나, 직관비평이 가장 낮은 단계에 위치한다. 직관 비평은 비평교육에서 의도하지 않아도 비평적 학습자 스스로 무의식적으로 행해진다. 삼라만상이 모두 비평 대상임을 감안한다면 직관적 비평능력을 키워 나가는 것이 비평교육 목표 가운데 하나라고 할 수 있을 것이다. 가장 낮은 단계에 있지만, 결국은 최종적인 단계가 되는 셈이다.

다음은 분석적 비평의 단계이다. 분석의 대상과 방법에 따라 각기 다른 다양한 분석이 이루어지겠지만, 본 연구에서는 분석의 대상과 방법을 아우르는 관계적 비평교육을 설정하고 있다. 이는 2절에서 자세하게 다루기로 한다. 여러 가지 분석의 대상과 방법도 역시 통합되어야 한다.

비평 대상에 대한 비평적 학습자의 직관과 분석은 비평적 학습자 내부에서 의미망을 구성한다. 직관에 의해 형성된 개인적 의미망과 분석에 의해 형성된 사회적 의미망은 구성적 의미망으로 통합된다. 개인 중심적인 구성 의미망과 사회 중심적인 구성 의미망은 비평적 학습자의 관점으로 정리된다.

비평교육은 비평적 인식의 단계로 끝나는 것이 아니라 비평적 학습자 외부로 표출되는데, 이는 창작의 과정과 연동되어 있다. 비평 후 활동 자

---

32) 이영만, 통합교육과정, 학지사, 2003, p.92.

체가 창작이 될 수 있고, 비평 대상에 대한 비평적 인식을 기반으로 새로운 생성물을 창작할 수도 있다. 비평 후 활동으로는 주로 비평문 쓰기, 비평하여 말하기, 비평 그림 그리기 등이 있고, 생성물은 갈래의 경계를 두지 않는다. 비평 후 창작활동은 이미 그 자체로 비평의 단계에서 통합되어 있지만, 창작의 방법에서 통합되어 나타나기도 한다. 소설을 읽고 시를 쓴 후, 시의 공간적 배경을 그림으로 그리고, 배경 음악을 설정하면 하나의 통합된 형태를 만들 수 있다.

2) 수평적 심급 내용과 방법

계열적 요소들의 통합이 진정한 의미에서 심급이라고 하기 어려운 이유는 어느 것 하나만을 선택해서 수행하기 곤란한 점에 있다. 비평교육이 비평적 학습자의 수준, 능력, 관심에 따라 통합되는 정도를 규준(規準)하는 심급은 위계적 요소들에 의해 결정된다고 할 수 있다. 통합의 세 가지 요소인 비평 내용, 비평 방법, 비평 주체를 어떤 조합으로 통합시키는지가 심급의 기준이 된다. 난이도를 조절하는 것에 따라 이들을 통합하는 형태는 네 가지로 구성된다.

㉠ 영역 / 활동의 결합
㉡ 방법 중심의 내용 통합
㉢ 내용(구조) / 방법 / 비평적 학습자(구성)
㉣ 내용 중심의 방법 통합

㉠에서 ㉣로 갈수록 높은 심급임을 알 수 있다. ㉠은 초등학교 저학년(1-3학년)에 적합한 통합 수준이다. 다양한 통합적 활동을 통해 비평 대상에 대한 흥미와 관심을 높이고 비평 대상이 어떤 교과목과 연관이 있는지를 알게 한다. ㉡은 ㉠을 포함하며, 초등학교 고학년(4-6학년)에 적합한

수준이다.[33] 방법 중심이라는 의미는 방법을 내용에 맞게 먼저 통합한다는 것을 말한다. 여기서 내용 통합은 공통된 사항에 중점을 둔다. ⓒ은 ㉠과 ㉡을 포함하며 중·고생(7-10학년)에 적합한 수준이다. 내용을 구조적으로 통합하고, 이를 교사와 협의하고 학습할 내용과 방법을 선택한 후, 이를 비평적 학습자가 자신의 인지 구조와 학습 경험 속에서 재구성하여 능력과 선호에 맞는 방법을 골라 비평한다. ㉣은 대학생 이상에서 요구되는 수준이며, ㉢을 포함한다. 방법의 통합에는 큰 비중을 두지 않는 점이 다른 심급과의 차별적인 면을 보인다. 또한 ㉠ - ㉢이 교사와 비평적 학습자의 상호작용 속에서 이루어지는 것이라면, ㉣은 주로 비평적 학습자에게서만 일어난다. ㉠ - ㉣의 심급은 개인차를 고려하지 않은 인위적인 구분이다. 이 심급들은 한 교실에서 개인별, 수준별로 접근이 가능하다. 다만 여기서 주목할 만한 통합의 심급은 ㉡과 ㉢이다. 이 둘은 상당한 부분과 영역에서 겹치고 있다. ㉡이 공통된 내용 중심으로 전이성이 강한 반면에 비평적 학습자가 전체를 바라보는 조망 능력이 부족하여 관계성이 결여되기 쉽고, ㉢은 ㉡에 비해서 전이성이 약하지만, 관계성과 재구성력이 높아져 통합이 활발해진다.

1.3.2. 통합의 과정

일반적인 통합의 과정은 우선 통합의 목적과 방향을 설정한다. 이 단계에서는 통합의 전제조건이 무엇이며, 전략과 방법은 어떻게 사용할 것인지를 수립한다. 다음은 요소들 사이에서 공통점을 발견한다. 통합의 목표에 부합되는 중핵적인 공통점을 추출한 후 차이점이 발생하는 원인을 규

33) 방법과 활동을 혼용하여 잘못 사용하는 경우가 많은데, 방법이 원리나 내용을 갖춘 형식이라면, 활동은 그 방법을 실제로 적용하는 실체적인 것이라고 할 수 있다.

명하고 통합 가능한 차이점을 선별한다. 그리고 통합 후 발생할 문제를 예상한 후 통합을 이룬다. 마지막으로 통합한 후에는 반성 및 조망의 단계를 거친다.

비평교육에 있어서 통합은 여러 가지 내용과 형태에서 다양하게 이루어지지만, 크게 나누어 보면 분석 작업을 전후로 두 차례 정도 진행된다. 분석이라는 개념이 비평 대상을 이루고 있는 요소들을 구조적으로 접근한 것이라면, 구조를 이루고 있는 요소들이 어떻게 변화하고, 분석된 것을 비평가가 어떻게 받아들여서 의미를 구성하는지에 대한 질문에는 다소 한계를 가지지 않을 수 없는 부분이 있다. 분석이 정적 개념이기에 요소들이 결합하는 원인과 전이 양상을 포함하는 적극적 개념으로 '관계 맺기'를 사용한다. 통합은 관계 맺기 전의 단계(통합1)와 관계를 맺은 후의 단계(통합2)로 이루어진다. 물론 관계를 맺는 과정에서도 작은 규모의 소극적 통합은 계속 진행되지만, 엄밀한 의미에서는 통합이라기보다는 결합에 가까운 형태를 띤다. 관계 맺는 과정 속의 통합은 통합1에서 제기된 질문들에 대해 해결책을 모색하고, 주로 요소들의 결합과 결합하는 과정에서 생긴 비평자의 질문을 하나로 모으면서 통합2를 촉진한다.

1) 관계 맺기 전 통합

비평적 학습자는 비평 대상에 대해 의식적인 접근 이전에 무의식적이고, 계획되지 않은 통찰을 하게 되는데, 이는 비평 대상에 대한 면밀한 분석이나 관계 맺기 전에 이루어지며 '통합1'로 부른다. 비평 대상에 대한 사전(事前) 정보를 최소화한 상태에서 비평적 학습자가 지금까지 학습한 비평 이론과 비평 대상에 대한 사실적 지식, 그리고 경험한 내용을 수의적(隨意的)으로 통합하여 비평한다. 통합1에서는 대상이 어떤 존재인지에 대한 인식을 시작하고, 비평적 학습자의 내부 검색 엔진을 통해 과거에 유사한 대상이나 경험이 있었는지, 있었다면 어떤 점이 같고 다른지에 대한 정보를 모은다. 과거의 경험과 정보를 통해 얻는 것은 대부분은 비평 대상의 질료나 구성 요소, 갈래, 영역, 접근 방법 등이 된다.

통합1의 결과로 몇 가지가 발생하는데, 우선 개인적 의미망이 형성된다. 비평 대상에 대한 직관과 인상 속에는 비평적 학습자의 순수한 입장만 견지되는 것은 아니지만, 비평적 학습자가 비평 대상을 바라보는 개인적 의미들이 자연스럽게 통합되면서 의미망을 만들게 된다. 개인적 의미망은 그 자체로도 충분한 비평이 될 수 있지만, 그것은 비평교육이 의도하는 바까지는 미치지 못한다. 개인적 의미망에서 형성된 비평자의 관점이나 평가에 대한 가설을 설정한다. 가설은 여러 가지 내용을 담을 수 있지만, 가급적 비평 대상의 영역과 내용, 방법에서 커다란 틀로 통합하여 설정하는 것이 '통합2'에서 검증할 때 비교가 용이하다. 가설을 제시하는 과정에서 어떤 것들을 통합할 것인가를 결정하고, 가설 검증을 위한 전략적 방법이 선택된다.

2) 관계 맺은 후 통합

비교적으로 무계획적인 통합에 가까운 통합1과 달리 통합2는 체계적이고 의식적인 통합이라고 할 수 있다. 통합2는 두 가지 단계를 통합하는데, 관계를 맺은 비평 대상의 요소들의 내용과 방법을 통합하는 첫 번째 통합(통합2-1)과, 첫 번째 통합에서 확보된 비평 대상에 대한 비평적 학습자의 최종 관점을 창작으로 표현하는 과정에서 통합하는 두 번째 통합(통합2-2)이다.

통합2-1단계에서는 통합1에서 설정한 가설들에 대한 타당도와 신뢰성을 검증한다. 비평 대상의 질료에 대한 파악, 갈래 확인, 직관적 인상, 작가의 창작 의도, 대상에 대한 전반적인 평가 등이 어느 정도 부합되는지, 그에 따른 근거를 제시하고 있는지들 점검한다. 또한 관계 맺기의 내용과 방법의 적절성 유무와, 기존 비평 내용과의 유사와 차이, 교사와 동료 비평적 학습자의 협의 내용 등을 종합적으로 검토한다. 아울러 대립이나 갈등되는 이론과 내용들을 조절하는 시간을 갖는다.

통합2-2의 단계에서는 통합2-1단계에서 갖게 된 비평 대상에 대한 관점을 비평적 학습자의 비평교육 결과물로 생성하는데, 이 과정 자체가 이미 비평과 창작이 통합된 것이라고 할 수 있다. 비평 대상에 대한 비평적 학습자의 비평은 곧 메타적 성격의 창작물로 완성된다. 비평적 학습자의 통합된 산물은 또 다른 비평 대상으로 출발한다.

통합2에서는 통합1에서 형성된 개인적 의미망, 관계교육에서 형성된 사회적 의미망을 조응하면서 비평적 학습자의 비평 인식에 구성적 의미망을 형성한다. 이러한 구성적 의미망이 적층되면서 비평적 학습자는 새로운 비평 대상에 대해 자신만의 고유한 비평 방법을 형성하게 되고, 고도의 주관에 의한 인상비평을 획득해 간다.

지금까지의 내용을 정리하면 다음과 같다.

〈표 4〉 통합의 심급과 과정

구분	관계 맺기 전 (통합1)		관계 맺기		관계 맺은 후 (통합2)
통합내용 및 활동내용	개인적 의미망		사회적 의미망		구성적 의미망
	직관 비평		분석비평 (구조주의)		구성주의 비평
	결과 중심		과정 중심		과정-결과 통합
	아는 것-비평 대상	→	경험-지식	→	만든것-하는것 (실천)
	전체-부분		부분-부분		전체
	비평		비평		비평-창작
	가설 설정		검증		확인
	전략		기능		통합(조응)
	질료-내용		방법		내용·방법

1.3.3. 통합적 비평교육의 적용

비평 주체와 비평 내용과 비평 방법과 비평교육 주체의 통합은 비평교육의 현장에서 가능해진다. 통합적 비평교육은 교육과정의 통합인 통합교육과정 속에서 실현된다. 통합교육과정은 교과 영역을 서로 분리하는 교과선(敎科線)을 없애고 따로 떨어진 별개의 교과 영역이 사라지도록 하는 교육과정 구성의 한 접근방식이다.[34] 인그람(Ingram)은 통합교육과정의 필요성을 지식과 삶이 하나이듯이 학습과 경험을 분리하는 것은 옳지 않으며, 중복되는 것을 가르치는 것은 효율성에서도 떨어진다고 주장하였다. 또한 과거와 교사 중심이 아닌 현재와 학생 중심의 교육이 되어야 창의적 활동이 가능하다고 하였다.[35]

이러한 통합교육과정은 교육과정의 층위에 따라 다른 면모로 구체화되는데, 국가 수준 교육과정, 학교 수준 교육과정, 수업 수준 교육과정으로 나누어 볼 수 있다.

1) 국가 수준 교육과정

국가에서 문서상으로 명시한 교육과정 속에서 통합은 끊임없는 진행형이다. 진행형이라는 용어는 통합과 분화가 거듭되고 있음과 다양한 내용과 방법 속에서 통합이 이루어지고 있다는 것을 의미한다. 초등학교 교과목이 통폐합 되었다가 7차 교육과정에서는 다시 세분화되었다. 이에 반해 고등학교 '사회'나 '과학'은 '공통 사회'와 '공통 과학'으로 통합되었다.

유사 교과목 간의 통합 외에도 한 교과 내의 영역 간의 통합도 활발히

34) Donna M. Wolfinger, and James W. Stockard Jr, 김현석 외 역, 통합교육과정의 이론과 실제, 양서원, 2003, p.26.

35) J. B. Ingram, Curriculum Integration and Lifelong Education, 배진수 · 이영만 역, 학지사, 2002, pp.23-39.

진행되고 있다. 개정 7차 국어과 교육과정에서는 '말하기'와 '듣기', '읽기'와 '쓰기'를 서로 통합하는 방향을 제시하고 있다. 인접 교과 간에도 군(群)의 개념으로 묶어 통합적으로 지도하려는 의도를 나타내고 있다.

개정 7차 교육과정에서는 통합을 해야 한다는 당위적 규정을 하지는 않았지만 교육과정의 성격, 목표, 그리고 교육과정의 문면(文面)에 흐르는 통합성은 외연적으로 읽혀지기에 충분하다. 내용 체계와 교수·학습 방법, 평가에서는 일관되게 통합의 방법과 내용을 제시하고 있다. 또한 통합 학습 내용을 학년별로 위계성과 연계성을 가지고 배열한 점 역시 긍정적으로 평가된다. 교육과정에서 통합의 방법을 구체적으로 제시하지 못했다는 일부의 지적도 교육과정이 교과교육학에 관한 이론 서적이 아니라는 점에서 이해할 수 있다. 교육과정에서 구체적으로 명시할 수도, 할 필요도 없다. 오히려 그 내용이나 방법을 제시하는 것은 교사와 학습자의 상상력을 제한하거나 창의적 활동을 저해할 수 있다. 잠재적 교육과정이 존재하는 이유가 바로 그것이다. 그렇다고 교육과정이 일관성과 체계성, 통합성을 벗어나도 된다는 것을 의미하지는 않는다. 또한 통합이라는 용어를 기술했다고 해서 통합이 이루어지거나 통합에 대한 측면을 충분히 고려했다고 보기 어렵다.[36)]

교육과정에서 비평교육이 적용될 경우는 새로운 영역군이나 교과로 인정되는 경우와 그렇지 못한 경우로 상정될 수 있다. 또한 어느 한 교과의 외적 영역을 통합하는 경우와 내적 영역을 통합하는 경우를 산출하면 네 가지의 가능성이 도출된다. 현재 비평 영역을 설정하고 있는 국어과의

---

36) 교육과정에 나타난 통합의 문제점은 우선 왜, 어떻게 통합하는가 하는 목적과 방법에 대한 언급이 없다. 구체적인 방법을 제시하라는 것이 아니라 통합의 목적과 방법에 따라 대상의 어떤 요소들을 통합할 것인가에 대한 명시가 부족하다는 것이다. 만일, 교육과정에 담기 너무 많은 분량상의 문제라면 교육과정 해설서에서 다루어야 하는데 다른 용어에 대한 설명은 있지만, 이에 대한 논의는 어디에 있는지 찾기 어렵다. 다음으로는 통합에 대한 진술의 문제인데, 통합이라는 용어와 통합되는 내용이 반복하고 있거나 층위가 맞지 않는다는 점이다.

예를 들어 설정하면 다음과 같다.

㉠ 국어과와 국어과 외적 영역을 통합하여 새로운 교과를 만들 경우[37)]

· 국어와 수학을 기호 상징 영역으로 통합
· 국어 영역 중 문학을 예술 영역으로 통합
· 국어를 문화의 하위 영역으로 분류한 후 시각 문화 영역으로 통합
· 국어를 포함한 사회, 예술, 역사, 영화, 매체, 문화를 비평하는 방법적 통합

교과를 새롭게 편성하는 것은 현재로서는 매우 어려운 일이다. 비단 중등교육과정만의 문제가 아니라 대학의 교육과정 편제와 연동되어 있고, 첨예한 이해관계로 대립될 것이기 때문이다. 다만 교육과정의 편제에서 영역 군을 재조정하는 문제는 고려해 볼 수 있다. 지금까지의 교과가 지나치게 분과형에 의존하여 영역 군을 지나치게 임의적으로 해 왔다는 지적과 앞으로의 교과 편제는 문화교육으로 초점을 맞추어야 한다는 의견을 적극적으로 수용할 경우이다. 연구와 의견수렴의 과정을 거치고, 교육과정 총론에서 통합의 목적과 필요성, 과정, 방향 등을 명시해야 한다.

㉡ 국어과와 국어과 외적 영역을 통합하여 새로운 교과를 만들지 않을 경우

이러한 통합은 일선 현장에서도 많이 이루어지고 있는 내용 중심, 또는 주제 중심 통합이라고 할 수 있다. 주제와 단원 중심의 통합과 달리 내용·

37) 본 연구는 이 경우를 비평교육이 독립된 교과목으로 나아가야 할 지향점으로 제시하고 있다.

방법을 통합한 형태를 제시할 수도 있다. 총론에서 통합의 유의점과 내용과 방법의 통합 내용 등을 명시해야 한다.

㉢ 국어과 내적 영역을 통합하여 하나의 교과를 만들거나 없앨 경우

· 국어와 문학의 분리
· 문학과 독서의 통합
· 문학, 독서, 매체를 비평으로 통합
· 문학과 독서를 매체로 통합
· 문학, 매체, 독서를 문학으로 통합

국어와 문학과의 관계, 국어과목 내에서 심화과목의 생성과 폐지에 관한 내용이다. ㉠에서의 정도는 아니지만, 상당한 반발과 저항이 있으리라 예상된다. 총론에서 분리와 생성, 폐합의 이유를 명시한다.

㉣ 국어과 내적 영역을 통합하여 새로운 교과를 만들지 않을 경우

· 의사소통 관점에서 문학의 영역을 폐지
· 창작과 비평을 통합
· 표현과 이해의 통합
· 표현과 이해 영역과 문법의 통합
· 말하기와 쓰기 / 말하기와 읽기 / 말하기와 듣기 / 말하기와 문학 / 말하기와 매체 / 쓰기와 듣기 / 쓰기와 읽기 / 쓰기와 문학 / 쓰기와 매체 / 읽기와 듣기 / 읽기와 매체 / 듣기와 문학 / 듣기와 매체
· 아는 것(지식)과 하는 것(경험)
· 보기와 보여주기 / 보기와 만들기
· 문학에서의 갈래의 변환과 통합
· 일상생활에서의 문학과 학교에서의 문학의 통합[38]

· 남북한 국어교육 내용 통합[39]
· 서울과 지역의 교육 내용 통합
· 온라인과 오프라인 상의 교육 내용 통합

국어교육에서의 통합 연구에서 많이 접근하는 방법이다. ㉢과 마찬가지로 국어와 문학과의 관계 규명이 필요해진다. 또한 '표현과 이해'가 영역인가, 기능인가의 문제를 해결해야 한다. 교육과정의 특성상 명세적인 것을 밝히기보다는 무엇을, 왜 통합하는지를 설명해야 한다. 또한 교수·학습 방법과 유의점 등도 나타나야 한다.

위와 같이 비평교육이 새로운 교과의 영역 군에 편입되는 것과 상관없이 비평교육과정은 통합교육과정의 범주 안에서 존재해야 하며, 통합교육과정은 평생교육의 관점에서 성립되어야 한다.[40]

2) 학교 수준 교육과정

학교에서의 통합적 비평교육의 수행은 내용 영역 중심으로 통합하는 방법 외에는 그리 용이하지가 않다. 무엇을, 언제 통합할 것인가에 대한 학교 전체적 차원의 밑그림과 각 부분을 통합하는 계획이 선행되어야 한다. 여기서 문제되는 것이 바로 학교 일과 시간표 조정이다. 비평교육이라는 새로운 교과가 설정되기 전에 일 년 내내 모든 과목이 통합 수업을 전개한다면, 통합 일정표를 만들어 시행하면 되겠지만, 현행 교육과정에서는 기대하기 힘들다. 그렇다면 매번 통합 수업을 할 때마다 일과시간을 조정해야 하는 현실적 고민을 안게 된다. 학교교육계획에 통합 수업을

38) 김수업, 국어교육의 원리, 청하, 1991, p.123.
39) 김대행, 통일 이후의 문학교육, 서울대학교출판부, 2008, pp.11-33.
40) Ingram, 위의 책, p.17.

할 과목과 시기를 정해 놓지 않는다면, 어떤 교과를 중심에 두더라도 다른 교과와의 일정을 고려해야 하기 때문에 파행적인 학교 시간표 운영이 불가피해진다.

다음으로는 교사들의 통합 교수·학습을 생각해 볼 수 있다. 교사협력학습(team teaching)은 교사들에게 통합 수업을 위해서 반드시 필요한 것이지만, 이것도 수업시수가 많은 교사들에게는 중압감을 줄 수 있다. 다른 교과 교사를 수업시간마다 모셔 와야 하는 문제를 발생시킬 수 있다. 그렇다고 한 교과 교사가 모든 것을 통합하여 가르치는 것은 더욱 쉽지 않은 일이다. 여기에 평가라는 문제까지 겹치면 통합 수업을 배제하려는 교사들의 의견에 동의하게 된다.[41)]

학교 정규 수업에서 통합 수업 진행의 어려움은 통합적 비평교육의 곤란함으로 이어질 수 있다. 비평 교과가 없는 현재의 교육과정에서 일시적인 통합 수업을 제외하고, 지속적으로 전개되는 비평교육은 기대하기 힘들다. 학교 교육과정에서는 창의적 재량 활동이나 특별 활동 중 계발 활동에서는 어느 정도 가능할 것으로 예상해 본다.

동아리 활동이나 방과 후 교육의 일환으로 실시되는 비평교육에서는 계획적이고 체계적인 전개가 가능하게 되는데, 이를 실현하기 위해서는 통합 교재가 요구된다.[42)] 폐쇄형 통합 교재는 국가 수준의 교육과정의 지침대로만 제작된 제재를 말하는데, 보통 국·검정 교과서라고 할 수 있다. 주로 공통된 내용, 특히 주제나 형태별로 묶은 것으로 더 이상 통합하기 어려운 교재라고 할 수 있다. 중간형 통합 교재는 같은 지방(지역) 교사들이나 비평교육에 대한 생각이 비슷한 교사들이 모여서 만든 것이다. 폐쇄

---

41) 나장함은 설문결과에서 교사들이 통합에 다소 소극적인 자세를 견지한다고 주장하였다.(통합교육과정에 대한 교사들의 인식 탐구, 교육과정연구 22권, 한국교육과정학회, 2004, pp.108-110.)

42) 우문영, 통합적 국어교육방법 연구, 한어문교육 20집, 한국언어문학교육학회, 2009, p.89.

형 교과서를 변형해 제작할 수도 있고, 인정도서로 채택될 수도 있다. 해마다 달라지는 내용과 방법에 맞게 구성된다. 개방형 통합 교재는 교사와 비평적 학습자 상호 작용을 통해 만든 교재이다. 비평적 학습자의 심리, 취미, 능력 등을 고려하여 자신이 원하는 요소들을 교사와 협의하여 통합한다. 동료들과 의견을 교환하는 메타 비평을 온라인과 오프라인을 통해 정리해 두면서 실시간으로 변환이 가능하다. 잠재적 교육과정을 나타낼 수도 있는 장점이 있지만, 실질적으로 준비해야 하는 시간이 지나치게 많이 소요된다.

3) 수업 수준 교육과정

교사 수준의 교육과정은 국가 수준 교육과정이나 학교 수준 교육과정에서 요구하는 바와 크게 다를 바가 없다고 생각하는 경우가 많지만, 교사 스스로가 교육과정을 재구성하여 가르치고 있기에 설정되었다. 학생 수준 교육과정은 국가나 교사에 의해 의도된 학습 내용을 포함하여 학습자 내부에서 의식적, 무의식적으로 형성된 교육과정을 가리킨다. 교사 수준과 학생 수준의 교육과정은 결국 수업 현장에서 발생하게 되므로, 묶어서 수업 수준 교육과정으로 제시하였다. 수업 수준 교육과정은 교수·학습 방법에 관한 내용이 주가 된다.

교수·학습 방법은 매우 다양한 형태로 존재하지만, 수업 전개의 주체별로 나누어 보면 크게 교사 중심, 비평적 학습자 중심, 교사비평적 학습자 협력 수업으로 분류할 수 있다.

교사 중심 수업에는 강의식 교수법, 직접교수법, 현시적 교수법 등이 있는데, 비평교육의 이론과, 비평 이론, 비평 대상에 대한 사전적 지식 등을 비평적 학습자에게 전달하는데 유용하다. 사회적 의미망을 빠른 시간 내에 형성시키는 장점이 있지만, 비평적 학습자가 개념적 지식이나 절차적 지식을 구성하지 못한다는 한계를 지니고 있다.

학습자 중심 수업은 토의식, 토론식, 역할극 등이 있는데 비평교육의 개념과 방법적 지식 등을 비평적 학습자 내부에서 만들어가면서 배우게 된다. 개인적 의미망을 구성하고 비평적 학습자의 흥미와 능력, 취미, 수준에 맞는 교수·학습 방법을 선택할 수 있다는 장점을 지니고 있으나, 시간이 많이 소모된다는 점과 활동 중심으로 전개될 경우에 배워야 할 지식은 적고, 활동만 남게 된다는 비판에서 자유롭지 못하다.

교사비평적 학습자 협력 수업은 비평교육에서 통합해야 할 모든 내용과 방법을 교사와 비평적 학습자가 협의하여 결정하는 것인데, 교사 중심과 비평적 학습자 중심의 수업에서 제기된 문제들을 해결할 수 있는 강점이 있다. 다른 학습 방법보다 시간이 훨씬 많이 소요되고, 비평적 학습자에 따른 수준차를 고려해야 하는 문제점이 있지만, 통합교육의 취지에 부합되고, 학습력 신장의 효율성을 제고하기 위해서도 이 방법에 대한 연구가 요구된다.

학교 현장 차원에서의 통합적 비평교육은 국가적·지역적·잠재적 수준의 교육과정을 만족하면서 비평 대상에 대한 내용과 방법을 통합한 것을 교사와 비평적 학습자가 교실에서 재구성하는 것이다.

지금까지 논의한 바를 정리하면 다음과 같다.

〈표 5〉 통합의 적용

구분	국가 수준 교육과정	학교 수준 교육과정	수업 수준 교육과정
적용 내용	· 비평 교과를 새로운 교과나 영역군으로 인정할 경우 · 비평 교과를 새로운 교과나 영역군으로 인정하지 못할 경우	· 시간표 조정의 어려움 · 교사협력 수업-수업시수의 부담 · 동아리 활동이나 방과 후 활동으로 가능 · 폐쇄형 통합 교재 · 중간형 통합 교재 · 개방형 통합 교재	· 교사 중심 · 비평적 학습자 중심 · 교사 · 비평적 학습자 협력수업

2. 관계교육

2.1. 관계의 의미와 필요성

비판적 상상력을 키우는 것이 통합교육의 목적이라면, 대상과 대상 간의 구성 요인들을 연결시키는 것은 통합교육의 방법이라고 할 수 있다. 바로 구성 요소들의 관계 맺음이라고 할 수 있다.[43)]

세상의 모든 것은 서로 연관되어 있다는 철학의 기초 명제에서 보듯이 서양에서의 '관계'는 아리스토텔레스에서 시작되는 철학의 용어였다. 그는 세계의 범주를 설명하기 위해 다른 것들의 무엇으로서, 또는 다른 임의의 방식으로 다른 것에 걸려 바로 자기 자신인 것으로 말해지는 것을 관계(relata)라는 개념을 사용하고 있다.[44)] 유사와 대립에 입각한 상호성을 바탕으로 한 관계는 시간과 공간을 결합한 인과 관계까지 확대된다. 칸트(Immanuel Kant)에 이르러 구조 자체에 형성되어 있는 정적인 개념의 관계에서 동적인 개념인 교호작용을 아우르는 의미로 사용되었다.

동양에서의 관계를 알아보면 우선 관(關)은 빗장의 의미로 폐쇄성을 가리킨다. 고대 중국에서는 북방 이민족의 침입을 막기 위해 중요하다고 생각되고 비교적 공격하기 어려운 지역에 요새를 세웠다. 그것의 이름을 관(關)이라고 불렀다. 關은 關 자체로 매우 소중한 지역이고 대상이지만,

---

43) 관계란 그 내용들이 영역과 학과 전반에 걸쳐 맺고 있는 수평적인 연관을 의미한다. 위계는 교육과정을 학습자의 발달단계에 맞게 배열하는 장치이며, 관계는 그렇게 배열된 내용이 학습자의 전반적인 활동 속에 충분히 적절하게 조정・습합되어 있는지를 측정하는 척도인 것이다.(김상욱, 문학교육의 길 찾기, 나라말, 2006, p.159.)

44) Aristoteles, 김진성 역주, ORGANON Categoriae ・ De Interpretatione, ejbooks, 2005, pp.55-65.

혼자서는 존재할 수 없다. 이 關을 지원하기 위한, 상보적인 역할을 담당하는 작은 규모의 關 등이 설치될 수밖에 없었다. 물론 關 역시 다른 關의 그러한 기능을 수행했을 것이라 추정된다. 이러한 關과 다른 關을 연결시켜주는 것이 바로 계(係)이다. 북방의 민족이 중국의 關을 침략하고자 했다면 관계(關係)를 파악하기 전에는 불가능했을 것이다. 그러면 어떻게 관계를 파악했을까? 일단은 關에 대해서는 치밀한 관찰과 조사를 했을 것이고, 다음은 일정한 기준을 가지고 자신들의 능력과 비교·분석하고, 關과 關을 잇는 係의 특성과 변인에 대해 고민했을 것이다. 그런 연후에 자신들과의 關係를 고려했을 것이다.[45)]

비평 역시 이와 크게 다를 바 없다고 생각한다. 대상은 독립적으로 존재하는 것이 아니다. 다른 작가나 사상, 갈래, 사조, 또 다른 대상과 긴밀한 係를 맺고 있다. 關과 係를 파악하는 통로가 바로 비평인 셈이고, 관계교육이 곧 비평교육인 것이다. 관계를 비평의 기초적 요소로 본 것은 서양의 아리스토텔레스 역시 마찬가지이다.[46)] 구조주의 비평에서도 관계는 비평 대상의 구조를 이루고 있는 핵심 개념으로 자리 잡고 있다.

철학에서의 관계가 인간관계에 중점을 둔 것으로 변질되고, 구조주의에서의 관계가 비평 대상의 내적 구조를 설명하는 수의적인 개념으로서 한계를 지니고 있다면, 비평교육에서의 관계는 이들이 지니는 문제점을 극복하면서 재개념화되어야 한다. 세계를 구성하고 있는 것이 비단 인간만이 아니고 사물까지도 포함되어 있다는 사실에 대해서 그들 역시도 인간과 똑같이 취급해야 할 것이다.[47)] 비평가와 사물을 연결(connection)하

---

45) 조나단 컬러(Jonathan Culler)는 문화 현상과 사회 현상은 의미를 지니고 있기 때문에 기호로 간주될 수 있고 본질에 의해서가 아니라 관계의 내적, 외적 네트워크에 의해 정의된다고 하였다.(Artur Asa Berger, 김기애 옮김, 문화비평 주요 개념의 이해, 한신문화사, 2000, p.119.)

46) 아리스토텔레스(Aristoteles, 최상규 옮김, 詩學, 예림기획, 1990, p.424.)는 비평의 첫 번째 기초로 모방의 대상과 관계에 있다고 하였다.

는 동적인 의미가 내재되고, 그 연결 고리는 상상력과 논리로 이루어진다.[48)]

문학교육을 '주체와 세계와 대상 간의 관계 맺기'라고 규정한 김대행은 먼저 대상(Object)을 제시하고, 그것을 다른 것들과의 관계(Relation) 속에서 주체인 나에게 주는 의미(Meaning)를 규정하는 구조를 ORM이라고 명명하였다.[49)] ORM / ROM / MOR은 자체로 의미를 지닌다고 할 수 있으나, 사실 모든 비평 대상과 의미 사이에는 이 공식으로 해결되지 않는 부분이 잔존한다. 대상 내부의 요소들과 주체의 변인사이의 유기적 작용에 의해 의미는 확정되지 않는 상태로 남을 수 있게 된다. ORM은 확정된 의미를 설명할 수 있는 하나의 도구라고 할 수 있다.

비평자의 무엇과 비평 대상, 그리고 이들을 둘러싸고 있는 환경을 구성하고 있는 어떤 요소들이 어떻게 배제되고, 결합하여 선택되는 일련의 과정들을 관계교육이라고 할 수 있다.[50)]

---

47) 박노산, 나로부터의 철학, 상아, 1990, p.20.

48) 진정한 관계맺기의 방법은 상호 이해뿐만 아니라 이성 자체의 구성을 탄탄하게 해 준다. 이렇게 볼 때 중요한 산물은 관계의 논리에 다름 아니다.(Piaget, Jean, 이병애 옮김, 교육론, 동문선, 1988, p.140.)

49) 김대행, 『손가락과 달 - 시조 형식을 통해 본 문학교육의 지표론』, 『운당구인환교수 정년퇴임 기념논문집』, 운당구인환교수정년퇴임기념논문집간행위원회, 서울대학교 사범대학 국어교육과, 1995, pp.7-8.

50) 관계론을 문학작품에 적용한 예도 있다. 최유찬은 기능적인 관계론을 작품에 대입하는 수준에 머무르는 한계를 노출했다.(한국 문학의 관계론적 이해, 실천문학사, 1998.) 특정한 부분에서 이루어지는 관계에 대한 고찰은 대부분의 학술연구에서 진행되어 왔기 때문에 비평교육에서 특별한 의미를 지닌다고 보기 어렵다.

2.2. 관계의 구성과 결합

2.2.1. 관계소의 정의

지그프리트 슈미트(S. J. Schmidt)는 구성주의 문예학에서 문학 소통 체계 내에서 매개자의 전제체계들, 한 제도 기관의 관습, 기대, 정관, 규약들, 관심사들 등에 의해 결정되는 문학텍스트 이해에 관한 배경지식을 거쳐 구성하는 결과에 대해 커뮤니카트(疏通素, kommunikat)라는 개념을 도입하고 있다.[51] 구조주의 비평에서 사용되었던 관계라는 개념이 지녔던 막연함에서 벗어나 관계를 이루고 있는 요소가 무엇인지에 대해 천착한 점, 조금 더 구체적인 의미를 획득하였다는 점, 의사소통론의 문예 이론 반영으로 학습자가 배워야 할 비평 학습 내용을 제시한 점 등에서 의의를 지닐 수 있다.

그렇다고 커뮤니카트를 비평교육에 바로 적용하기에는 몇 가지 점에서 무리가 있어 보인다. 우선은 비평교육을 의사소통의 관점에서 전제할 때만 가능해 보인다는 점이다. 의사소통이 지니는 한계나 문제점을 지적하기에 앞서 다른 비평 이론에서는 소통소라는 것을 발견하기가 용이하지 않다. 다음은 새로운 비평 이론에 대한 늘 새로운 비평교육이 필요하다는 점이고, 이것은 곧 비평적 학습자가 알아야 할 지식의 범위가 무한정 늘어가는 문제를 양산하는 결과를 초래할 수 있다. 또한 소통소가 무엇인지를 설명한다 하더라도 학습자의 구성적 의미망에서 작동하는 소통소와 다른 소통소의 관계를 파악하는 것은 쉽지 않다.

본 연구에서는 커뮤니카트가 가지고 있는 몇 가지 문제점들을 보완하

51) S. J. Schmidt, 박여성 옮김, 구성주의, 까치, 1995, 이상구, 앞의 책, p.81에서 재인용.

여 비평 대상과 비평가와 비평 환경을 구성하고 있으며, 서로 결합하는 요소들 가운데 가장 근간이 되는 요소를 관계소(關係素)라고 명명하였다. 관계를 뜻하는 'relation'과 문화 구성 요소를 뜻하는 'meme'을 합성하여 'relatimeme'이라는 신조어를 제시한다.[52] 비평 대상, 비평가, 비평 환경을 구성하고 있는 기본 요소로서의 의미는 소통소와 큰 범주에서 같다고 할 수 있다. 학습해야 할 기본 항목으로 작용하는 고정적 영역과 서로 다른 부분과 결합하는 유동적 특성을 모두 지니고 있어야 관계소가 된다. 관계소는 교육과정의 구조화를 주장하는 사람들이 우려하는 두 가지 -필수적인 기능이 교육과정에서 누락되고 아동이 필요한 기능을 습득하지 않게 방치할 것-를 불식시킬 가능성을 함유하고 있다.

관계소의 개념을 이해하는 도움을 얻기 위해 유사한 개념으로 소쉬르(F. de Saussure)가 주장한 '문맥소'를 살펴볼 필요가 있다. 의미소가 자신의 의미를 현실화하기 위해서는 다른 의미소와의 결합과 함께 상황 맥락의 능동적인 관여 속에서 특정한 사용의 맥락 속에서 문맥소로 존재해야 한다. 이들 문맥소들은 담론 전체 속에서 차지하는 관계와 결합의 양상 속에서 의미를 현실화하며 현실화된 의미는 항상 가치를 지닌다.[53] 이러한 문맥소를 찾기 위해서는 문맥소 안에 의미소를 포괄하는 동위소를 알아야 한다. 동위소에 내재된 함축, 대립과 중첩을 통해 의미화 과정을 해석할 수 있다. 문맥소나 동위소는 소통 구조 안에서 이루어지는 다양한

52) 슈미트가 제안한 바에 의하면 독일어로 관계소는 'relativkat'에 해당하고, C. Kerbrat-Orecchioni가 주장한 '관계소(le relationnel)'는 발화상황에서의 언어활동은 지시내용이 전부가 아니며, 개별적인 사회적 관계 또는 감정적 관계를 맺는데 기여하는 요소이다. 본고에서의 관계소는 작품(텍스트)과 사회, 인간과 인간과의 관계를 포함하여 인간과 자연 속에 내재되어 있는 모든 구성 요소를 아우르는 개념이므로 새롭게 '렐러티밈(relatimeme)'을 제안한다. 'meme'에는 리처드 도킨스(R. Dawkins)가 문화적 상속을 위해 명명한 재생의 기초 단위적 의미가 들어 있다.

53) 김상욱, 소설교육의 방법 연구, 서울대학교출판부, 1996, p.176.

관계의 결합이라는 면에서 소통소나 관계소와의 공통점을 찾을 수 있다. 다만, 문맥소는 비평 대상 가운데 언어로 된 것에서만, 그것도 비평 대상의 내적 관계만 설명한다는 한계에서 관계소와 구별된다고 할 수 있다. 이는 소통소가 가지고 있는 한계와 크게 다르지 않다.

실제로 이러한 의미에서의 관계소는 비평 대상에 따라 그 수가 무한정이 될 수 있다. 따라서 비평교육에서의 관계소는 일정한 기준에 의해 추출할 수 있어야 한다. 우선은 교육적 가능성이 분명해야 한다. 교수·학습이 이루어질 수 있는 내용인지, 비평교육의 목적에 부합되는 요소인지를 확인할 수 있는 것이라야 한다. 다음은 해당 대상을 이루고 있는 핵심적 성격인 벼리성을 획득하고 있어야 한다. 하나의 대상에는 여러 가지의 관계소가 존재하는데, 이들을 연결하는 성격을 지니고 있어야 한다.[54] 또한 변형과 결합이 가능한 요소이어야 한다. 관계소는 그 자체만으로도 의미 있는 것이지만, 비평교육 과정에서 가공되면서 더욱 의미 있는 요소로 변형되고, 다른 요소와의 결합이 용이해진다. 관계소와 관계소의 결합이 가능해야 비평교육에서 필요로 하는 관계소가 된다. 그러기 위해서는 관계소 안에 관계소를 이루고 있는 하위 관계소를 포함할 수 있어야 할 필요성이 제기된다.

이러한 기준을 바탕으로 관계소를 철학적으로 접근하면 인간을 중심으로[55] 사물과 사물, 인간과 사물, 인간과 인간의 세 가지로 나누어 볼 수

---

54) 최인자는 McCormick이 사용한 자원이란 개념을 소개한다. 배경지식이나 스키마와는 구별되는 자원(repertory)은 텍스트의 생산과 수용 과정에서 사용하는 특정 담론들의 세트, 관념과 경험, 습관, 규범, 관습, 가정들의 결합들로서 독자가 특정의 사회적 위치에서 자신이 속한 사회의 이데올로기를 전유한 결과로 가지는 지식이다.(국어교육연구의 문제와 방법들, 역락, 2008, pp.206-207.) 관계소는 이러한 자원이 가지고 있는 결합적 성격을 수용한다.

55) 인간을 중심으로 보는 것이 앞에서 언급한 탈 중심과 거리가 있는 것이 아니다. 인간과 환경, 작품 가운데 어느 하나를 기준점으로 보는 것이다. 인간이든, 환경이든, 작품이든 어느 것이나 기준점이 될 수 있다. 무엇이 기준점이 되더라도

있다.

사물은 자연을 포함하되, 인간을 제외한 모든 것을 말한다. 사물과 사물의 관계를 바꾸는 것에는 시간, 공간, 힘, 구조, 재료, 형태, 인간 등이 있는데, 주로 자연과학에서 연구를 한다. 이 때 사물을 비평 대상으로 치환하면, 작품과 작품의 관계를 맺는 것을 연구하는 분야가 생기는데 이것을 상호텍스트적 연구[56]라고 할 수 있다.

인간은 개개인을 포함한 인류 전체를 의미한다. 인간과 사물의 관계를 바꾸는 변인 역시 시간 등이 있지만, 이제까지는 인간을 지나치게 중심으로 놓은 까닭에 사물도 인간을 바라본다는 기본적인 발상까지도 무시해 버렸다. 인간을 신에게서 분리하여 하나의 독립된 존재로 보며 인간의 존엄성을 세우는 것까지는 긍정할 만하였으나, 인간을 위해서는 자연을 희생시켜도 된다고 생각하거나 개발이 자연을 훼손하는 것이 아니라 인간과 자연이 함께 이득을 보는 것처럼 사실을 왜곡하는 경우가 있었다.

사물은 언제나 즉자적 존재[57]이며 객관적으로만 존재한다는 생각에서 한 걸음 물러나야 한다. 사물도 끊임없이 인간과 소통하기를 원하며 신호를 보내고 있다. 인간과 사물의 소통을 연구하는 학문을 생태학(ecology)이라고 할 수 있다. 사물에는 자연 그대로의 상태가 있고, 인간이 만들어 낸 것이 있는데, 인간이 만들어 낸 것을 특히 예술이라 한다. 얼마 전까지만 해도 문화는 인간이 만들어 낸 것만 있다고 정의했지만, 자연 자체도 하나의 문화를 형성한다는 주장이 설득력을 얻고 있다. 사물도 그러하지

서로의 본질과 존재를 전제로 하기 때문에 이 방법에서 크게 벗어나지 않는다.

56) 상호텍스트는 문학에만 한정되어 사용할 수 있는 개념이다. 비평의 대상이 문학만 있는 것이 아닌 만큼, 비평 대상의 확장역을 문화라고 할 때 상호아트(art), 상호매체(intermedia), 상호컬트(cult)라는 용어가 더욱 적절하다.

57) 샤르트르(Jean-Paul Sartre)는 인간 존재의 의식과 무관하게 독자적으로 이 세계에 존재하는 것을 즉자적 존재라고 명명하였다.(변광배, 존재와 무, 살림, 2007, p.132.)

만 인간이라는 존재는 그리 단순하지가 않다. 우연보다는 필연이 우세한 것이 사물의 세계라면, 필연보다 우연이 훨씬 많은 것이 인간의 세계라 할 수 있다. 따라서 사물이 인간과 관계를 맺는 것은 위에서 사물과 사물이 관계를 맺는 방식과 변인의 결합과 크게 다르지 않지만, 매우 복잡한 양상을 띤다. 생물학, 유전학 등의 대상이 되는 물질로서의 인간을 기반으로 철학, 종교, 심리학, 정신분석학, 이데올로기 등의 형이상학적 인간까지 포함하는 변인들을 고려해야 한다. 여기에 인간들이 만들어 놓은 사회라는 특수성도 배제해서는 안 된다. 인간과 인간의 관계는 더 복잡하게 얽혀있는 변인들로 인간을 둘러싼 모든 학문들의 내용이 변인이 된다.

본 연구의 대상이 문학, 예술, 문화 등이기 때문에 사물과 사물, 인간과 인간의 관계 변인에 대해서는 제외하고, 인간과 사물의 관계 변인에 대해서만 접근해 보기로 한다.

관계를 맺기 전부터 인간과 사물은 이미 존재해 왔다. 인간(작가, 화자)의 정신과 육체적 노동이 사물과 연관을 맺은 것 중에서 미(美)와 가치가 있는 것을 작품이라고 정의할 수 있다. 그 작품은 다른 사람들(독자, 청자, 감상자)과 관계를 맺게 되는데, 그것은 일종의 관계를 맺게 하는 변인들에 의한 관계의 재구성작업이라고 할 수 있다.

2.2.2. 관계소의 종류[58)]

1) 시간

모든 사물은 동일하지 않다는 명제는 시간과 관련이 깊다. 자연적으로 존재하는 시간과 그 시간을 사물 또는 인간 중심으로 끌어들이는 시간으로 사물의 본질은 분리된다. 자연적 시간이 비평 대상과 대상을 둘러싼 환경과의 작용을 통해 배경으로서의 역할을 주로 하는 절대적 관점이라면, 사물과 인간의 시간은 비평 대상의 내적 구조의 형성과 비평자의 심리적 접근으로서의 역할을 담보하는 상대적 관점을 견지한다. 자연적 시간은 고정적 실체를 통해 작품에 반영된다. 또한 시간은 시간 자체만으로도 유의미한 존재이지만 다른 영역과의 결합으로 더욱 강력한 관계소가 된다.

시간이 지니고 있는 큰 특성 중에는 연속성이 있다. 한계나 끝이 없는 시간은 계속적으로 이어져 있다. 상대적이고 심리적인 관점에서는 어느 한 시점을 분절하거나 시간을 추상화하여 이용할 뿐이지 시간의 연속성을 부정할 수는 없다. 연속성을 지닌 자연적 시간을 연구하는 분야가 자연과학에 가깝다면, 일시성을 지닌 상대적 시간을 연구하는 분야는 인문과학에 가깝다. 비평에서는 자연과학에서의 시간과 인문과학에서의 시간

---

58) 본 연구에서 제기한 관계소들은 주로 철학에서 연구되는 소재들이다. 본 연구가 비평교육인 만큼 비평교육의 가능역으로 한정하여 제시한다. 이는 미국 사회과 협회에서 전체교육과정을 통합하는 방법으로 제시한 열 네 가지 주제 가운데 문화, 시간, 영속성, 변화, 사람, 위치, 환경을 선정한 이유와 상통한다고 할 수 있다.(김재복, 위의 책, pp.52-55.) 또한 후설(Edmund Husserl)이 말한 세 가지 구성(사물의 구성, 시간의 구성, 공간의 구성)과도 관련이 있다.(Paul Ricoeur, 위의 책, p.21.) 근대 역사주의 비평의 대표적인 인물인 텐(H. Taine)도 비평 방법의 원동력을 인종, 환경, 시대로 보았다.(이명재 · 오창은, 문학비평의 이해와 활용, 경진, 2010, pp.128-129.)

모두를 활용해야 하는데 이는 시간의 통합이라고 할 수 있다.

비평교육에서의 시간은 세 가지로 생각해 볼 수 있다. 작가의 시간은 작가가 살았던 시대, 작품 창작에 소요된 시간 등이 있다. 작품 내의 시간은 서사적 전개나 구성 등의 시간이 있다. 비평적 학습자의 시간은 비평적 학습자의 경험으로서의 시간, 비평적 학습자가 작품을 감상하는 시간 등이 있다. 여기에 연구자나 비평가들이 작품에 접근하는 시간도 변인이 된다.

① 대상 내의 시간

대상 속에서 나타나는 시간은 끊임없는 분화의 과정을 거친다. 우선은 이항 대립적 개념의 시간으로 구분된다. 계속 반복되는 시간은 규칙성을 획득한다. 고정적 의미를 포함하며 일상성과 동시성을 가지게 된다.[59] 하루 사이에 반복되는 낮과 밤은 각각의 고정적이고 상징적인 의미를 지닌다. 낮은 일반적으로 밝음, 활동적임 등으로 밤은 어둠, 외로움, 지루함, 고통의 시간으로 인식된다. 생명체에게 있어 시간은 삶과 죽음으로 표현되기도 한다. 이항 대립적 시간은 다시 세 가지 형태로 분화된다. 낮과 밤은 아침과 점심과 저녁으로 나누어지는데 아침은 태동과 시작, 밝음의 이미지를, 점심은 과도기의 이미지를, 저녁은 정리와 고독의 이미지를 띤다. 삶과 죽음도 생성과 활동, 소멸로 나누어진다. 시간의 삼분법은 과거와 현재, 그리고 미래를 통해 완성된다. 과거가 기억과 반성의 시간이라면, 현재는 고통과 환희가 교차하는 시간이고, 미래는 전망의 시간이다. 계절의 변화를 통해 자연스럽게 4분법으로 이어지고, 열두 달, 그리고 년(年)마다 지니는 의미를 인지하게 된다.

시간은 일정한 규칙성만을 보이는 것은 아니다. 규칙적인 시간이 자연

---

59) A. A. Mendilow, 최상규 옮김, 시간과 소설, 예림기획, 1998, pp.36-42.

적이고 보편적인 상징성을 지닌다면, 불규칙적인 시간은 상대적이고 창조적인 상징성을 가진다. 가령 '임'과 헤어진 후에는 봄이 아니올 수 있다. 가난한 이들에게 겨울은 남들보다 더욱 혹독한 계절이 된다.

비평 대상 내에 자리 잡고 있는 시간이 어떤 시간인지를 파악하고 그 의미를 찾아내면, 그것이 곧 시간 관계소이다. 대상 내의 시간 관계소를 찾아내는 방법은 다음과 같다.

- 시간이 소요되는지를 확인한다. 비평 대상에 따라 시간이 일시적으로 멈춘 것도 있다.
- 자연적인 시간인가, 상대적인 시간인가를 구분한다. 자연적인 시간이라면 고정적 시간이 가지고 있는 일반적인 이미지와 작품 속에서 지니는 상징성을 확인한다. 여기서 유의할 점은 고정적인 시간이 문학처럼 극명히 드러나지 않을 때에는 여러 가지 시간을 설정해 보고 타당한 이유를 제시해야 한다. 고정적인 시간이 갖고 있는 이미지 역시 상충되는 경우가 많으므로 의미를 확정할 때는 근거가 분명해야 한다.
- 시간의 이동에 관심을 둔다. 자연적인 시간이라고 하더라도 시간은 이동을 계속하게 되는데 한정된 작품 속에서 시간이 이동하는 이유를 분석한다. 순행적으로 혹은 역행적으로 이동할 수도 있고, 빠르게 또는 느리게, 심지어 이들을 교차할 수도 있다. 일반적으로 조형 예술이나 회화에서는 시간이 고정되어 있다고 착각하기 쉬우나 작품 자체 내에 이야기가 전개되어 있거나 배경과의 관련성을 살펴보면 이들 역시 시간이 움직이고 있음을 알게 된다.
- 사용되는 많은 시간 관계소 가운데 유용한 것들을 고른다. 모든 시간 관계소들을 비평에 활용할 수는 없다. 특히 자연적인 시간 가운데 막연하게 때를 나타내는 경우가 많기에 선택이 필요하다.

② 작가의 시간

작가의 시간은 작가의 전기적 사실, 그 사실이 작품에 반영된 시간, 작가가 대상을 관찰하고 창작하는데 소요된 시간으로 접근할 수 있다. 작가의 태어남과 유년기, 성장과정, 청·장년기, 노년기, 사망에 이르는 기간 등에 나타난 전기적 사실이나 작가가 살았던 당대의 사회적, 역사적 상황은 그 자체만으로는 작가를 비평하는 경우를 제외하고는 비평교육에서는 유의미하지 않다. 작품에 투영된 작가의 시간이 작품 내에서 작용할 때 작품을 올바르게 비평하기 위해 작가의 전기적 사실이 요구된다. 작품 내에 사용된 시간과 작가의 전기적 사실이 일정 정도 일치할 때, 전기적 사실은 관계소로서의 역할을 수행한다.

작가가 작품을 창작하는데 걸리는 물리적인 시간보다는 작품을 관찰하고 창작하는 동안 굴절되는 사고의 변형적 시간이 중요하다. 처음에 구상하던 작품이 어떤 요소에 의해 달라지게 되었는지 궁구하는 것은 작가의 작품을 분석하고 이해하는데 필요할 뿐만 아니라 다양한 비평이 가능하게 되는 원인이 되므로 반드시 분석해야 하는 과정이다. 변화하는 매 단계의 원인 모두를 관계소로 인정하는 것은 비평적 학습자의 수준에 따라 다르므로 가장 결정적 변화의 원인을 시간 관계소로 설정한다.

③ 비평적 학습자의 시간

비평적 학습자의 시간은 주로 비평하기 전의 경험적 시간과 비평하는 행위의 시간으로 접근해 볼 수 있다. 작가가 자신의 경험을 반영하듯이 비평적 학습자 역시 자신의 경험에 의존하여 비평할 수밖에 없다.[60] 대상 속에 나타난 시간과 비평적 학습자의 경험 속 시간과의 비교 체험은 대상을 주체화하는데 필수불가결한 작업이다. 대상과 비평적 학습자의 시간의 접점에 있는 관계소를 설정한다. 예를 들어 황순원의 『소나기』를 읽으면서 자신의 유년 시절에 겪었던 순수한 사랑의 시간을 떠올리며 연상하

60) John Dewey, 이재언 옮김, 경험으로서의 예술, 책세상, 2005, pp.80-88.

는 과정에서 관계소가 형성된다.

비평적 학습자가 비평 대상을 몇 번 접하는가 역시 유의해야 할 과제이지만, 비평적 학습자가 대상을 접하는 시기도 시간에 있어 고려해야 할 과제이다. 유년기, 청년기, 장년기마다 대상을 대하는 방법과 관점이 다른 것은 물론이고 계절마다, 심지어 아침과 점심, 저녁때에 따라서도 달라진다. 비평적 학습자의 기분이나 분위기에 따라 다르게 나타날 수도 있기 때문에 여러 번 주의 깊게 대상에 접근하면서 어떤 점이 달라지는가를 면밀하게 분석하고, 달라지는 조건을 관계소로 설정한다.

④ 대상과 대상의 시간

하나의 작품은 창작되는 순간부터 이미 다른 작품에 영향을 준다.[61] 이는 곧 창작된 작품도 선행된 작품으로의 영향이나 제한으로부터 벗어날 수 없음을 의미한다. 선행된 작품의 질료가 무엇이든, 예술의 형태가 무엇이든, 어느 나라나 사회에서 제작되었든 간에 영향관계의 선후를 밝히고 이들 사이의 유사점과 차이점을 밝혀내면서 비평 대상의 의미와 가치를 판단[62]하는 과정에서 관계소가 형성된다.

2) 공간

모든 사물과 인간은 공간 속에서 위치하고, 그 존재성을 인정받는다.

---

61) Laman Shelden(레먼 셀든, 현대문학이론의 개관, 김성곤 옮김, 문학비평의 방법과 실제, 삼지원, 1993, pp.254-257.)은 줄리아 크리스테바(Julia Kristeva)의 상호텍스트이론을 소개하고 있다. 크리스테바가 말하는 작품 내의 요소들 간의 상관 관계현상과 유사성을 지닌다. 하나의 모디브들은 끊임없이 작품 내의 다른 요소들과 유기적 관계를 지속하고 있는 바 그 관계를 노출시키는 작업이기도 하다.(김치수 외, 현대문학비평의 방법론, 서울대학교출판부, 2005, p.47.)

62) 윤호병, 비교문학, 민음사, 1994, pp.25-33.

공간은 실물이 구체적으로 존재하는 현실적인 공간과 사이버스페이스(cyber-space), 즉 가상적 공간으로 나눌 수 있다. 현실적인 공간은 비평대상 내의 공간과 비평자의 공간, 대상과 비평적 학습자의 공간, 비평적 학습자와 대상을 둘러싼 공간으로 구분이 가능하다.

공간은 위치, 거리, 환경의 의미로 비평교육에서 재개념화된다. 대상 내의 공간과 비평적 학습자의 공간에서는 인물과 사물이 어떤 공간에 위치하는가에 따라 의미가 달라진다. 공간 자체로서 상징적 의미를 가지기도 하고, 어느 위치에 있느냐, 혹은 배치되느냐에 따라 그 상징적 의미가 달라지기도 한다. 또한 비평 대상과 비평적 학습자 사이와 비평 대상 내의 인물과 인물 사이, 인물과 사물 사이, 인물과 배경 사이에는 일정한 거리가 발생한다. 거리의 차이에 따라 대상에 대한 해석과 관점은 극명하게 달라진다. 이러한 차이를 극복하기 위한 노력으로 미술에서 마련된 것이 원근법이라고 할 수 있다. 환경은 주로 자연적인 공간이 갖는 보편적인 의미가 일차적으로 나타나지만, 단순히 존재해 있는 그대로의 환경이 아닌 생태적 환경으로서 영향을 미치는 요소로도 작용한다. 그리고 사람이 살아가는 지역과 국가, 세계의 지리적, 물리적, 기후적 환경까지도 포함한다.

가상적 공간 역시 현실적 공간과 크게 다르지 않다. 공간의 확장성으로 보면 가상적 공간은 현실적 공간보다 더 많은 공간성을 소유하고 있지만, 공간의 실체성에서는 현실적 공간보다 크게 뒤진다. 이러한 공간의 확장성과 실체성 사이의 모순과 경계에 있는 가상적 공간에 대한 접점이 가상적 공간의 관계소이다.

공간은 시간에서와 같이 이항 대립적인 성질을 가지고 있다. 산, 강, 바다와 같은 자연적인 공간은 주로 배경과 환경으로서 고정적인 측면을 보인다. 자연물의 원형 상징만이 아니라 집과 같은 인공적인 공간도 가족,

정, 따뜻함 등과 같은 의미를 준다. 작가가 자신의 의도로 배치해 놓은 설정 공간은 작품 내에서 어떤 영향을 주는가에 따라서 상대적 공간으로서의 지위를 획득한다. 보편적 의미에서의 집이 가족과 사랑을 나누는 따뜻한 공간으로 나타나는데 반해 입센의 『인형의 집』에서는 반드시 극복되어야 할 모순을 안고 있으며, 벗어나고 싶어 하는 공간으로 표현된다. '로라'에게 집은 상대적 공간으로서 위치한다.

일반적으로 미술은 하나의 공간으로 인식되지만, 작품 내부를 면밀히 들여다보면 큰 공간을 이루고, 큰 공간에 있다가도 작은 공간으로 침입하기도 한다. 공간이 가지고 있는 이동성에 기인한다. 아무 것도 없는 무형의 공간인 백지는 가득 채움에서 여백으로 진행된 이동 공간이다. 전에 무엇이 채워져 있었는지를 찾아내는 것이 관계소가 된다. 공간은 이동하면서 그 크기가 확장되기도 하고 축소되기도 한다. 공간의 확장과 축소가 일어나는 원인과 그 영향을 밝혀내는 작업이 필요하다. 또한 공간의 이동이 질서 있게, 또는 무질서하게 이루어지는 형태와 원인을 규명하는 과정도 여기서 해야 할 일이다. 즉 공간의 이동은 자연스럽게 시간과 결합하게 된다.

① 대상 내의 공간

대상 내에는 여러 가지 형태의 공간이 존재한다. 기본적인 배경이 되는 자연 환경은 자체적인 원형 상징으로 작용을 하면서 사물과 인간의 조응을 통해 작품 내에서 역할을 한다. 모든 공간이 작품 내에서 유의미성을 획득하는 것은 아니다. 관계소는 영향력을 행사하고 있는 자연적 배경의 기본적 의미와 인물과 사물과의 조응점에 있다. 자연 자체가 배경으로 설정되는 공간은 이항 대립적 성격을 지니기도 한다. 천상과 지상, 육지와 지하 또는 수중, 열린 공간과 닫힌 공간, 넓은 공간과 좁은 공간, 전체적인 공간과 부분적인 공간 등으로 나타난다. 대립적인 공간은 어느 한 지점에 머무르지 않고 공간의 특성인 이동을 한다. 처음에 공간을 설정한 이유와 공간이 변이되는 원인을 알아내야 한다. 공간의 이동은 어느 한 방향으로만 진행되지 않고 역방향이나 출발했던 곳으로 회귀나 순환하는 경우도 있다.

작품의 주체를 둘러싼 자연적인 환경 외에도 인물과 인물 사이, 인물과 사물 사이의 공간은 위치와 거리의 기능을 한다. 인물과 환경 사이의 거리는 시간적 거리도 작용을 하지만 공간적 거리도 역할을 한다. 인물과 인물, 사물과 인물 사이는 교호작용(交互作用)으로 영향력을 행사한다. 영향력은 거리와 반비례한다. 인물과 인물 사이의 거리가 가까울수록 영향력은 커지고, 반대로 멀수록 영향력은 작아진다. 공간에서의 위치와 거리를 조정하는 관계소를 찾는다. 대상 내의 공간적 관계소를 찾는 방법은 다음과 같다.

- 전제되어 있는 자연환경(지역과 기후를 포함)의 의미가 무엇이고, 작품 내에서 의미가 변이되었는지를 확인한다.
- 공간이 대립되어 설정되었는지를 알고, 공간의 이동 방향과 원인을 찾는다. 전체적 수준과 부분적 수준을 통합하여 접근한다.
- 인물과 사물, 그리고 환경과의 교호작용을 이루게 하는 근본 요소를 관계소로 선정하고, 관계소들의 결합 가운데 벼리성이 있는 관계소를 중심적 공간 관계소로 확정한다.

② 비평적 학습자의 공간

비평자의 공간은 비평적 학습자가 위치한 공간과 비평 대상과의 거리로 나뉜다. 같은 대상이라도 비평적 학습자가 어느 공간에서 작품을 접하느냐에 따라 작품의 해석은 상이하게 달라질 수 있다. 미술 작품을 전시관에서 감상하는 것과 자신의 집에서 혹은 거리에서 보는 것과는 사뭇 다른 결과를 초래할 수 있다. 연극이나 뮤지컬도 공연장이나 극장에서 감상하는 것과 저장 매체를 통해 보는 것은 다르다. 현장성과 아우라(aura)에서 오는 차이 외에도 대상의 특성이나 저장 매체가 지니는 특질로도 작품 감상에 변화를 줄 수 있다. 비평적 학습자의 심적 위치도 비평에 큰 영향을 미친다. 이것이 곧 비평 대상과 비평자의 거리가 된다. 비평 대상에 대한 전체적 인상과 느낌은 비평적 학습자가 현재 위치해 있는 상태에 적용을 받지 않을 수 없다. 특히 비평 대상 내에 있는 사물과 인물에 대한 거리는 비평적 학습자의 비평 대상에 대한 몰입도, 공감, 외삽, 감정이입에 따라 달라진다. 소설의 경우 시점을 확보하고 있는 사물(사람)에 대한 비평적 학습자의 거리도 조정된다. 이 조정점들이 관계소가 된다.

3) 인간

인간은 가장 중요한 변인이다. 작가와 비평적 학습자가 가지고 있는 이데올로기, 철학, 심리, 종교, 경제 등이 있고, 그것들을 있게 한 독서와 같은 직·간접적인 체험, 그리고 체험을 축적하고 있는 뇌수를 포함한 생물학적 인간의 특성(性, 人種, 遺傳)이 강력한 변인이 된다. 그리고 인간이 만든 사회에서의 계층과 계급, 민족도 이에 속한다. 지금까지 언급한 것이 작품 외적인 것이었다면, 작품 내의 인물은 이들 모두의 특성을 지니고 있으며, 더불어 작품 내에서 새로 창조된 성격(character)도 포함한다. 사이버 공간에서의 아바타 역시 유사한 성질로 인해 같은 범주로 취급함이 마땅하다.

넓은 의미로 보아 인간과 같은 역할을 하는 사물, 특히 식물과 동물도 인간의 범주에 넣는다. 의인화되거나 우화적으로 표현된 생물들은 인간 대신에 사용되었다고 본다. 인간이 다른 영역의 생물들과 구별되는 특성들을 함유하고 있는 생물들은 더 이상 사물이 아니라 인간의 또 다른 형태를 지닌 대상으로서의 위치를 획득한다. 단순하게 감정이입된 사물이나 질료로서 사용된 사물이나 생물은 제외한다. 의인화된 사물을 인간의 범주로 확장시키는 전제는 곧 사이보그(인공 로봇 : Artificial Intelligence)까지도 인간화를 가능하게 한다. '인공 로봇이 인간이다, 아니다'의 논쟁을 떠나서 고도의 정신세계를 확보한 인공 로봇도 비평교육의 대상이 되며, 비평의 대상 내에서 당당한 위치를 점하고 있음을 부정하지 않는 점에 주목한다.

① 대상 밖의 인간

비평 대상의 외부에 존재하는 인간의 유형은 작가와 독자가 있다. 독자는 전문 비평가, 비평 교사, 비평적 학습자, 동료 비평적 학습자 등으로 세분화할 수 있다.

작가도 개인으로서의 작가와 집단적 의미를 반영하는 작가로 존재할 수 있는데, 이 둘을 구분하는 것은 그리 용이한 일이 아니다. 개인으로서, 집단의 일원으로서를 구별하는 것은 바람직하지 않으며 이들의 관계를 파악하는데 작가의 전기적 사실, 사상, 인간관계, 활동 상황, 독서 내용 등이 그 근거로 사용된다. 작가의 인간적 면모가 그대로 작품에 반영된다고 보는 것은 피해야 할 관점이다. 작가가 작품을 창조할 때는 반드시 변형(deformation)이 이루어지기 때문에 변형되는 원인과 형태를 분석해야 한다.

전문 비평가는 비평가 자체가 비평 대상이 되는 경우를 제외하고는 비평하는 경우가 극히 드물기에 주로 전문 비평가가 작성한 비평 자료들을 비교하는 방법 외에는 제한적이다. 이 자료들이 비평 대상에 대해 일관성을 유지하고 있는가가 주된 관심사가 된다.

비평 교사 역시 비평 교사가 비평 대상이 되는 경우를 제외하고는 비평하는 경우가 흔하지 않다. 다만 전문 비평가와 달리 비평 교사는 비평적 학습자와 소통하는 시간과 공간이 많고, 함께 비평교육을 운영하는 주체이기에 몇 가지를 살펴보아야 한다. 비평 대상에 대한 관점과 그 관점을 생성하게 된 과정과 방법의 타당도, 비평교육과정의 운영적인 면, 비평적 학습자에 대한 이해도 등을 파악해야 한다.

독자-반응 이론과 구성주의 이론에서 가장 중요시되는 비평적 학습자에 대한 분석도 요구된다. 비평적 학습자의 전기적 사실을 포함한 취향, 특성, 선호도, 독서 이력 등이 관계소가 되지만, 작가의 관계소와 마찬가지로 비평적 학습자의 모든 관계소가 비평교육에서 유용한 것은 아니므로 비평에 반영되거나 적용되는 비평적 학습자의 관계소를 찾는다. 이때 개인으로서의 비평적 학습자와 집단적 의미를 받아들이는 비평적 학습자 사이의 관계소도 정리한다. 동료 비평적 학습자는 비평적 학습자와의 평상시 관계나 친분 정도, 그리고 비평 대상에 대한 평소의 생각 등이 관계소로 작용한다.

② 대상의 외부와 내부의 중간적 인물

비평을 하면서 곧 비평의 대상이 되는 인물들을 가리킨다. 음악에서는 연주자가 여기에 해당된다. 연주자는 작곡가가 만든 작품을 재해석하여 자신만의 음악으로 공연한다. 비평적 학습자는 연주자의 연주 실기와 그 속에 내재되어 있는 연주자의 곡에 대한 해석도 비평하게 된다. 음악의 연주자 외에도 무용에서의 무용수, 드라마나 영화에서의 배우도 같은 범주에 넣을 수 있다. 여기서 연주자들의 실기 능력은 보다 높은 위계의 전문적 비평능력을 요구한다.

③ 대상 내의 인물

사람은 그 자체로 비평의 대상이 될 수 있지만, 사람의 모든 면을 비평의 대상으로 삼기에는 범위가 매우 광범위하여 어느 특정한 상황이나 행동을 제한하여 대상으로 삼는다. 예술에서는 이러한 작업이 보다 정밀하고 세련되게 이루어진다. 소설 이론에서 말하는 일종의 전형성(典型性)이라고 할 수 있다. 대상 자체로서의 사람보다 작품 내에서 작가에 의해 가공된 인물이 더욱 비평적 학습자가 평가해야 하는 그 대상의 특성을 함유하고 있다.

먼저 대상 내에 등장하는 인물이 현실 공간에 있는가 아니면 가상 공간에 있는가, 또는 사람이 아닌 우화 속 동물인가에 대한 관찰이 필요하다. 가상 공간이나 가상 인물을 사용했거나 인간을 직접 등장시키지 못한 경우에는 그러한 까닭을 궁구해야 한다. 국가 기관의 탄압으로 현실을 그대로 옮길 수 없는 것인지, 교훈이나 감동을 더욱 풍성하게 하기 위한 장치인지, 풍자를 하기 위한 수단인지 등을 면밀히 살펴보아야 한다.

등장인물 가운데서 지배적 요소를 지니고 있는 인물을 찾는다. 이 인물에 대한 성급한 판단은 위험하다. 혹 비평적 학습자의 주관적 취향과 맞는다 하여 자칫 작품 내에서 지배력이 부족한 인물을 선정할 수도 있다. 주요한 인물이 선정되면, 그 인물이 지닌 작품 내 지배력이 무엇인지와 다른 인물과의 관계를 정사(精査)한다. 표면적인 관계만이 아니라 작품 내에서 인물들이 수행하고 있는 역할의 관계까지 주목한다. 예를 들어 『삼대』에서 조의관, 조상훈, 조덕기는 가족관계의 특성과 시대를 대표하는 인물들 간의 특성을 고루 지닌 관계소이다.

인물 사이의 관계소에서 가장 큰 영향력을 행사하는 것은 성격이다. 인물의 성격은 총체성을 지니고 있기 때문에 찾아내는 일이 용이하지 않다. 성격과 관련이 있는 그 인물에 대한 정보를 확보해야 한다. 이러한 과정에서 중요한 것이 보편에서 특수로의 접근 방법이다. 동물과 구분되는 인간의 본성에서 시작하여 남녀노소, 인종, 국민, 민족, 사회, 집단, 계급, 계층, 자본, 종교 등이 무엇인지를 구별한다. 각 요인마다 지니고 있는 상징성을 학습한 후 정보를 토대로 작품 내에서 어떻게 성격과 위치가 이동하여 새로운 인간형으로 자리 잡고 있는지 궁구해야 한다. 여기에는 인물의 개인적 욕구와 집단적 준거의식 사이에서의 갈등, 자아와 외부세계 사이의 갈등이 표출된다.

비평 대상 내에서는 실제로 등장하는 인물과 작품의 내적 구조를 이끄는 일종의 서술자가 위치한다. 작품의 내적 구조에 있는 가상 인물이 시에서는 화자와 청자이다. 소설, 영화, 드라마에서는 주로 서술자가 이러한 역할을 수행한다. 이들이 있는 위치나 등장인물들을 바라보는 시선과 관계, 그리고 작품 전체를 지배하는 능력에 따라 관계소가 설정되어 있다.

④ 대상 내의 인물과 비평적 학습자

비평적 학습자는 대상을 통해 세 가지 부류의 인간을 만난다. 대상 내에서 등장하는 인물과 이들을 바라보는 또 다른 시선의 소유자, 그리고 대상을 밖으로 소통시키는 변형자이다. 비평적 학습자와 이들의 만남은 곧 가상이라는 관계적 설정을 통한다. 우선 내가 등장인물이었다면 어떻게 할 것인가, 그렇게 진행되었을 때 상황은 어떻게 달라지는가, 등장인물과 생각이나 판단이 다르다면 그 이유는 무엇 때문인가 등이다. 또한 시선을 가지고 있지만 보이지 않는 사람에 대해서는 가상의 대화를 설정해 보기도 하고, 그와 다른 시선으로 작품 내 사물이나 인물을 바라볼 수 있다. 즉 작품 내 서술자의 시점보다 가깝게, 멀게, 높게, 낮게 다가갈 수 있다. 작품을 환경과 소통 시키는 중간자적 인물에 대해서는 어떤 관점에서 작품을 해석하고 이해하고 있는가를 확인하고, 어떤 점을 변형시키는

지를 찾아낸 후에 비평적 학습자가 만일 연주자라면 어떻게 표현할지를 상상해 본다.[63)]

인간 관계소를 찾는 방법은 다음과 같다.

- 인물이 등장하는가, 동물이나 다른 사물이 인간을 대체한 것이라면 그 이유는 무엇인가, 인물은 현실의 인물인가, 가공의 인물인가, 인물은 그 자체가 평가의 대상인가, 어떤 인물이 중심인물인가.
- 작품 내에 등장하는 인물에 대해 기존의 정보가 없는 경우라면 그 인물의 나이, 성별, 직업, 계층, 성격, 가족관계, 종교, 가치관 등을 예상해 보고, 정보를 이미 확보한 경우라면 사회적, 역사적 위치를 파악한다. 주요 인물과 다른 인물 사이에 형성된 관계의 중심에 무엇이 있는지도 파악한다.
- 등장인물이 기존의 다른 작품에 나온 인물과 어떤 공통점과 차이점이 있는지 비교해 본다.
- 작가가 어떤 의도로 등장인물을 창조해냈는지 상상한다.
- 작품 내에서 이야기하는 사람의 위치와 능력, 그리고 등장인물과의 거리가 어느 정도인지 가늠해 본다.
- 작품을 내외적으로 소통시키는 사람이 존재하는지를 먼저 확인한 후, 존재한다면 어떻게 변형시키는지를 점검한다.
- 비평적 학습자 자신과 등장인물과의 관계를 설정해 본다. 자신이 등장인물이라면 어떻게 달라질까 생각해보고, 자신이 살아오면서 만난 사람과 등장인물을 비교해본다. 기존에 자신이 가졌던 인물들에 대한 관점을 해체하고 다시 한 번 새로운 인물들로 창조해 본다.

---

63) 이를 독서에서의 의사소통과 관련시켜 그 종류를 정리하면 다음과 같다.
1. 작품을 매개로 한 작가와 독자 사이 2. 작가와 작품 사이(작가 중심일 경우는 작가의 의도를 파악하고, 작품 중심일 경우에는 표현된 바를 찾아낸다.) 3. 작품과 독자 사이(작품 중심인 경우에는 이상화된 독자를 상정하고 독자 중심일 경우에는 독자의 심리를 반영한다.) 4. 작품과 작품(컨텍스트) 5. 독자와 독자 사이(상호주관적) 6. 독자 내부(심층과 표층)

4) 질료[64)]

질료는 그 자체로 비평 대상이 되는 것과 대상 내에서 표현되는 제재로서의 사물, 대상을 표현하는 질료, 비평적 학습자가 사용하는 질료로 나누어 관계소를 설정할 수 있다.

① 비평 대상으로서의 질료와 대상 내에서 표현되는 제재

인간을 제외한 그 모든 것들을 포함하는 개념으로서 질료는 세 가지의 각도에서 연구가 가능하다. 우선 질료는 본성적 상징을 가지고 있다. 원형 상징에서 언급하듯이 물은 생명의 근원이나 태동, 모성, 변화 등의 속성이 있음을 전제로 접근한다. 또한 사물이 지닌 속성은 대상 내에서 그대로 반영되는 것이 아니라 작가에 의해 굴절된다. 대상 내에서 제재로 활용되는 것을 말한다. 일반적인 물이 아니라 대상 내에서 한정된 공간과 시간 속에서의 물로 제한되면 특별한 의미를 부여받게 된다. 가령 불경에서 나오듯 같은 물이라도 소가 먹으면 우유가 되지만, 뱀이 먹으면 독이 되듯이 전혀 다른 상징을 가지게 되기도 한다. 아울러 사물은 비평적 학습자의 관점에 의해서 다시 변형을 한다. 유형에서 무형으로, 무형에서 유형으로 형태가 바뀌기도 하고, 상징적 의미를 새롭게 부여받기도 한다.

② 대상을 표현하는 질료

일반적으로 예술은 작가의 생각이나 느낌을 표현하는 질료에 따라 갈래가 구분되기도 한다. 표현 질료를 무엇으로 설정하는지에 따라 비평의 방법이 결정된다고 할 만큼 매우 중요한 요소이다. 표현 질료는 돌, 나무,

---

64) 본 연구에서의 질료는 표현 재료와 비평 대상이 되는 사물 모두를 가리키는 포괄적 개념의 용어로 사용하였다. 혼동이 생길 경우에는 비평 대상은 사물로 대체하였다.

쇠, 동식물 등 자연물에서 얻어지는 것에서 출발하여 소리, 색채, 언어, 몸짓과 인간의 삶과 사회에서 나타나는 것과 질료와 질료를 결합한 것도 가능해졌다. 이들을 분류하면 다음과 같다.

· 언어 / 기호 / 상징
· 소리 / 악기 / 사람 / 동물 / 자연
· 그림 / 색 / 조각 / 소조
· 몸짓 / 무용 / 체육
· 자연물
· 매체 / 화면 / 텔레비전 / 라디오 / 컴퓨터 / 인터넷

질료에 따른 비평 방법은 전문가적 비평에서 논할 과제이므로 여기서는 질료를 구분하는 정도에 그친다.

③ 비평적 학습자가 사용하는 질료

작가가 어떤 질료를, 왜 사용했는가는 중요한 요소이다. 작가의 취향에 맞는 표현 방법이겠지만, 작가가 의도적으로 자신의 구상에 맞는 표현 질료를 선택했을 가능성을 배제하기 어려우므로 선택의 원인을 밝혀야 한다. 그런 의미에서 비평적 학습자가 어떤 질료로 비평하는지도 의미 있는 요소로 작용한다.

대상에 사용된 질료와 비평에 사용된 질료 사이의 관계를 나타내는 질료의 비평자급도(critical sufficiency rate)는 표현된 질료를 비평에 사용할 수 있는 정도를 말한다. 그림으로 나타낸 미술은 그림으로 비평할 수 있고, 음악을 듣고 악곡을 만들어 비평할 수 있다. 질료의 비평자급도가 가장 낮은 것은 스포츠이다. 스포츠를 관람한 후에 스포츠라는 질료로 표현하기는 상당히 어렵다. 다음은 영화, 드라마, 매체, 무용이나 음악, 그리고

미술 순이다. 가장 높은 것은 문학이라고 할 수 있다. 그러기에 비평적 학습자가 보편적으로 사용하는 질료가 언어이다. 대상의 질료가 무엇이든 언어로 비평이 가능하다. 각 교과에서 언어적 비평의 중요성을 강조하는 것도 이러한 이유에서 기인한다. 이로 인해 비평교육을 초기부터 국어교육에서 수행해야 할 당위성도 성립된다.

모든 것을 비평할 수 있는 질료로서의 언어는 다른 질료와 달리 고도의 추상적 성질을 함유하고 있어 여러 가지 문제를 발생한다. 구체적 사실을 적시하지 못하는 감상가나 비평적 학습자에게 언어라는 질료는 해석해야 할 또 다른 대상이 되는 이중고를 겪게 하는데, 비평교육을 비평 교사가 맡아야 하는 이유가 여기에 있다. 또한 언어로 비평할 수는 있지만, 그것이 곧 비평의 완성도를 높이는 유일한 수단이라고 할 수는 없다. 비평교육 과정의 수단으로서 언어는 필수불가결한 요소이지만 작가와 비평적 학습자 사이의 언어는 문학을 제외하고 부차적 요소로 작용한다. 지나치게 언어로만 비평을 하는 것은 비평자의 취향, 능력, 관심으로부터 비평을 멀리하는 요인이 되기도 한다. 심지어 대상 자체에 대한 거부감이 생기기도 한다.

예를 들어 독후감에 대한 지나친 집착은 독후감의 근본 목적인 효율적 독서를 근본적으로 파괴하기도 한다. 독후감을 쓰기 싫어하는 비평적 학습자들은 독후감 쓰기는 물론 독서 그 자체를 거부하는 현상을 나타내었다. 획일적인 쓰기보다는 감상자 취향에 맞는 표현 질료-예를 들어 그림이나 만화, 노래 등-로 나타냈을 때 독서에 대한 긍정적 반응을 가져왔다는 사실을 상기할 필요가 있다.[65]

인간, 인간의 언어, 인간의 문화, 인간의 예술도 모두 자연에서 왔다. 그런데 자연을 도외시하고 인간이 만들어낸 가공의 매체로 사고하고 삶

---

65) 우문영, 독서 후 표현교육 연구, 공주대학교 석사학위논문, 2004, p.76.

을 영위하려 하기에 모순이 발생한다. 모든 것을 언어 중심으로 이해하는 것에는 무리가 따른다. 인간이 할 수 있는 표현에는 비언어적 표현도 있을 뿐만 아니라 인간은 언어에 의해서만 살아가는 것도 아니고 인간의 삶에 언어만 있는 것도 아니다. 비평적 학습자의 질료의 선택권을 인정해야 한다.

현대 사회에서의 질료는 그 종류를 달리하는 것들의 확장으로 인해 다양화되기도 하고, 질료와 질료가 결합된 복합 질료로 그 수가 증가하고 있다. 시각과 청각이 결합된 시청각, 감각적 이미지와 구성적 이미지가 결합하는 등 여러 가지 조합이 가능하게 되었다.[66]

질료에 대한 관계소를 찾는 방법은 다음과 같다.

- 작가가 사용한 질료는 무엇인가, 그 질료를 선택한 이유는 무엇인가.
- 대상 내에 사용된 제재가 지니고 있는 원형 상징과 작품 내에서 갖고 있는 상징적 의미는 무엇인가.
- 표현 재료의 질감은 어떠한가.
- 표현 질료를 다르게 바꾸어 보면 어떤 변화가 생기는가.
- 표현 질료들이 복합적으로 구성되어 있지 않은가.
- 비평적 학습자가 선호하는 표현 재료는 무엇인가.
- 비평적 학습자가 만일 언어라는 재료를 선택한다면 형식은 어떤 것으로 결정할 것인가.

2.2.2. 관계소의 결합

시간, 공간, 인간, 그리고 질료에서 추출된 관계소들은 그 자체만으로도 비평교육에서 중요한 역할을 하지만, 서로 간의 해체와 결합을 통해 새로

66) 문화운동연대, 위의 책, pp.21-31.

운 지배적 관계소로 작용을 한다. 물론 기본 관계소 내부에서 이미 선택과 배제를 통한 지배적 관계소들과의 연합이 선행된다. 기존의 관계소 설정에서 이루어졌듯이 결합의 과정에서 어느 한 요소는 상대적으로 배제되어 소멸되고, 다른 한 요소는 중심에 남게 되기도 하고, 이들의 결합상태가 하나의 관계소가 되기도 한다. 이 때 결합의 선택 기준은 비평적 학습자에 달려 있다. 초기의 비평적 학습자들은 네 가지의 관계소만으로도 충분히 비평을 할 수 있다. 비평을 거듭 할수록 이들이 서로 결합하고 있음을 간파하게 된다. 시간과 공간[67], 시간과 인간, 시간과 질료, 공간과 인간, 공간과 질료, 인간과 질료들은 이미 결합된 형태의 관계소로 추출된다. 엄밀하게 말하자면 기본 관계소들은 대상의 내·외부에서 독립되어 있어 의미를 표출하기 쉽지 않다. 특별히 기본 관계소들만으로 창작된 작품이 아닌 이상 이들의 결합은 지극히 자연스럽다.

고도로 학습된 비평적 학습자들은 세 가지 이상의 관계소 결합을 시도할 수 있다. 시간과 공간과 인간, 시간과 공간과 질료, 시간과 인간과 질료, 공간과 인간과 질료의 조합을 가정해 볼 수 있다. 전문적인 비평가들은 시간과 공간과 인간과 질료를 모두 결합한 형태로 접근한다. 이들은 때로 다른 관계소들을 인위적으로 진공 상태로 만든 후에 유일한 관계소를 비평 기준으로 하여 비평 작업을 수행하기도 한다.

지금까지 논의한 바를 정리하면 다음과 같다.

---

67) 미하일 바흐찐(Mikkail Mikhailovich Bakhtin)은 예술 작품 사이에서의 시간과 공간의 내적 연관을 '크로노토프(chronotope)'라는 개념을 정하여 설명하고 있다.(전승희 옮김, 장편소설과 민중언어, 창비, 2009, pp.260-261.)

〈표 6〉 관계소의 종류와 관계소를 찾는 방법

구분	관계소	관계소를 찾는 방법
시간	① 대상 내의 시간 - 규칙성(고정성, 일상성, 동시성을 지님) 낮/밤, 아침/점심/저녁, 과거/현재/미래, 4계절, 12개월, 년 - 불규칙성(창조성, 상대성을 지님) ② 작가의 시간 - 작가의 전기적 사실, 그 사실이 작품에 반영된 시간, 작가가 대상을 관찰하고 창작하는데 소요된 시간, 작품을 창작하면서 굴절되었던 시간 ③ 비평자의 시간 - 비평하기 전 경험의 시간 - 비평하는 때와 횟수 ④ 대상과 대상의 시간 - 선행된 작품과의 영향관계, 유사점과 차이점	- 시간이 소요되는지를 확인 - 자연적인 시간인가, 상대적인 시간인가를 구별 - 시간의 이동에 관심 - 유용한 시간 관계소의 선택
공간	① 대상 내의 공간 - 자연환경(원형상징물로 작용)은 사물, 사람과 조응. 천상/지상, 육지/지하 또는 수중, 열린 공간/닫힌 공간, 넓은 공간/좁은 공간, 전체적인 공간/부분적인 공간 - 인물과 인물 사이, 인물과 사물 사이의 거리 ② 비평자의 공간 - 비평자가 위치한 공간 - 비평자와 비평 대상과의 거리	- 전제되어 있는 자연환경(지역과 기후를 포함)의 의미가 무엇이고, 작품 내에서 의미가 변이되었는지를 확인 - 공간이 대립되어 설정되었는지를 파악하고 공간의 이동방향과 원인을 분석 - 인물과 사물, 그리고 환경과의 교호작용을 이루게 하는 근본요소를 관계소로 설정하고, 벼리성이 있는 공간 관계소를 선택

인간	① 대상 밖의 인간 - 작가(개인으로서의 작가/집단적 의미를 반영하는 작가) - 독자(전문비평가/비평교사/비평적 학습자/ 동료 비평적 학습자) ② 대상의 외부와 내부의 중간 인물 - 비평을 하면서 비평의 대상이 되는 인물(음악에서의 연주자, 무용에서의 무용수, 영화에서의 배우) ③ 대상 내의 인물 - 현실 공간에 있는 인물/가상공간에 있는 인물, 사람/동물(우화) - 등장인물 속의 지배적 인물 - 성격과 인물 정보(남녀노소, 인종, 국민, 민족, 사회, 집단, 계급, 계층, 자본, 종교 등) - 서술자(시적 화자) ④ 대상 내의 인물과 비평자 - 대상 내에서 등장하는 인물 - 등장인물을 바라보는 또 다른 시선의 소유자 - 대상을 밖으로 소통시키는 변형자	- 현실의 인물인가, 동물이나 가상의 인물이 등장한다면 그 이유는 무엇인가, 중심인물은 누구인가. - 작품 내에 등장하는 인물에 대한 정보를 찾고, 없으면 예상해 본다. - 중심 인물과 관계를 맺고 있는 인물을 찾는다. - 타 작품에 나오는 인물과의 비교 - 작가의 인물 창조 의도를 파악 - 작품을 소통시키는 인물 찾기 - 비평적 학습자 자신과 등장 인물의 관계설정
질료	① 비평 대상으로서의 질료와 대상 내에서 표현되는 제재 - 사물의 속성 - 작가에 의해 사물의 속성이 굴절됨 - 비평적 학습자에 의해 속성이 변형됨 ② 대상을 표현하는 질료 - 언어/기호/상징, 소리/악기/사람/동물/자연, 그림/색/조각/소조, 몸짓/무용/체육, 자연물, 매체 ③ 비평자가 사용하는 질료 - 작가가 사용하는 질료와 동일	- 작가가 선택한 질료와 선택 이유 - 작품 내에 사용된 제재의 상징의미 - 표현 질료의 질감은 어떠한가 - 표현 질료가 복합적으로 구성되어 있는가 - 비평적 학습자가 선호하는 표현 재료는 무엇인가. - 비평적 학습자가 인이로 질료를 택한다면 형식은 어떤 것인가

2.2.3. 결합 과정

이러한 관계를 맺는-엄밀히 말하자면 변인들이 관계를 맺는- 일련의 행위들은 배제, 선별, 선택, 결합의 네 가지 단계를 거치게 된다.

배제는 수많은 변인들의 조합과 방법 가운데 가능성이 가장 낮은 것을 차례로 제외시키는 것을 말한다. 모든 것들이 연관되어 있지만, 그 모든 가능성을 가지고 접근하는 것은 불가능하기 때문에 배제를 한다.

선별은 배제와 선택의 중간 단계에 위치하며 두 가지의 특성을 모두 지니고 있다. 가능성이 낮은 조합과 방법을 배제하면서도 조합된 변인들 가운데 관계성의 방향과 일치하는 것을 찾아내는 것을 선별이라고 할 수 있다.

선택은 배제와 선별의 과정을 거친 후 남아 있는 변인들을 재구성의 기준에 부합되는 것만 추려서 연결 짓는 것을 의미한다. 이때의 선택은 인간의 의식과 무의식에서 동시 병렬적으로 일어나며 작품의 비평가들이나 연구자들은 보통 의식적 선택을 많이 활용하지만, 작품의 창작자들은 무의식적 선택도 많이 의존하는 편이다. 무의식적 선택은 배제와 선별, 선택의 과정이 한꺼번에 일어나기도 한다. 또한 배제나 선별의 과정에서 제외되었던 변인들이 선택되기도 한다.[68]

결합은 선택된 변인들의 조합이 어우러져 있는 상태를 말한다. 그렇다고 해서 결합이 관계의 재구성의 끝을 의미하는 것이 아니다. 결합된 변인들은 많은 경우에 변인들 자체가 변화의 또 다른 요인으로 작용하여 변하기도 하고, 재구성된 관계가 변인으로 작용하기도 한다. 또한 결합된 관계는 영역전이(transper)를 시작한다. 결합은 새로운 관계의 시작이다.

위와 같은 과정은 꼭 단계별로 이루어지는 것은 아니며, 경우에 따라서

---

68) 김동환, 문학연구와 문학교육, 한성대학교출판부, 2004, pp,198-203.

는 한 가지만 이루어지거나 동시에 일어나기도 한다.

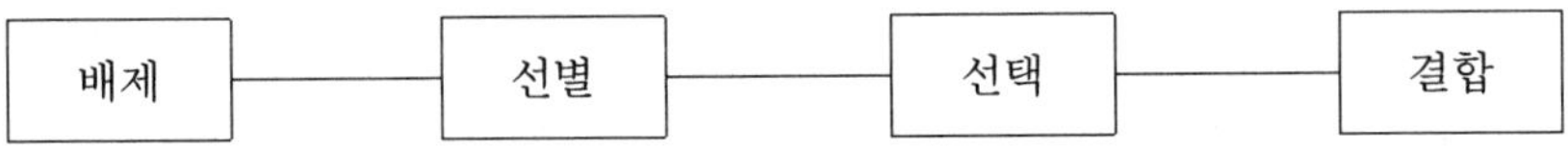

〈그림 3〉 결합과정

2.2.4. 관계의 변이

대상에서 설정된 관계는 일정 정도 유지되기도 하지만, 끊임없이 변화한다.[69] 관계를 지속시키는 요인과 관계를 변이시키는 요인에 대한 분석은 비평교육에서 해결해야 할 과제이다. 실제로 관계를 지속시키는 요인과 변이시키는 요인은 대부분 유사한 범주 내에 존치한다. 변인들이 대상 내에서 어떻게 발현되는가와 비평적 학습자가 어떤 관점에서 이들을 분석하느냐에 따라 달라질 뿐이다.

관계 변이에 영향을 주는 주된 변인을 모색하여 이를 관계 지속 변인과의 연결고리로 삼고자 한다. 관계 변이의 주된 요인은 크게 자연적인 요인과 인위적인 요인으로 나누어 볼 수 있다. 이들은 상호 작용을 하기도 한다. 주요 요인 외에도 다른 주변 요인이 있겠지만, 그 영향력이 작고 본 연구에서 다루는 범주에서 벗어나므로 생략하기로 한다.

1) 자연적 요인

작가나 감상자, 비평가가 의도하지 않은 가운데 관계가 전이되었다면 자연적 요인에 해당된다. 이러한 요인으로 우선 관계소의 변화를 들 수

69) 나와 타자 사이의 경계가 소멸되고, 인간과 환경 사이의 경계가 소멸되고, 학습자와 대상 사이의 경계가 소멸된다.(Ellen Dissanayake, 김한영 옮김, 미학적 인간, 예담, p.148.)

있다. 시간이 흐르면 공간도 바뀌고, 질료의 특성도 달라지게 된다. 당대에서 중요하게 다루어졌던 문제들이 시대가 바뀜으로 인해 무의미하게 여겨질 수가 있다. 작가나 비평가가 대상을 바라보는 시선이나 관점이 자신의 의도와 무관하게 변화하게 되는 것은 그들의 경험 관계소의 변화에서 기인한다. 어릴 때 보았던 그림과 나이가 들어 보는 그림이 다를 수밖에 없다.

다음으로는 자연 선택이 하나의 요인이 된다. 누구도 예측하기 어려운 자연 현상은 관계소를 스스로 선택하기도 한다. 지진, 해일, 화산 폭발, 태풍 등의 자연 재해는 물론 기이한 자연 현상들은 기본적으로 자연 환경을 바꾸게 되고, 인간의 사회문화에 빠른 속도로 영향력을 행사한다. 이러한 요인들은 작가와 비평가의 관점을 통제하는 기능도 발휘한다.

2) 인위적 요인

자연적 요인이 가지는 관계의 전이가 소극적, 배경적, 전제적이었다면 인위적 요인은 보다 적극적인 의미에서의 변인이라고 할 수 있다. 인위적 요인은 자연적 요인을 제외한 모든 변인이 된다.

인위적 요인으로는 무엇보다 힘을 들 수 있다. 힘(power)은 자연적 요인에서도 폭발적인 영향력을 행사한다. 무소불위의 힘을 지닌 신적 존재는 비평 대상을 근본적으로 흔들고 관계를 바꾸는 요인으로 충분하다. 자연 현상에서의 물리적인 힘 또는 초자연적인 힘은 세상의 대부분의 것들을 변화시킨다. 이러한 요인을 간과하는 것이 아니라 자연적 요인에서의 힘이 전제 조건이며, 원인에 해당된다면 인위적 요인에서의 힘은 과거와 현재, 그리고 미래가 소통하는 연결고리로서 작용한다. 인간의 인위적인 작용이 자연계에 미치는 영향까지를 포함한 것이 인위적인 요인으로서의 힘이 된다.

힘은 한 가지의 형태로 존재하는 것이 아니라 힘이 존재하는 위치나 장소에 따라, 시간과 대상에 따라 매우 다양한 모습으로 현존한다. 자본가와 노동자 사이에서의 힘은 자본의 양상을 띤다. 자본가와 자본가 사이에도 더욱 많은 자본을 소유하고 있는 사람이 더 큰 힘을 지니게 된다. 적은 자본을 가진 이들이 어떤 이유에서든지 많은 자본을 소유하게 되면 이들의 관계는 바뀐다. 지배와 피지배, 정의와 불의, 소유와 무소유 등의 추상적인 개념에서조차 힘은 막강한 힘을 보여준다. 결국 힘이 어디로 향하는지 파악하게 되면 관계의 변이는 보다 쉽게 예측될 수 있다.

힘이 하나의 형태가 아니듯이 한 곳이나 시간에 머무르지 않는 특성이 있다. 물리학에서 힘은 에너지로 대체되기도 하는데 에너지는 운동에너지에서 위치에너지로, 열에너지로, 그 반대로 전환을 계속한다. 힘이 유지되기 위해서는 에너지가 계속 공급되어야 하는데 자연적 요인을 제외하고 이는 거의 불가능하다. 그럼에도 힘을 가진 존재의 입장에서는 그 힘을 인위적으로나마 존속시키기 위해 다른 여러 곳에서 공급을 받는데, 정당한 대가를 지불하고 받아 오거나, 일방적인 도움을 받거나, 자신들이 가진 힘을 이용하여 착취하는 방식을 취한다.

이러한 과정에서 힘을 얻기 위해 투쟁을 하게 된다. 예술이나 사람에게는 투쟁의 모습이 갈등으로 재현된다. 갈등은 선택적 상황에서 일어나는 것이지만, 그 선택적 상황은 힘의 부족이나 불균형에서 초래된다. 어느 것이나 선택할 수 있다면 갈등의 상황은 발생하지 않는다.

힘을 가지기 위해 대립하는 상황이나 과정이 투쟁이라면, 힘을 갖기 위한 방법의 하나로 연대가 있다. 자신과 생각이나 목표가 비슷한 이들이 이합집산의 과정을 통해 공동의 목표를 수행하는 연대는 그 목적과 결과에 따라 관계가 재조정된다. 목적이 달성되면 보편적으로 연대는 해체의 수순을 밟는다.

힘이 한 곳으로 집중되는 것을 방지하기 위해 힘을 분할하는 방법을 사용하기도 한다. 힘을 가진 자가 일시적으로 빌려 주는 것은 잠정적인 관계변이에 불과하다. 영구적인 힘의 분할도 이루어지기 어렵지만, 이러한 분할은 분할 과정에서만 관계 변이가 이루어지고 그 관계가 지속된다. 비평 대상을 바라보는 조망적 힘은 비평하는 과정 내내 유지되기도 하는데 이를 '권한 부여(empowerment)'라고 할 수 있다.

권한 부여는 작가의 배치에 따른 요인으로도 작용한다. 작가가 기존에 설정해 놓은 작품에서 인물이나 소품, 배경 등을 대체해서 접근해 보면 전혀 다른 각도에서의 관계가 성립된다.[70] 작가가 비평가에게 권한을 부여할 수도 있고, 비평가가 작품 내의 어느 누구에게 권한을 부여할 수도 있다. 작품 내에서 주로 힘이 인위적인 관계 변인의 핵이라면, 권한 부여는 작품 밖에서 작품과 비평가의 관계를 변이시키는 주요 요인이라고 할 수 있다. 결국 권한 부여는 비평가의 선택에 의해 기존의 관계가 해체되고 중심이 이동되어 새로운 관계를 형성하는 것이다.

2.3. 관계적 비평교육

2.3.1. 관계의 결합 방식

관계소들을 설정하고 관계소를 중심으로 하여 대상을 비평하는 방법은 곧 관계소들의 결합 방식에 의해 결정된다. 대상에 대한 접근 방법이 변모하는 과정을 살펴보면 하나의 지배적 관계소를 중심으로 하여 이론을 설정하고, 이론의 범주 안에서 대상에 접근하는 선조식 결합이 있다. 하나의

70) Raymond, J. Rodrigues & Badaczewski Dennis, 박인기 · 최병우 · 김창원 옮김, A Guidebook for Teaching Literature, 박이정, 2007, pp.346-356.

이론과 하나의 비평 대상이 결합하는 방식이다. 비평 초기에 형성된 선조식 결합 비평은 대상의 특정 관계소에 대한 집중적인 연구와 그 결과로 해석이나 이해가 가능했지만, 설정된 지배 관계소만으로 이해되는 단순한 작품 외에는 비평하기 쉽지 않다. 반대로 생각하면 선조식 결합 방식은 처음으로 비평을 학습하는 비평적 학습자들의 연습용으로 활용이 가능하다.

실제 비평에서는 선조식 결합을 거의 다루지 않는다. 보편적으로 비평 대상은 하나의 관계소만으로 해결되지 않기 때문이다. 관계소와 관계소들을 결합하는 다른 방식으로 평면식 결합 방식과 입체적 결합 방식이 있다.

1) 평면식

관계소들의 결합은 하나의 이론으로 주제가 같거나 유사한 종류의 여러 작품들을 비교 또는 연결시켜 연구할 수 있게 하였다. 관계소의 결합 형태에 따라 몇 가지 유형으로 묶을 수 있다.

우선은 비평 대상과 이론에 대한 시간적 연구이다. 이는 공시적, 통시적인 방법으로 대상에 다가갔다. 시간은 공간적 개념과 나누어 생각하기 어렵다. 시간과 공간의 결합은 선형적 접근을 탈피하여 2차원적 개념 속에서 대상을 연구하게 되었다. 또한, 시간의 확장은 역사적인 방법, 공간의 확장은 환경적인 방법으로 연결되었다.

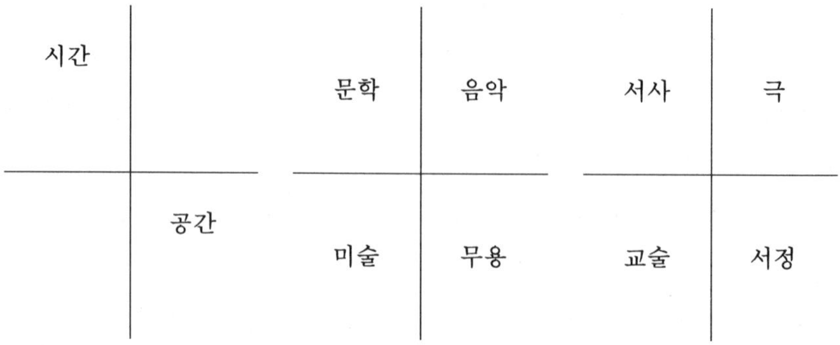

〈그림 4〉 2차원적 문학연구-공사통시적 연구(좌), 예술 장르적 영역 연구(중간), 문학 장르적 연구(우)

시간적 연구에 대상을 만들고 읽는(비평하는), 그리고 강력한 주제와 제재가 되고 있는 인간이 결합된다. 인간의 삶과 사회, 경제, 문화, 종교 등이 작품에 어떤 영향을 주었는지, 어떤 점이 반영되었는지를 살피게 된다. 장르적 연구는 수사적, 시적, 플롯과 인물, 관념과 감정이라는 변인을 통해 비평의 영역을 연구하게 되었다.

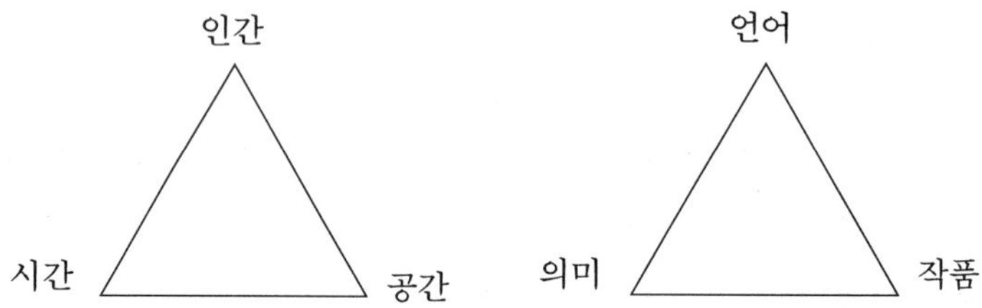

〈그림 5〉 3차원적 문예연구-간 학문적 연구(좌), 언어와 작품과의 관계(우)

2차원적 연구나 3차원적 연구는 작가와 독자 간의 관계를 파악하는데 한계를 가져왔다. 그래서 작품을 매개로 작가와 독자가 쌍방향으로 소통하는 관점을 견지하게 되었다. 작가의 생각이 일방적으로 독자에게 전달되는 것이 아니라 독자의 생각 역시 작가에게 영향을 주는 관계를 파악한 것이다.

작가(발신인) ——— 텍스트 ——— 매체 —— 독자(수신인)

〈그림 6〉 소통적 문예연구

소통적 연구에서는 작가의 무엇이 독자의 무엇과 소통하는지를 정확히 설명해내지 못했다.[71] 이를 극복하는 하나의 방안으로 생각해 낸 것이 움직이는 변인인 작가와 독자 대신, 상대적으로 고정적 변인인 작품을 다른 작품과 비교하면서 연구하는 것이다. 한 작품과 다른 작품 사이에 존재하는 일정한 부분에서 같은 부분이나 의미를 찾아내서 비교하는 것이다. 독일문예학에서는 같은 부분을 동위체(소), 같은 의미를 의미동위소라고 부른다.

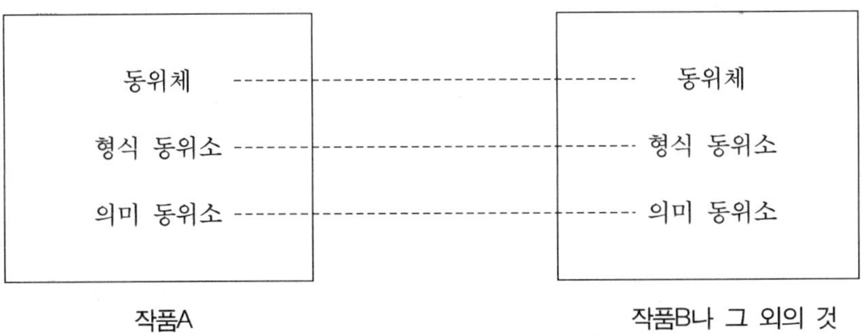

〈그림 7〉 콘텍스트적 문학연구[72]

71) 언어는 소통의 공시적 기능과 전승의 통시적 기능, 그리고 지평 확대의 창조적 기능도 갖는다. 의사소통은 겨우 공시적 기능을 의미할 뿐이다. 인간은 언어로 세계를 표현해야 하기 때문에 소통 기능만으로는 문화적 욕구를 충족시킬 수 없다.(최현섭 외, 국어교육학개론, 삼지원, 2004, p.89.)

72) 허창운, 현대문예학의 이해, 문예출판사, 1989, pp.256-278.

2) 입체식

평면적 결합방식은 개개의 문예 이론을 설명하는 데는 나름대로 부족함이 적었지만, 다른 장르의 예술이나 문예 이론을 통합하여 논리를 펼쳐나가는 데는 제약이 생기게 되었다. 바로 선조적이고 선형적인 구조, 평면적인 접근 방법으로 복잡한 유기체인 인간과 그들이 산출해낸 작품을 해석하는 것에는 무리와 오류가 따를 수밖에 없었다.[73] 인간과 작품과의 관계가 변하는 원인이 무엇인지, 어떻게 변하는지를 설명하려면 관계 속의 변인들은 어떤 것들이 있고, 어떻게 선택되고 결합되는지를 보여주어야 한다. 즉 하나의 비평 이론으로 다양한 모형을 설명할 수 있어야 한다.

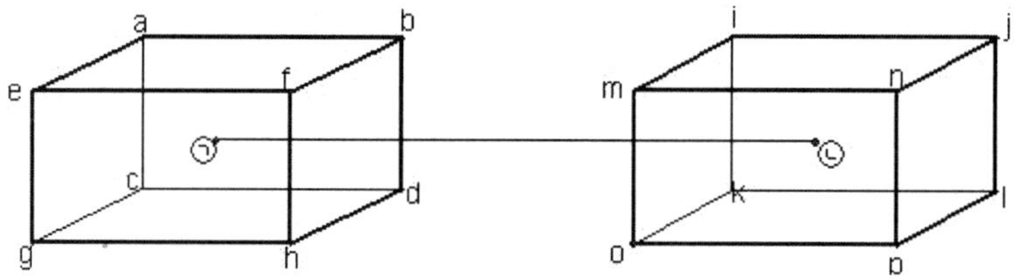

〈그림 8〉 입체적 비평

A는 비평자의 변인을 입체적 틀로 만든 것이고, B는 작가와 비평 대상을 나타낸 것이다. B에서 입체면의 겉은 작가이고, 속은 비평 대상을 의미한다. 즉, 작품은 작가의 겉과 작품 내적 구조의 속이 긴밀하게 혹은 따로 존재하는 가운데 있는 상태로 놓여 있다. 면의 유동성에 따라 작가와 환경이 작품에 영향을 주거나 반영될 수 있다는 것이다. 비평 대상이 사회를

73) 비문학적인 사람이 비문학적인 까닭은 스토리를 즐기기 때문이 아니라 그 외의 다른 방식으로는 그런 스토리들을 즐길 수 없기 때문이다.(C. S. Lewis, 허종 옮김, 문학비평에서의 실험, 동문선, 2002, pp.48-49.)

무조건적으로 반영한다는 사실과 반대로 비평 대상이 사회를 반영한다는 것을 백안시하는 주장 모두에 대한 반박이라고 할 수 있다.

㉠은 변인들의 총체이면서 변인들의 내적 반영을 가리킨다. 비평가 속의 비평가, 일종의 내포 독자라고도 할 수 있다. ㉡은 작품 외적인 변인들이 반영된 상태에서 작품 내를 전망하는, 미술에서의 일종의 소실점의 기능을 담당한다. ㉠과 ㉡은 고정되어 있는 것이 아니라 변인들에 의해 끊임없이 이동한다. 연구자들은 임의적으로 변인들을 한정하거나, ㉠과 ㉡이 고정되어 있다고 제한점을 둔 연구를 해 왔다. 그러나 비평가 변인과 작가, 작품 변인들에 의해서 선택된 ㉠과 ㉡은 결합과 동시에 새로운 관계적 재구성을 요구한다. 물론 ㉠과 ㉡은 자체적인 동인에 의해서도 쉴 사이 없이 변화한다. 특히 ㉡이 이동하면서 새로운 형태의 작품들이 생산된다. 연구자들은 ㉠과 ㉡의 거리를 좁히거나 멀어지게 하는 원인과 그 정도를 파악해야 한다. 그것은 바로 변인들의 선택적 결합에 있는 것이고, 해결책은 예술적 상상력과 과학적 방법의 통합에 있다. ㉠의 위치에서 ㉡과 다른 작품에서 ㉡의 역할을 하는 것과의 비교 연구가 상호 텍스트, 상호 아트적, 상호 컬트적 연구라고 할 수 있다.

그렇다면 각 면은 무엇을 의미하는가? 정리해 보면 다음과 같다.

□acdb는 시간을 나타낸다. 비평가가 살아온 시간, 비평가가 작품을 대한 시간(비평가가 작품을 감상하는데 소요된 시간과 다른 시간대에서 작품을 감상한 시간으로 나누어 볼 수 있다.) 등의 변인을 가리킨다. □eghf는 공간을 의미한다. 이 공간은 □fhdb와 □egca와 접해 있다. □fhdb는 자연적 환경을 말한다. 이 환경에는 비평가가 살고 있는 지역적, 물리적 배경을 비롯하여, 기후적 변인도 포함된다. □egca는 비평가의 사회적 환경을 나타낸다. 가족, 직업, 계층, 사회적 위치, 경제적 토대 등의 변인을 가리킨다. □cghd는 비평가의 육체와 정신을 나타낸다. □cghd의 겉은 비

평가의 육체적 측면을, 속은 정신적 측면을 나타내고 있다. 겉의 몸은 인간으로서의 감각적 부분과 이를 조종하는 생물학적인 부분까지를 포괄하고 있다. 속의 정신은 인간의 인식과 사상, 철학과 경제, 종교, 심리, 이데올로기 등 인간의 모든 내면세계를 아우르고 있다. □cghd는 겉과 속을 합쳐서 경험의 총체가 되는데, 이는 의식적으로, 혹은 무의식적으로 발현된다. 그 중에서 □aefb는 특히 문학, 예술, 문화와 관련된 경험의 면을 가리킨다.74)

□iklj은 시간을 나타낸다. 겉면은 작가가 살았던 시간, 작가가 창작을 한 시간, 작가를 둘러싼 역사적 시간 등을, 속면은 작품 내의 플롯이나 스토리상의 시간 등을 의미한다. □mopn는 공간을 나타낸다. 겉은 역시 작가가 살던 지역적이고 물리적 공간을, 속은 작품 내의 공간을 의미한다. □nplj는 재료를 나타낸다. 작품이 어떤 표현 재료로 사용되었는지를 가리킨다. 예를 들어 언어인지, 아니면 색채인지, 아니면 합쳐진 다른 무엇인지를 나타내는 변인으로 작용한다. □moki는 작품의 구조와 형식을 나타낸다. 내적 구조는 물론 외적 형식이 어떻게 이루어졌는가를 말한다. □imnj은 사회적, 자연적 환경을 나타낸다. □kopl는 인간적 변인을 나타낸다. 이 변인은 겉으로는 작가의 생물학적 특성을 나타내기도 하지만, 작품 속에 등장하는 인간의 육체적 특성에 대해서도 언급한다. 속으로는 작가의 세계관, 철학, 종교, 심리, 사상 등을 나타내기도 하지만, 작품 속에 있는 등장인물, 서술자 등의 내면세계에까지 광범위하게 포함하고 있다.

비평가의 여러 면들은 비평가 개인의 면 외에도 작품을 바라보았던 여

---

74) 문학 텍스트와 삶의 텍스트를 상호 照會하고 그 속에서 생의 의미를 찾아 들어가는 과정을 평가해야 한다. 삶의 텍스트란 독자가 문학을 읽을 때 문학 텍스트에 조응하는 독자 자신의 생체험을 말하는 것으로 읽고 있는 문학 텍스트에 상대적 위상을 가지고 상호성을 발휘한다는 점에서 독자의 삶 자체도 하나의 텍스트 개념으로 파악한다.(Peter. V. Zima, 허창운 역, 텍스트사회학, 민음사, 1991, pp.107-112.)

러 사람들의 면과 접하게 되는데, 일종의 메타 비평을 비교적 측면에서 접근하는 비교 비평가 연구라고 할 수 있다.[75] 수용미학에서 밝혀내기 어려웠던 부분들, 예를 들면 독자마다 달라지는 감상 결과를 변인들의 결합을 그래프로 정리해서 보면 한결 쉽게 접근이 가능해질 것이다. 물론 그래프를 만들거나 해석하는 과정은 또 다른 임의성을 유발할 위험 요소를 안고 있지만, 기준과 필요에 따른 변인들의 결합의 분석은 유의미한 작업이 된다. 작품과 작가의 여러 면들은 상호 아트적 연구와 비교 문화적 연구를 가능하게 한다. 이들의 다양한 해석 역시 변인들의 결합에 따른 그래프를 그려보면 가능할 것이다.

이러한 직육면체의 입체는 변인들의 결합에 따라 점점 구의 형체로 바뀔 것으로 전망된다.

---

75) 김대현 · 김아현, 메타비평을 사용한 교육적 기능 탐색, 교육과정연구 제20집 3호, 한국교육과정학회, 2002, pp.285-289.

Ⅳ장 비평교육의 실제

1. 비평교육의 절차

1.1. 비평교육의 위계

비평교육은 비평 대상, 비평교육의 대상(비평적 학습자), 비평 방법, 비평 내용에 따라 위계화가 가능하다.[1]

비평 대상은 비평 대상에 비평교육의 내용적 지식을 얼마나 함의하고 있는지의 정도에 따라 적은 것부터 많은 것 순으로, 비평 대상이 지니고 있는 자체의 난이도에 따라 낮은 것부터 높은 것으로, 비평 대상이 단일 질료인 것부터 복합 질료인 것으로, 기존 연구가 많은 것부터 적은 것으로, 관계소가 적은 것부터 많은 것으로 배열할 수 있다.

비평교육 대상은 자신이 선호하는 것부터 원하지 않는 순으로, 자기 혼자 능력으로 가능한 것부터 여러 동료의 도움이 필요한 것과 전문 비평가의 도움이 필요한 것으로, 비평교육활동 후에 생성되는 결과물에 대해

1) 문학능력은 그것이 지식이든 소통의 기술이든 혹은 경험이나 취향이든 간에 교실에서 가르치거나 배울 수 있고 초급 단계에서 고급 단계로 발전이 가능하며 분절적으로 위계적으로 나누어서 다룰 수 있어야 한다.(김창원, 문학능력과 교육과정, 그리고 매체, 문학교육학 제26호, 역락, 2008, p.66.)

자신의 취미에 부합되는 방법으로 가능한 것부터 어려운 것으로 배열시킬 수 있다. 가령, 그리기를 좋아하는 비평적 학습자가 대상을 비평한 후 결과물을 그림으로 그릴 수 있는 것부터 다른 질료로 전이되는 것으로 위계화한다. 이는 위계화가 정해져 있는 것이 아니라 비평적 학습자에 따라 재조직됨을 의미한다. 보편적으로 초기에는 자신이 선호하는 장르의 질료를 사용하겠지만 점차로 보다 추상적인 질료인 언어로 비평 후 결과물이 만들어질 것이다.

비평 방법은 통합적 접근에 있어서 한두 가지 분야나 영역을 교류하는 것부터 다양한 영역을 교섭하는 것으로, 단일한 비평 이론에서 복잡한 비평 이론으로, 비평 대상의 질료 특성을 고려하지 않는 것에서부터 질료 특성을 중심으로 비평하는 것으로 위계화할 수 있다. 비평 대상의 질료 특성을 고려하지 않는 것을 일반적인 비평교육으로, 비평 대상의 질료 특성을 중심으로 비평하는 것을 전문적인 비평교육으로 정리할 수 있는데, 본 연구에서는 전문적인 비평교육을 대상으로 하고 있지 않으므로 전자의 경우만을 상정한다. 그러나 내용을 담고 있는 형식과 내용을 이루고 있는 질료의 특성을 학습하지 않고 이들을 분리하는 것은 사실상 비평하기가 어려우므로 가능한 한 질료 특성의 영향을 받지 않은 것으로부터 적게 받는 것으로 위계화한다. 즉, 비평적 학습자의 발달단계를 x축으로, 비평 대상의 난이도를 y축으로, 교수·학습 활동을 z축으로 설정하면 위계화는 이 축을 만족시키는 범위 내에서 이들 요건을 전제화하여 가능하게 된다.

1.2. 비평교육의 단계

비평교육은 비평 대상에 대한 선정 기준, 관계소 찾기, 관계소 연결하기, 연결하는 이유 설명, 비평에 필요한 이론적 지식을 학습하는 비평교육의 내용교육이 우선 선행되어야 한다. 모든 교과에서 공통으로 가르치는 비평의 접근 방법인 통합과 관계의 원리, 그리고 최신 비평 이론을 중심으로 교수·학습하되 지나치게 비평 이론에 종속되거나 경도되지 말아야 한다. 비평을 위한 최소한의 내용을 설정해야지 비평(이론)교육을 위한 내용 조직이 되어서는 안 된다. 자칫 문학교육의 위기와 같은 현상을 비평교육에서 되풀이할 수도 있다. 비평에 대한 자신의 관점을 갖고 전략을 세울 수 있는 것을 목표로 실행한다.

비평교육의 내용에 대한 학습이 어느 정도 진행되면 이와 함께 실제로 비평 대상을 비평하는 방법에 대한 지식교육이 필요하다. 위의 것이 비평교육의 내용적 지식에 해당된다면, 이것은 비평교육의 방법적 지식에 해당된다. 곧 절차적 지식이라고 할 수 있는데, 대상을 확인하고, 관계소를 추출하여 관계를 맺고, 의미를 수용하고 생성하며, 자신의 삶에 적용하는 일련의 과정에 대한 제반 지식을 학습한다.

내용적 지식과 방법적 지식에 대한 교육 이후에는 실제로 비평을 하는 교수·학습이 요구된다. 아무리 비평교육에 대한 지식을 많이 알고 있어도 비평을 못 할 수 있다. 또한 내용과 방법에 관한 지식 학습과 실제 비평은 선후관계나 전제조건이라기보다는 상호보완적인 과정임을 인식해야 한다.

이들을 비평교육의 모형과 비평 활동의 모형, 비평 수업 모형으로 나누어 접근해 볼 수 있다.

2. 비평교육의 모형

2.1. 비평교육의 모형

통합과 관계를 기본 축으로 하는 비평교육을 수행하기 위해서는 일련의 과정을 전체적으로 조망할 수 있는 밑그림이 필요한데, 이를 모형으로 그려보면 다음과 같다.

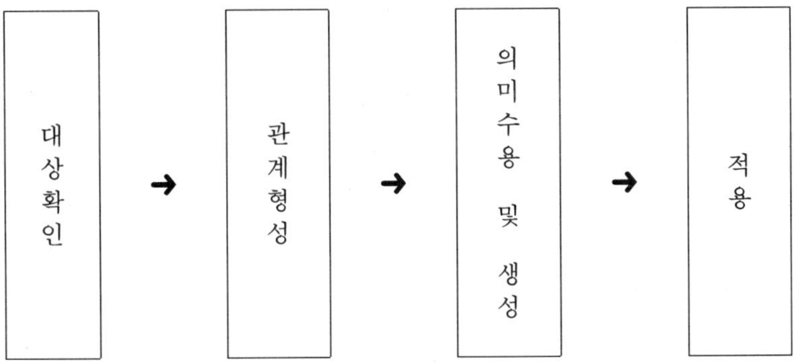

〈그림 9〉 비평교육의 모형도

1) 대상 확인

대상 확인하기는 비평 대상을 직접 보고, 만지고, 읽고, 듣는 감각적 경험이 이루어지는 단계를 말하며, 간단한 비평이나 감상이 이루어진다. 이 단계에서 필요한 활동은 관찰, 직관, 형상화 등이 있다.

이 단계는 대상을 확정하는 것부터 시작된다. 어느 것을 비평 대상으로 삼을 것인가, 왜 비평 대상으로 설정하였는가에 대한 검토가 있어야 한다.

관찰은 대상에 대해 비평적 학습자가 가진 모든 감각적 능력을 동원하는 활동이다. 관찰은 비단 대상 확인하기에서만 행해지는 것이 아니며,

비평이 끝나는 순간까지 계속된다. 대상이 어떤 질료와 형식으로 이루어졌는가, 작가가 모방한 대상은 무엇인가, 대상이 비평할 가치가 있는가, 대상을 이루고 있는 사실에는 어떤 것들이 있는가에 대해 끊임없이 질문을 생성하며, 그 답을 찾아나가는 과정이 탐구라고 할 수 있다. 여기서의 탐구는 과학적인 탐구라기보다는 단순한 사실을 확인하는 정도의 직관적 능력을 요구하는 낮은 단계의 탐구라고 할 수 있다.

초기의 비평적 학습자들은 대상을 자기 자신의 직관에 의해 접근하는 인상비평을 선호한다. 대상을 접한 후 바로 생기는 그 무엇을 표현하는 것은 객관성의 유무와는 별개로 꼭 필요한 작업이다. 비평교육이 활성화되면 직관 능력이 높아지고 객관적 비평보다 고도의 수준을 갖는 주관적 비평 활동이 일어난다. 어찌 보면 자료나 논리에 의지하지 않고 비평을 하는 것이 최고 수준의 비평이라고 할 수 있다. 다만 여기서는 대상에 대한 첫인상을 가지는 정도다. 대상의 겉에 있는 표현소들과 대상 속에 숨어 있는 관계소들을 찾아내는 직관 능력을 향상시키기 위해서는 지속적인 관찰과 대상에 대한 직접적 경험을 축적시키는 것이 반드시 필요하다. 그 중에서도 대상을 접한 후 떠오르는 이미지의 형상화는 가장 중요한 역할을 하는 능력이다. 모든 대상들은 이미지를 가지고 있다.[2] 문학이나 음악 등 사물의 실체가 보이지 않는 대상일 경우에는 더욱 대상에 대한 이미지를 형상화하는 과정은 매우 긴요한 작업이다. 관찰과 직관과 형상화를 통해 대상을 전체적으로 조망한다.

대상에 대한 무의식적 접근은 창조적 오해활동을 수반하게 된다. 예를 들어 고흐의 『감자를 먹는 사람들』을 보고 나서 감자를 먹는 사람들의 표정을 즐겁게 보았다면, 작가의 표현 의도와 무관한 비평적 학습자의 誤鑑 행위라고 할 수 있고, 이는 대상에 대한 비평적 학습자의 판단의 준거로서 활용된다.

---

2) 유영희, 이미지로 보는 시 창작교육론, 역락, 2003, pp.41-56.

2) 관계 형성

대상을 구성하고 있는 관계소들과 대상과 비평적 학습자, 그리고 대상이 실재하는 세계를 잇는 것이 관계 맺기이다. 비평적 학습자와 작품, 비평적 학습자와 작가, 비평적 학습자와 사회(환경), 작품과 작품을 연결한다. 이 단계에서 요구되는 능력으로는 분석, 연상, 비교 등이 있다.

분석은 대상을 이루고 있는 관계소들을 찾아내는 능력이다. 시간, 공간, 인간, 질료로 나누어 접근한 후에 각 관계소별로 세부적인 사항으로 쪼개어 지배적인 관계소가 무엇인지를 확인한다. 이는 신비평에서 중요시했던 것으로, 숲을 보지 못하고 나무만 본다거나, 지나치게 대상을 나눈 결과 작품의 실체에 접근하지 못했다는 평가를 받았지만, 비평에 있어서 분석은 필수불가결한 요소이다. 지배적인 관계소를 찾는 분석적 활동이 끝나면 대상과 다른 대상을 연결시키는 연상 활동이 이어진다. 하늘 아래 새로운 작품이 없듯이 질료나 형식에 구애받지 말고 조금이라도 관련이 있는 작품들을 떠올린다. 작품과 작품의 연상만이 아니라 대상 속의 관계소들을 비평자의 경험과 연관 지어 생각한다.

예를 들어 황순원의 『소나기』를 읽을 경우에는 소나기와 관련한 작품들을 찾아보고, 소나기나 이성 친구에 얽힌 자신의 경험을 연상한다. 연상은 자연스럽게 비교의 과정을 거치게 된다. 연관이 있다면 얼마나, 어떻게 있는지에 대해, 어떤 점이 같고 다른지에 대한 비교 활동을 통해 다음 단계에서 이루어지는 판단의 기준이 형성된다.

3) 의미 수용 및 생성

대상이 지니고 있는 의미를 깨닫고, 자신의 관점을 형성해 가는 단계인 의미 수용 및 생성하기는 해석과 이해, 평가, 대조하는 능력이 필요하다.

작가가 관찰했던 대상과 관찰 방법, 작가의 창작 의도를 찾아낸다. 대상이 전달하고자 하는 메시지가 무엇인지를 알아내는 것이다. 모든 대상은 의미와 내용을 가지며, 이들은 기호로 암호화되어 있다. 약호화(略號化)된 부분을 해호(解號)하는 과정과 의미를 이해하는 것을 해석이라고 할 수 있다. 해석은 의사소통적인 면에서 보면, 전달하고자 하는 메시지를 수용하는 작가 중심적 해석과 전달 메시지를 비평적 학습자의 생각과 비교하여 받아들이는 비평자 중심의 해석이 있다. 작가 중심적 해석을 위해서는 작가와 대상에 대한 배경지식과 대상이 가지고 있는 의미들의 구심점을 획득해야 한다.[3] 비평적 학습자 중심의 해석도 논리성과 타당성을 지니고 있어야 한다.

전달메시지를 어떻게 수용할 것인지는 대상에 대한 판단에서 연유한다. 작가가 자신이 나타내고자 하는 바를 얼마만큼 표현했는지, 전달한 내용은 비평적 학습자와 비평적 학습자가 포함된 집단에 어느 정도의 가치가 있는 것인지를 평가한다.

비판적으로 평가하는 과정에서 비평적 학습자는 비평 대상과 유사한 부분의 조응점과 차이가 나는 변별점을 단일한 관점보다는 상황과 맥락을 고려한 통합적 관점을 견지해야 한다.

4) 적용

적용하기는 비평 활동을 통해 생성된 비평 대상에 대한 비평적 학습자의 생각과 느낌을 보여주는 일체의 활동을 말한다. 대상에 대한 해석과 평가에 대해 반성적 자세로 다시 점검하며, 새로운 경험을 재구성하는 단계로 새롭게 변한 비평 대상에 대한 비평적 학습자의 시각을 정리한다.

거의 대부분의 교과에서 비평 후의 결과물로 비평문을 요구하고 있다. 언어가 가지고 있는 추상성, 일반성, 교육 내용이나 방법의 용이성 등의

---

3) 김상욱, 소설교육의 방법 검토, 서울대학교 출판부, 1996, p.37.

장점을 살린 비평문 쓰기는 비평교육에 매우 효과적인 활동임이 분명하다.[4] 그렇다고 비평교육의 산물을 비평문으로 한정해서 몰고 가는 것은 비평교육을 문학교육으로 제한시키는 결과를 초래하고 나아가 비평 자체에 대한 불만을 발생시킬 위험을 안고 있다.[5] 비평교육 기초 단계에서는 가급적 비평적 학습자가 질료를 다양하게 선택하여 표현할 수 있도록 하고, 차츰 언어적 표현과 질료의 특성을 익힌 비평교육 최종단계인 전문교육에서 고도로 숙련된 작품을 제작할 수 있도록 한다. 비평적 학습자가 듣고, 보고, 읽고, 느낀 것처럼 비평의 결과물 역시 나타내기, 그리기, 만들기, 말하기, 쓰기 등의 여러 가지 형태로 보여줄 수 있어야 한다. 언어적 표현도 쓰기 어려운 비평적 에세이 형식[6]에 매몰되어서는 안 된다. 예를 들어 쌩떽쥐베리의 소설 『어린 왕자』를 읽고 난 후 비평 후 활동을 소설 『다시 만난 어린 왕자』로 쓴 것은 그 좋은 예라고 할 수 있다. 짧은 그림이나 글에서 종합 예술인 영화나 동영상을 제작하는 수준까지 광범위한 층위가 있어야 한다.

엄밀한 의미에서 이 단계는 창작교육이라고 할 수 있다. 읽기에 따른 쓰기, 보기에 따른 만들기와 그리기, 듣기에 따른 노래 만들기, 역사나 문화를 보고 쓰기, 듣고 보고 쓰기 등 창작활동교육의 시작이라고 할 수 있다.[7]

---

4) 비평문 쓰기에 대한 중요성에 대해서는 박영민(위 책, pp.5-10.) 참조.

5) 비평 후의 결과물에 대한 압박 관념으로 비평자는 자칫 자신이 과연 비평을 할 수 있는가 하는 의구심을 갖게 될 수도 있고, 비평 자체를 포기하는 경향을 나타낼 수 있다. 이와 유사한 예로 독후감에 대한 지나친 교육으로 학생들이 독서 자체를 거부하는 모습을 보여준 것이 있다. (우문영, 위의 논문, p.77.)

6) 이성영은 비평문 쓰기는 기본적으로 추상적인 개념이나 가치를 다루는 글이기 때문에 일상의 직접 경험, 매개된 경험 등을 다루는 글보다 어려운 작문 과정에 속한다고 하였다.(글쓰기 능력 발달 단계 연구-초등학생의 텍스트 구성 능력을 중심으로, 국어국문학 제126호, 국어국문학회, 2001, p.334.)

7) 창작교육에 경도되면 비평교육이 전문교육으로 환원되는 상황을 예상할 수 있다. 낮은 수준의 창작물이라도 비평 내용의 타당도와 비평자의 창의성을 중심으로 활동할 수 있도록 한다.

또한 이 단계는 비평 대상을 통해 알게 된 생각과 느낌을 자신의 생활 속에서 행동으로 실천하는 단계이기도 하다. 예술이나 문화를 향유하고 나서 비평문이나 새로운 창조물을 만들어내는 것도 중요하지만 보다 중요한 것은 비평적 학습자 자신의 삶에 변화를 주는 것이다. 가령 영화 『아버지』를 보고 난 후 아버지께 편지를 쓰는 것이 훌륭한 비평문이 될 수 있고, 가정으로 돌아가 아버지와 자기 자신을 위해 할 수 있는 일들을 찾아 행동으로 옮기는 것이 비평교육이 지향하는 활동이다.

지금까지 논의한 바를 정리하면 다음과 같다.

〈표 7〉 비평 활동의 과정

구분	대상 확인	관계 맺기	의미 갖기	나타내기
활동	• 대상에 있는 사실 확인하기 • 전체적으로 보기1 • 감상하기 • 관찰하기 • 형상화하기	• 관계소 찾기 • 관계소 배제 이유 설명하기 • 관계소 결합하는 이유 설명하기 • 다른 작품과 관련 맺기	• 전체적으로 보기2 • 창작의도 파악하기 • 자신의 생각 갖기 • 대상 평가하기 • 자신의 삶과 관계 맺기	• 결과물 만들기(쓰기, 그리기, 만들기) • 자신과의 관계정립하기 • 행동 및 실천하기
능력	관찰, 직관, 형상화, 오해	분석, 비교, 연상	이해, 해석, 수용, 탐구, 평가, 상상	표현
사고	사실적 사고	분석적 사고	추론적 사고 비판적 사고	확산적 사고 반성적 사고

2.2. 비평 활동의 모형

비평교육의 모형이 다분히 이론적이고, 커다란 틀에서 계획된 모형이었다면, 보다 구체적인 활동 단계에서의 모형이 요구된다.[8] 비평적 학습자와 비평교사가 어떤 활동을 거쳐 비평교육에 도달하는지 그 과정을 설명하는 모형은 다음과 같다.

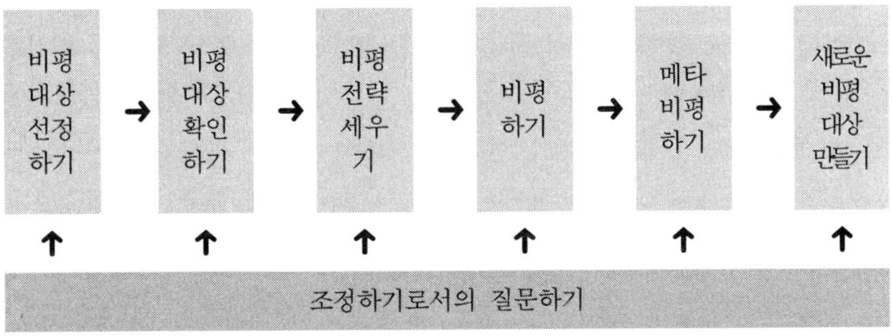

〈그림 10〉 비평 활동 과정의 모형도

1) 비평 대상 선정하기

원칙적으로는 비평적 학습자가 감각적으로, 의식적으로, 무의식적으로 접근할 수 있는 모든 것이 비평의 대상이 되지만, 실제 비평교육의 장에서는 한정될 수밖에 없다. 교육 가능성, 교육 내용 함의성 등의 집단적 가치와 비평적 학습자의 개인적 취향과 수준을 고려하여 교사와 비평적 학습자가 협의한 후 선정한다.

비평교육 초기에는 지난 시간과 유사한 내용을 선정하면 연관성을 획

8) 김성진은 비평교육의 실천역을 비평 활동으로 정의하고 있는데, 이는 비평 활동이 비평교육을 구체화한 개념으로 보고 있는 듯하다.(비평 활동 교육의 내용 연구, 서울대학교 박사학위 논문, 2004.)

득하고, 지난 시간과 다른 질료를 선정하면 학습에 대한 흥미를 높일 수 있다는 장점을 지닌다. 비평적 학습자의 요구대로만 선정하는 것도 문제가 되지만, 소위 정전(正典)이라는 작품만 고집하는 것도 바람직하지 않다.[9)]

2) 비평 대상 확인하기

비평 대상을 선정하면, 비평적 학습자는 관찰을 통해 비평 대상이 겉으로 지니고 있는 특성들을 찾아내어 비평 대상의 실체를 확인하는 과정을 거친다. 대상의 대략적인 크기, 양, 무게, 질감 등 사실적인 부분들을 예상하고, 비평 대상에게서 받은 직관을 점검하게 되는데 일종의 감상이라고 할 수 있는 전제적 조망을 시도하면서 그 때 떠오른 이미지를 형상화한다.

3) 비평 전략 세우기

비평 대상을 확인하면 어떤 내용과 방법으로 비평을 할 것인지에 대한 계획을 수립해야 하는데 이를 '비평 전략'이라고 한다. 같은 대상을 보고 다른 생각이나 느낌을 지니는 것은 비평적 학습자의 경험과 지식에서 기인하는데, 이 둘을 통합적이고 선택적으로 사용하는 것을 전략이라고 할 수 있다. 기능과 전략을 혼용해서 사용하는 경우가 있는데, 기능은 능력을 보는 개념으로 학생의 실제 행동의 변화를 기술하는 면이 있으나 실제로

---

9) 정전(canon)의 기준이 무엇인지 명확하지도 않고, 정전의 개념 역시 끊임없이 재개념화되고 있기 때문에 정전만을 비평하게 하는 것은 옳지 않다. 정전이 설령 좋은 작품이라고 할지라도 비평적 학습자는 좋은 작품만을 접하는 것이 아니기 때문에 좋지 않은 작품도 비평교육의 대상에 포함되어야 한다. 좋은 작품과 좋지 않은 작품은 나누기도 어렵지만, 판단과 판단 기준을 만들어가는 것이 비평교육이기 때문이다.

는 의도적인 학습을 통하여 가시적으로 성과가 나타나는지 확인하기가 매우 곤란하다. 반면에 전략은 학습 가능성 또는 학습 방법을 중심으로 한 심리적인 것으로 과정 중심적이라고 할 수 있다.

비평 전략에서 지식이 유용하다고 해서 비평 활동이 지식의 암기나 적용이 아니라는 점은 분명하다. 작품을 읽는 과정에서 배경 지식이 많은 도움을 준다는 점과 비평 활동의 원리에 속하는 지식에는 어떤 것들이 있으며 이를 활용하는 전략은 무엇인가를 밝혀야 하는 과제가 남는다.[10] 비평 교사에게 필요한 지식으로는 비평적 학습자의 발달단계에 관한 지식,[11] 대상에 대한 지식, 비평교육에 대한 지식, 대상을 연구한 내용과 방법에 대한 지식 등이 있다. 전략적 성향의 비평적 학습자가 지녀야 할 지식으로는 비평적 학습자로서의 자기 자신에 대한 지식, 자신이 수행해야 하는 과제에 대한 지식, 자신이 사용할 수 있는 기능 또는 전략에는 어떤 것들이 있는지에 대한 지식(상위인지), 자기 자신이 사전에 알고 있는 내용에 대한 지식, 자기 자신의 지식이 유용하게 쓰일 수 있는 현재와 미래의 맥락에 대한 지식 등이 있다.[12]

비평 전략은 가능한 것 중에 선택해야 한다. 여러 가지 전략 가운데 활용의 용이성, 시간적 경제성, 대상에 대한 적절성, 비평적 학습자의 수준과 미학적 기준, 교육가능성 등을 판단 기준으로 하여 교사와 비평적 학습자가 협의하여 결정한다. 의식적인 비평 전략에 대한 교육이 지속적으로 이루어지면 비평 대상이 순간적이거나 비교적 단순한 내용을 포함

10) 김성진, 문학교육에서 비평 활동에 관한 연구, 국어국문학 제130호, 국어국문학회, 2002, pp.20-21.

11) 실제로 비평 전문가들의 비평 텍스트들이 수용자의 인지발달적 측면에 대한 배려 없이 문학 교재 또는 문학 부교재에 수록되었을 때 이해를 위한 마땅한 교수 전략을 마련하기가 어렵다는 현장의 호소가 많다.(박인기, 문학교육과정의 구조와 이론, 서울대학교출판부, 1996, p.175.)

12) 박갑수 외, 국어표현 이해교육, 집문당, 2000, p.159.

하고 있을 때 전략은 자동적으로 생성된다. 비평 전략의 수립은 전략 속에서 배제된 전략을 인지해야 하는데 배제된 전략들이 비평을 수행하는 과정에서 비평을 방해하는 요인으로 작용할 수 있기 때문이다. 이 때 반드시 교사의 지도가 필요하다. 선택된 전략은 다른 전략과 결합하여 새로운 통합 전략으로 발전시켜야 한다.[13)]

4) 비평하기

비평하기에는 비평적 학습자가 비평 대상을 비평하는 큰 비평하기와 이 비평과 관련을 맺고 있는 일체의 비평이 속해 있는 작은 비평하기가 있다. 작은 비평은 넓은 의미에서 메타 비평과 관계가 있어 다음 단계에서 설명하고, 큰 비평하기인 비평 대상에 대한 비평을 언급하도록 한다.

이 단계에서는 비평 대상에 대한 사실을 확인한다. 질료가 무엇인지, 작가가 누구인지, 언제 창작된 것인지 등을 인지하면서 비평 대상을 이루고 있는 시간, 공간, 인간, 질료의 관계소를 찾는다. 비평 대상과 대상 속의 시간이 갖는 의미, 비평 대상의 시대적 배경, 비평적 학습자가 비평 대상을 접하는 시간대, 비평 대상 속 등장인물들의 시간들에 대한 질문을 던진다. 비평 대상의 공간적 배경, 비평 대상 속 사물과 사물, 인간과 사물, 인간과 인간, 비평 대상과 비평자의 거리, 비평 대상을 둘러싼 환경, 비평적 학습자 주변의 환경적 요인들은 무엇인지 질문을 갖는다. 비평 대상 속에 등장하는 인물은 어떤 종류의 사람인가, 작가와 인물 사이의 관계는 어떠한가, 비평적 학습자와 등장인물의 관계는 어떠한가와 시간, 공간, 인간의 행위와 사고를 표현하고 있는 질료는 무엇이고, 이러한 형식의 특성은 무엇인지에 대한 질문지를 만든다. 수많은 선택적 조합이 가능하

13) 최영환, 위의 책, p.128.

게 되는데 이들을 연결시키는 작업은 배제 - 선별 - 선택 - 결합의 과정을 거친다. 각 과정마다의 이유를 명확히 밝혀야 한다.

감상 과정에서 가졌던 비평 대상에 대한 생각과, 관계 맺기 과정에서 느꼈던 점을 비교하면서 작가가 비평 대상을 창작했던 과정을 유추해 본다. 이를 통해 작품에 드러난 작가의 의도와 숨겨진 의도를 찾는다. 창작 전 대상에 대한 관찰과 표현이 일관성 있게 진행되었는지와 어느 정도로 굴절되었는지를 확인하고 비평적 학습자의 접근방법과 비교해 본다. 작가의 다른 작품을 찾아보거나 다른 작품에 대한 전문 비평가의 견해를 참고하는 것도 가치 있는 일이다. 또한 비평 대상에 사용된 제재와 유사하게 표현한 작품이나 다르게 표현한 작품을 찾아 유사점과 차이점의 원인을 밝혀 본다.

분석적이고 통합적인 접근 방법을 통한 여러 가지 관점을 확보하게 되면 다양한 가능성을 열어 놓고 가장 비평적 학습자의 견해와 일치하는 관점으로 총화하여 통합된 관점을 채택한다. 배제되는 관점에 대한 설명도 요구된다. 비평 대상과 비평적 학습자와 비평 환경 간에 있는 관계소들을 연결 지으면서 지배적 관계소를 중심으로 형성된 통합 관점은 이들을 묶는 벼리성을 지니며 서로에게 일정한 거리를 유지시키는 조응점으로 존재하게 된다.

이러한 조응점은 비평 대상에 대한 가치 판단으로 이어진다. 비평 대상 그 자체로서의 의미적 가치, 비평 대상과 다른 대상과의 영향관계에 관한 가치, 작가의 의도에 대한 가치, 비평적 학습자와 비평 대상과의 관계 속에서의 가치 등을 판단한다.

비평 대상을 비평하는 행위는 그 자체로서 끝나는 것이 아니라 비평적 학습자가 자신의 삶에 적용하여 비평적 학습자의 삶과 어떤 점이 같고 다른지, 비평적 학습자의 삶에 어떤 변화를 주는지에 대한 고민이 동시에 이루어져야 한다.

〈그림 11〉 고흐의 「신발」

예를 들어 위에 있는 고흐의 그림에 대한 비평을 적용해 보면 다음과 같다.

영역은 그림인가, 사진인가.(색채로 표현된 것으로 보아 그림이다.) 대상은 신발이다. 왜 신발인가, 하나인가 둘인가, 신발의 재료는 무엇인가, 신발의 상태는 어떠한가, 그림의 질료는 무엇인가.

시간으로는 그림은 언제 창작된 것인가. 그림의 배경이 언제인가.(흐리고 어두운 색채를 사용한 것으로 보아 날씨가 흐린 날이거나 새벽 또는 저녁에 가까운 시간일 것이다. 새벽과 저녁을 구분하는 것도 중요하다. 흐린 날씨가 보편적으로 우울한 분위기를 형성함도 잊지 말자. 새벽이나 저녁을 흐리게 설정한 것은 노동과 관계있을 것이다. 둘 다 고된 노동을 시작하거나 마치고 돌아오는 때이다.) 비평적 학습자는 언제 그림을 보고 있는가.(비평적 학습자가 보는 시간에 따라, 비평적 학습자가 새벽과 저녁을 각각 어떤 느낌으로 받아 들이는가 분석한다.)

공간적으로는 신발이 있는 장소는 어디라고 생각하는가, 그 이유는 무엇인가. (신발만 있는 것으로 보아 주변에 아무도 없는 곳을 상상해 보자. 실내가 아니고 실외라면 신발은 주로 계속적인 노동을 수행해야 한다.)

인간적으로 신발에 대한 종합적인 분석 결과 누구의 신발인가, 작가는 무슨 의도로 신발을 저기에 놓았는가. 비평적 학습자는 신발에 대해 어떤 생각을 가지고 있었고, 그림 속의 신발에 대한 자신의 생각은 어떠한가. (작가의 낡은 신발을 나타내려고 한 것 같고, 비평적 학습자도 동감한다.)

신발을 소재로 한 다른 장르의 작품들을 찾아본다.(시 속에 등장하는 아버지의 신발을 찾았다.) 신발이 가지고 있는 상징성에 대해서도 생각해 본다.(신발은 여행을 나타내기도 하지만, 우리의 복장 중에서 가장 힘든 고역을 치루는 사물이기도 하다.) 작가의 이름을 확인하고 고흐의 다른 작품들과 그에 해당하는 전문가들의 연구 자료를 검토한다.(『감자를 먹는 사람들』 속에서도 우울한 분위기가 느껴지고 가족이 있다는 사실을 알아낸다. 왜 『신발』에는 가족이 없는가, 혹 신발의 주인이 아버지는 아닌가.)

자신과 주변으로 확산하는 사고를 가진다.(낡은 신발과 관련한 자신의 경험을 떠올려 본다. '낡은'을 '늙은'으로, 신발을 가족으로 연결시켜 본다. 할아버지, 할머니, 아버지, 어머니의 신발과 삶을 결합시킨다. 낡은 이유가 무엇일까? 늙어가는 이유가 무엇일까? (내)인생도 그러하겠지. 혹 주변에 그런 이가 있지 않은가 하고 주변으로 확장해 본다. 나와 그들을 위해 할 수 있는 것은 무엇일까?)

낡은 신발을 통해 늙은 부모가 힘겨운 삶을 살아가는 모습을 보여주는 것이라고 정리한 후 자신과 부모, 또는 소외된 이웃을 위해 할 일이 무엇인지를 생각해 본다. 간단하게 신발에 관한 스토리텔링에서, 부모에 대한 사랑을 표현하는 매체나 사회에서 실천할 방법을 찾는다.

혹 신발이 낡은 것도 아니고, 시간이 새벽이나 저녁도 아니고, 길 위에 있는 것도, 신발의 주인이 가족이나 늙은이가 아닐 수 있다는 가정을 해보고 그 이유를 확인한다. 왜 사람을 그리지 않고 신발만 그렸는지에 대해서도 고민한다.

전문 비평가의 연구 자료, 교사의 조언과 자신의 생각을 비교해 보고 무엇이, 왜 다른지를 대조해 본다. 만일 자신이 생각한 것과 유사하다면 자신은 외롭고 힘든 가족의 삶을 주제로 어떻게 표현할 것인가. 작가의 생각과 다르다면 자신이 오독한 이유와 작가 표현 문제를 검토해 본다.

5) 메타 비평하기

비평이 단지 어떤 작품을 객관적으로 인식하고 이해하는 과정이 아니라 하나의 작품, 혹은 작품 속의 주체와 '나'라는 독자로서의 주체가 만나서 이루는 인식과 사상과 정서 그 모든 것을 아우르는 또 하나의 작품이라고 할 수 있다는 점[14]과 비평의 위기를 극복하는, 비평에 대한 비판적 반성[15]이 필요하다는 점에서 메타 비평의 필요성이 대두된다.

비평의 이론과 문제점들을 철학적으로 분석하는 메타 비평[16]은 대상에 대한 개인적 반응인 주관, 상상력과 (집단) 토론의 반응인 논리성, 타당성, 상상력, 다양성 강화 등이 결합된 형태를 보인다.

비평교육의 현장에서 메타 비평은 비평적 학습자가 자신의 비평을 평가하는 수행, 비평적 학습자가 전문적 연구의 비평을 평가하는 수행, 비평적 학습자와 동료 비평적 학습자 간의 상호 비평을 하는 수행, 비평적 학습자의 비평을 교사가 평가하는 수행, 비평적 학습자의 비평을 평가한 교사의 평가를 비평적 학습자가 평가하는 수행으로 이루어지며, 이러한 과정은 순환적 구조를 지니고 있다.

그렇다면 메타 비평에서 평가하고자 하는 바는 무엇인가[17] 정리해 보

---

14) 우한용, 문학교육의 평가-메타비평의 글쓰기 평가를 중심으로, 국어교육100, 한국국어교육연구회, 1999, p.552.
15) Terry Eaglton, 위의 책, p.243.
16) 송희복, 메타비평론, 월인, 2004, p.27.
17) 우한용은 메타 비평이 평가하는 문학능력으로 네 가지를 지목한다. 1) 문학의

면 다음과 같다.

- 비평적 학습자가 비평의 대상을 정확히 파악하고 있는가?
- 비평적 학습자는 작가의 의도를 인지하고 있는가?
- 비평적 학습자는 작가, 작품과의 의사소통이 가능한가?
- 비평적 학습자가 가지고 있는 비평 대상에 대한 판단은 정당한가?
- 비평적 학습자가 비평 대상에 내린 판단의 기준은 명확한가?
- 비평적 학습자는 비평 대상과 다른 대상과의 유사점 및 차이점을 알고 있는가?
- 비평적 학습자는 자신만의 의견을 가지고 있는가?
- 비평적 학습자는 비평을 통해 얻은 바를 생활에 적용할 수 있는가?

6) 새로운 비평 대상 만들기

'읽기'는 읽기 전부터 이미 쓰기의 과정을 수행하고 있다. 쓰기 위해서 읽는 것도 아니고 읽기 위해서 쓰는 것도 아니다. 비평문 쓰기에서는 비평문을 쓰기 위해서 비평을 한다고 한 박영민의 지적은 읽기와 쓰기를 연동하는 과정으로 인정하여 본질적으로 통합하고자 했던 자신의 논리를 정면으로 거부한 것이다.[18)]

이해능력, 언어적 산물로서 문학이 지니는 속성과 구조를 이해한다든지 문학이 소통되는 구조를 이해한다든지 하는 것이 이 영역의 능력이다. 2) 문학에 대한 비평능력, 문학교육이 수행되는 과정에서 문학을 이해하고 평가하는 능력이 문학비평능력이다. 3) 문학문화 수행 능력, 독자가 작품을 읽는 데는 고독한 환경이 조성되어야 한다. 4) 문학 창조 능력, 문학이 자생력을 갖추고 재생산되는 과정과 결과는 모두가 창조성의 발현이다. 문학문화라는 용어는 인문적 상상력을 바탕으로 이루어지는 문화 전반을 가리킨다. 문학주의에 입각한 문화를 뜻하는 것이 아니라 문학현상으로 실현되는 문화 전반을 포괄하는 용어이다.(위의 글, pp.544-545.)

18) 박영민(위의 책, p.50.)은 비평문에서의 읽기는 쓰기를 위한 읽기라고 전제하였지만, 이미 이지호가 쓰기에 읽기가 통합되는 양상을 본질적인 것으로 보기보다는 효율적인 것의 관점에서 파악하고 있다고 비판하면서, 쓰기와 읽기의 통합을

마찬가지로 비평교육에서 대상을 확인하는 단계에서부터 창작은 시작되었다고 할 수 있다. 즉 이 단계는 과정 중심 쓰기에서 보면 계획하기, 내용 생성하기, 내용 조직하기를 거쳐 표현하기 전의 단계에 해당된다고 할 수 있다. 비평과 창작은 따로 존재하는 영역이 아니라 태생적으로 하나였던 것이다. 대상에 대한 비평 행위는 내용으로서 존재하기에 어떠한 형태라도 지녀야만 의의를 가질 수 있다.

이 과정에서 생성되는 비평 후의 결과물은 두 가지로 볼 수 있는데, 하나는 비평문 쓰기를 비롯하여 비평 후의 결과를 시나 소설, 희곡 등의 형식으로 나타내는 언어적 비평물, 그림이나 조소, 사진으로 나타내는 영상적 비평물, 몸짓으로 나타내는 행위적 비평물, 소리로 나타내는 음악적 비평물, 매체를 통해 나타내는 동영상 비평물, 연극이나 영화로 나타내는 종합 예술적 비평물 등의 물리적 결과물이 있다. 다른 하나는 비평 대상을 통해 달라진 비평적 학습자 자신의 모습이다. 비평 행위를 하기 전과 비교하여 무엇이 어떻게 달라졌는지, 생활 속에 실천하는 자신의 행동에 대한 반성을 할 수 있다. 이 두 가지 모두 비평적 학습자와 다른 동료 비평적 학습자에게는 새로운 비평 대상이 된다.

7) 조정하기로서의 질문하기

비평 활동의 매 단계는 교사의 질문과 비평적 학습자 스스로의 질문에 대해 비평적 학습자가 답을 구하는 과정의 연속이라고 할 수 있다. 각 단계에서 제기된 질문에 대한 답이 명확하고 구체적이지 않더라도 비평 활동은 계속된다. 그러나 많은 경우에 다음 단계로의 진행이 어렵게 된다.

논의해 온 그간의 연구가 쓰기와 읽기의 필연성을 강조하고 있다는 점에서 쓰기와 읽기의 통합을 본질적 관점으로 파악하는 것이 옳다고 보는 모순을 보인다. (박영민, 위의 책, p.30.)

설령 각 단계에서 요구되는 문제를 해결한다 하더라도 비평교육 자체가 불완전성을 지니기 때문에 완벽한 대답은 이루어질 수 없다. 특히 전문적인 교육을 받지 않은 비평적 학습자들에게는 더더욱 그러하다. 각 단계에서 풀리지 않는 문제들은 해당하는 단계로 다시 돌아가 그 단계에서 원하는 문제를 해결하도록 하는 작업이 필요한데 이를 조정이라고 할 수 있다. 단계마다 제기되는 공통의 질문과 조정에 필요한 질문을 정리하면 다음과 같다.

① 비평 대상의 선정 단계에서의 질문하기

- 비평적 학습자는 어떤 발달단계에 있는가?
- 비평적 학습자는 어떤 영역에 취미를 가지고 있는가?
- 교사는 어떤 영역에 관심을 더욱 가지고 있는가?
- 교사와 비평적 학습자가 선정한 비평 대상 사이에는 차이점이 없는가? 있다면 왜 발생하는가?
- 교사는 자신의 주장을 강요하고 있지 않은가?
- 교사는 대상을 비평할 수 있는가? 혹은 비평을 한 적이 있는가?
- 비평 대상에 대한 연구 자료는 얼마나 확보할 수 있는가?
- 비평적 학습자의 홍미에만 기대고 있는 것은 아닌가?
- 지난 시간에 배운 비평 대상, 비평교육 내용과 어떤 관련이 있는가?
- 비평 대상은 교육적 내용과 가치를 함의하고 있는가?
- 비평 대상은 교육 후 다른 작품에의 전이가 가능한가?

② 비평 대상의 확인

- 비평적 학습자는 충분한 시간을 가지고 비평 대상을 관찰 했는가?
- 비평적 학습자는 비평 대상을 관찰할 때 여러 가지 감각을 동원하고 있는가?
- 비평적 학습자가 가지고 있는 비평 대상 질료에 대한 인식은?
- 비평적 학습자는 비평 대상이 속해 있는 영역을 구분하는가?
- 교사는 자신의 감상을 먼저 비평적 학습자에게 이야기하고 있는가?
- 비평적 학습자는 자신이 감상한 이유를 설명할 수 있는가?
- 비평적 학습자가 감상을 솔직하게 표현할 수 있는가? 그런 분위기를 조성하고 있는가?
- 비평적 학습자는 왜 단일한 장르만 보는가? 장르를 인식하고 보는가?
- 비평적 학습자는 장르를 전이해서 보는가?

③ 비평 전략 세우기

- 비평적 학습자는 비평내용교육에서 학습한 지식을 기반으로 비평전략을 세우고 있는가?
- 비평적 학습자 자신이 원하는 하나의 비평방법론에 매몰되지는 않았는가?
- 교사가 특정한 비평 이론을 권유하거나 강요하지는 않았는가?
- 자신의 작품 접근(비평 전략)을 인지하고 있는가? 그 전략이 과정에서 변형되거나 실패하는 것을 알고 있는가? 자신이 왜 그 방법을 선택했는지 알고 있는가?

④ 비평하기

- 비평 대상의 구조를 이루고 있는 요소들(관계소)을 찾았는가? 그 관계소 가운데 지배적 영향을 끼치는 요소들을 찾았는가?

- 관계소들을 선택한 이유를 설명할 수 있는가?
- 관계소들이 결합하는 과정과 그 이유를 설명할 수 있는가?
- 어떤 작품을 좋은 작품, 또는 나쁜 작품이라고 판단하는가?
- 작품 체험을 자신의 삶과 관련시킬 수 있는가?
- 작가의 의도를 파악하고 있는가?
- 작가가 관찰했던 방식과 유사한 방법으로 비평 대상에 접근하고 있는가?
- 작가의 의도와 자신의 생각을 비교할 수 있는가?
- 작가는 자신의 의도대로 표현하고 있는가?
- 전문 비평가의 연구 자료를 비판적으로 보고 읽는가?
- 전문 비평가의 비평에는 어떤 문제가 있는가?
- 주제가 유사한 다른 영역의 작품을 찾을 수 있는가?
- 다른 작품과의 유사점 및 차이점을 찾을 수 있는가?

⑤ 메타 비평하기

- 비평 활동의 과정에서 즐거움을 느꼈는가?[19)]
- 비평적 학습자는 자신의 비평에 만족을 하는가?
- 비평적 학습자는 자신이 한 비평의 문제가 무엇인지 알고 있는가?
- 비평적 학습자가 선택한 접근 방법 외에 다른 방법으로 접근하면 어떤 결과로 나타날까?
- 교사는 비평적 학습자에게 어떤 평가를 원하는가?
- 비평적 학습자는 교사에게 어떤 평가를 원하는가?
- 비평적 학습자는 교사가 원하는 비평을 알고 있는가? 혹 비평 결과물을 내신에 반영하는 것으로 인해 교사가 원하는 비평을 하고 있지 않은가?

---

19) 롤랑 바르트는 비평이 문학을 읽는 즐거움을 방해하기 때문에 거부한다고 하였다.(위의 책, pp.49-55.) 비평은 비평 주체가 대상을 바라보는 모든 행위이기 때문에 즐거움을 논하기에 앞서 존재한다. 삶이 쾌락만을 추구하지 않듯이 비평 또한 그러하다. 다만 즐거운 삶을 영위해야 하듯이 비평도 즐거움 속에서 더욱 강화되어 바람직한 방향으로 갈 것이다. 즐거움은 비평의 시작이다.

- 동료 비평적 학습자는 비평적 학습자가 무엇을, 어떻게 비평하고 있는지 알고 있는가?
- 동료 비평적 학습자나 교사의 의견에 방어적 자세만 취하고 있지 않은가?

⑥ 새로운 비평 대상 만들기

- 쓰기에 부담을 가지고 있는가? 왜 그런가?
- 비평문 쓰기 외에 다른 쓰기를 원하고 있는가?
- 글쓰기 말고 다른 영역에 더 관심을 갖고 있는가?
- 모든 비평을 한 가지의 양식으로만 나타내고 있는가?
- 생성되는 양식이 지금의 비평에 적절한 양식인가?
- 비평적 학습자가 새로운 비평 대상, 즉 창작에 전혀 관심이 없는가? 그 이유를 교사는 알고 있는가?
- 비평 전의 비평적 학습자와 비평 후의 비평적 학습자를 학습자 스스로, 혹은 교사는 비교·설명할 수 있는가?

어떤 전문가들도 모든 작품을 완벽하게 비평할 수는 없다. 더군다나 아직 미숙한 비평적 학습자에게는 더욱 그러하다. 관건은 비평에 대한 '자기수정률'을 높이는 것이다. 자기수정률이란 기존에 비평적 학습자 자신이 수행한 비평 작업의 문제점을 찾아 지속적으로 고쳐 나가는 것을 의미한다. 자기수정률을 높이기 위해서는 비평적 학습자가 매 단계마다 무엇을 잘 하고, 무엇을 못 하고 있는지에 대한 분석적 접근과 이에 따른 처방적 태도가 필요하다. 바로 무엇을 가르칠 수 있는가만의 문제가 아닌 어떻게 가르칠 것인가에 대한 고민을 하는 것이 교과교육이기 때문이다. 비평교육은 교과교육에 해당된다.

2.3. 비평 수업의 모형

이제는 실제로 수업 공간에서 비평 활동을 수행하기 위한 설계도면이 요구된다. 수업 설계의 일반적 절차인 계획 단계 - 전개 단계 - 평가 단계를 비평교육에 준용한 모형을 살펴보기로 한다.[20)]

<table>
<tr><td>계획단계</td><td>1. 학습목표 설정
2. 평가 계획
3. 비평 대상 설정
4. 교수 · 학습 전략 협의 및 개발
- 참고 및 보조 자료 활용
- 질문지 만들기</td><td rowspan="3">최소 2-3시간
정도 운영
비평과 창작을
동시에</td></tr>
<tr><td>전개단계</td><td>1. 협력(비평) 집단 편성
2. 학습목표 확인
3. 진단학습
4. 개인별 관계 맺기 활동
5. 관점 갖기 및 협력 토의 활동
6. 새로운 비평 대상 제작</td></tr>
<tr><td>평가단계</td><td>1. 평가(자기, 동료, 교사)
2. 수정</td></tr>
</table>

〈그림 12〉 비평 수업의 절차 단계 모형도

1) 계획 단계

비평교육의 초기에는 단순한 비평 이론을 적용하거나, 비평 이론과 관

20) 수업 설계 모형은 수업의 내용이나 교사의 계획 등에 따라 달라질 수 있다. '계획(준비) - 진단 - 지도(전개) - 평가 및 내면화'의 단계적 모형이 일반적인데, 본고에서는 매 단계에서 교사와 비평적 학습자가 서로 협의하여 이루어지기 때문에 진단 단계를 생략하였다.(구인환 외, 문학 · 교수 학습 방법론, 삼지원, 1999, pp.58-60.)

계없이 직관에 의해 수행하는 감상에 중점을 두거나, 비교적 단순한 비평 대상을 선정하여 비평에 흥미를 느낄 수 있도록 학습을 진행해야 하므로 학습목표 역시 이러한 점들을 고려한다. 비평교육에 어느 정도 익숙해지면 생활 속의 작은 대상들에서 소위 문화와 예술, 과학, 역사와 사회로 확장시켜 나간다. 수업 시간도 초기에는 한 시간에서 중기 이후에는 비평교육의 특성상 두 시간 이상으로 배치하는 것이 좋다. 비평이 바로 창작과 이어지는 것을 감안하면 세 시간 이상 혹은 하루 종일 비평교육의 시간을 운영하는 것도 하나의 방법이 된다.[21] 여러 시간을 학습한다고 해서 학습목표를 여러 개 설정하면 하나도 제대로 수행하기 어려우므로 선정된 대상을 통해 학습해야 할 교육 내용을 하나 정도 목표로 설정한다.

학습목표를 설정할 때는 두 가지 측면을 동시에 고려해야 하는데, 우선 교육과정을 기반으로 하되 비평적 학습자와 협의를 하는 것이 비평 대상을 설정할 때나 교육적인 성과면에서도 효과가 높다. 그러나 비평적 학습자의 흥미에만 맞게 학습목표를 설정하는 것은 옳지도 않고 교육 목적에도 부합되지 않는다. 비평적 학습자가 수행해야 할 학습목표를 비평적 학습자가 사전에 인지하지 못하는 것도 역시 교육의 본래 목적과 상당한 거리가 있다. 사전에 학습목표를 조정·합의한다. 비평적 학습자가 동의하지 않는 경우에 교사는 교육과정과 비평교육의 단계성을 근거로 설득한다.

다음으로 학습목표는 통합교과적 성격을 지니고 있어야 한다. 비평 대상은 단일한 구조로 이루어지기보다는 복잡한 구성을 가지고 있는 것이 대부분이며, 다른 대상과 밀접한 연관을 맺고 있기 때문에 하나의 목표는

---

21) 독일 지유 발도로프 학교에서는 한 가지 수업을 몇 주간에 걸쳐 집중적으로 하는 '에포크'라는 수업 형태를 운영하고 있다.(고야스 미치코, 임영희 · 이연현 옮김, 밝은누리, 1998, pp.307-310.)

다른 비평을 수행하기 위한 전이성을 반드시 지녀야 한다.

평가 계획은 교수·학습이 본래의 교육 일반과 비평교육 목표에 충실한지를 살펴보아야 한다. 목표와 수업, 그리고 평가에서 학습 내용의 일관성과 체계성을 유지하기 위해서 필요하다. 집단적 의미망만을 평가할 수 없기에 절대 평가만의 적용은 현실적으로 불가하다. 비평적 학습자 개인이 비평 대상에 대해 가지고 있는 가치 판단과 의견에 적절한 준거가 있는지에 초점을 맞추어 평가할 수 있는 평가 도구를 개발해야 한다. 해당 수업 시간에 적용될 비평교육의 내용을 알고 있는지를 확인하는 진단평가, 비평 대상에 대한 의견과 판단 근거를 점검하는 중간 평가, 새로운 비평 대상을 창조하는가에 대한 상상력 평가, 학습 목표에 도달했는가를 최종적으로 점검하는 형성평가로 나누어 실시한다. 비평교육에서의 평가는 평가를 위한 평가가 아니고 비평적 학습자의 비평능력을 향상시키기 위한 분석 도구로 활용되어야 한다.

비평 대상은 교사와 비평적 학습자가 서로 합의하여 결정하되 비평적 학습자의 요구에 큰 문제가 없으면 그대로 설정한다. 교사의 의견은 가급적 자제하되 비평적 학습자로 하여금 학습 동기를 유발하게 하는 자신의 체험담이나 비평 대상에 대한 이야기는 유익한 정보로 사용될 수 있다. 비평 대상에 대해 떠오르는 생각과 느낌을 간단하게 메모해 놓으면 나중에 초고를 작성할 때 도움이 되며, 이를 비교하는 작업도 유의미하다.

교사에게는 교수 전략을, 비평적 학습자에게는 학습 전략을 마련하는 교수·학습 전략은 독립적으로 존재하는 것이 아니고 비평 과정에 필요한 일체의 전략이기 때문에 교사나 비평적 학습자 일방적으로 수립해서는 안 된다. 교사는 비평적 학습자의 발달단계와 수준, 흥미 등을 철저하게 조사하여야 하고, 비평적 학습자는 교사의 전략에 대해 일방적인 동조나 거부를 피하고 자신의 전략 수립을 위해 자신의 경험담이나 배경지식,

흥미 등에 대해 솔직히 이야기하고 교사와 협의한다. 참고 및 보조 자료를 활용할 수 있으나 이 역시 하나의 비평 대상이 됨을 반드시 인지하고 있어야 한다. 즉 전문가의 자료도 절대적인 자료가 아니라 하나의 의견에 불과하다는 전제가 필요하다. 선택되지 않은 비평 전략에 대한 이유도 준비한다. 비평 행위 전반을 기록한 질문지도 작성한다.

2) 수업 단계

개인별로 이루어지는 비평 수업도 비평 대상이 유사한 비평적 학습자끼리 모둠을 구성한다. 동료 비평이 가능하도록 유도하며, 만일 모둠으로 비평교육을 수행할 경우에는 다양한 방법으로 접근하도록 하며, 통합적 성격을 지닐 수 있어야 한다.[22]

학습목표를 기계적인 반복으로 암송하는 것도 효과가 있겠지만, 교사와 비평적 학습자 간에 협의한 목표가 무엇인지를 점검하고 다시금 환기시켜서 학습자가 금번 시간에 수행해야 할 목표에 대해 확인하도록 한다.

비평내용교육 없이도 감상은 가능하지만 비평은 이루어지기 어렵다. 비평내용교육이 얼마나 이루어졌는지를 점검해 볼 필요가 있는데 본시 학습에 필요한 방법적 지식을 비평적 학습자가 가지고 있는지, 대상에 대한 사실적 정보를 가지고 있는지를 간단히 진단 평가 한다. 일정 수준에 도달하지 못한 비평적 학습자는 재학습을 실시한다.

---

22) 모둠토의 구성에 대해서는 김성장(살아 있는 모둠토의 수업 열 가지, 내일을 여는 책, 1990)과 권낙원(토의 수업의 이론과 실제, 현대교육출판, 1997)을 참조하였다. 비평교육을 모둠토의로 수업할 경우에는 ① 수행의 양과 질이 한두 모람에게 치우치지 않도록 하며, ② 영역과 방법이 겹치지 않도록 조정하며, ③ 접근 방법에 대한 인식을 재점검하며, ④ 우수한 학습자의 경우를 대비해서 여분의 과제도 준비하고, ⑤ 하나의 비평 결과물을 만들되, 공통의 결과물 이외에도 개인적 결과물을 만들 수 있도록 유도한다.

개인별로 비평 대상과 전략이 정해지면, 비평 대상을 이루고 있는 관계소들을 찾아낸다. 특별한 경우가 아니면 교사는 비평적 학습자 스스로가 찾도록 하되, 관찰은 계속한다. 관계소 가운데 지배적 요소를 찾고, 이를 중심으로 관계소들을 연결시키고 선택에서 제외하는데 선택과 배제 사유를 기록해 놓도록 한다. 관계소들의 결합에 관한 구체적 질문지들을 만든다.

관계소들을 분석하는 과정에서 자연스럽게 작가의 의도를 찾아내고, 작가의 의도와 비평적 학습자의 의견을 비교하여 유사점과 차이점을 정리한다. 다른 텍스트와의 비교 작업도 수행한다. 다양한 방법에서 형성된 여러 가지의 관점을 자신의 가치관을 중심으로 통합된 관점을 만들고, 이를 바탕으로 대상에 대한 가치를 판단하면서 비평 텍스트를 제작한 후 동료 비평적 학습자들과 토의한다.

동료 비평적 학습자와 교사의 메타 비평을 기초로 새로운 비평 대상을 제작한다.

3) 평가 단계

평가는 교사 주도 평가와 학생 주도 평가로 나눌 수 있다. 교사는 비평적 학습자의 비평 대상 선정에서 비평 전략의 수립, 참고 자료의 활용, 분석 및 접근 방법, 통합 과정과 새로운 비평 대상을 제작하는 일련의 과정에서 비평적 학습자가 보여준 일체를 평가지를 통해 지도한다. 또한 내용적 지식과 방법적 지식을 학습자가 수용하고 활용하는 정도를 평가하는 형성평가지를 사용한다. 비평적 학습자는 새로운 비평 대상을 제작하는 과정 속에서 나타난 자신의 문제점을 발견하고 점검할 수 있는 자기평가지를 만들어 점검한다. 동료 비평적 학습자도 개인평가지 또는 상호평가지를 만들어 작성한 후 교환한다.

교사, 비평적 학습자, 동료 비평적 학습자의 제언이 학습자는 물론 교사와 동료 비평적 학습자에게도 모두 피드백이 될 수 있도록 다시 수정한다.

3. 비평교육의 평가

예술작품에 대한 해석에서 어느 것이 맞고 어느 것이 틀린 것인가, 그것이 과연 이분론적으로 가부결정이 가능한가. 그것은 가능할지 몰라도 그것이 가지는 부정적 효과를 지나치게 축소해서 예상한 것일 가능성이 높다.[23] 예술교육에서 가르치려고 하는 것이 한 작품마다의 해석이나 감상을 지식화해서 나타낸 것은 아니다. 작품을 해석하는 것은 방법적 지식의 적용을 받는다. 이 방법적 지식 안에 집단으로서의 나의 객관성과 개인으로서의 나의 창조적 방법 두 가지를 통합적으로 가르치려고 하는 것이다. 예술작품에 대한 이분론적 평가는 이러한 예술교육의 방법적 본질에 위배될 뿐만 아니라 예술에 대한 거부감을 심어주기도 했다. 이것은 대학수학능력평가시험에서 문학 영역의 비중 확대로 문학 작품에 대한 관심이 증폭되었다는 주장[24]을 상쇄하고도 남음이 있는 폐해이다. 전문가의 비평이나 교사의 해석-공통되고 획일화된 해석-이 있는 작품만 선택되고 자신의 해석이 아닌 다른 이의 감상능력에 의존하게 된다. -예술 교사의 의의도 떨어진다. - 해석과 감상, 비평이 없는 예술 작품을 체험하지 못하게 됨에 따라 예술에 대한 접근이 떨어지고 예술교육은 스스로 교육의

---

23) 여기서 가능하다는 것은 예술교육에 있어 객관적 교육의 가능성을 일정 정도 인정한 것이지 한 작품에 대한 감상이 옳은 것인지, 그른 것인지에 대한 판단이 옳다고 한 것은 아니다.

24) 김중신, 한국 문학교육론의 방법과 실천, 한국문화사, 2003, p.268.

본령에서 멀어지게 되었다.

예술교육에 대한 평가가 가능한 것인가에 대한 문제는 몇 가지 오해로 인해 더욱 어려워지게 되었다. 우선은 작품의 본질은 관점에 우선하는가 하는 것이다. 작품이 옳다, 그르다, 좋다, 나쁘다 하는 평가가 가능한가, 그 평가와 관계없이 작품은 실체로서 실재한다. 나쁜 작품이 있다면, 그것은 그렇게 판단하는 기준의 자장(磁場)에서만 남는 평가이다. 루이스(C. S. L.ewis)는 비평가가 가장 하지 말아야 하는 기능이 자신의 평가를 다른 사람에게 강요하는 일이라고 충고한다. 작품의 본질을 알려고 하는 것은 비평적 학습자나 일반 비평가가 아닌 연구자들의 궁금증이다. 예술교육은 학교 교육과정 내에 있는 비평적 학습자를 대상으로 하는 것이다. 기존의 예술교육이 전문가 교육으로 오해받았던 일도, 지식의 구조로서 비평가들이나 예술 연구자들이 했던 일을 따라하는 것으로 인식되었던 것도 이러한 오해에서 기인한 것이다.

이러한 문제는 작품을 객관적으로 평가할 수 있느냐의 의문으로 환원된다. 예술 작품에 대한 최대한 객관적 평가(판단)는 무엇인가. 그것은 작가의 생각(의도)인가. 작가의 생각 그대로 반영된 것이라면 그렇다고 할 수 있을 것이다. 그렇다면 모든 작품의 해석은 작가만이 정확하게 할 수 있고 감상자들은 숨겨져 있는 작가의 의도를 학습한 것을 토대로 맞추는 게임만 할 뿐이다. 그러나 그 어떤 작가도 자신의 의도가 완전하게 반영된 작품을 창작할 수는 없다.

작가가 작품을 만드는 것과 독자가 작품을 만드는 것은 독자가 작품을 감상하는 행위와 마찬가지로 의사소통(대화)하는 작업이다. 어떤 대화도 완벽하게 이해하고 수용될 수는 없다. 그것은 대화를 하는 데에 있어 직접적이지 못하고 매체의 힘을 빌리는 데에 기인한다. 개인의 머릿속에서 생각한 것과 표현한 말이 일치하지 않듯이. 그것과 비례하여 여러 번 굴절되는 언어라는 매체의 특성상 문학작품은 더더욱 작가의 의도와 달라질 수 있다. 더군다나 작품을 살아 있는 하나의 유기체로 인정한다면, 작가 역시 객관적인 평가에서 벗어났다는 지적에서 자유로울 수 없다. 전문적인 비평가도 마찬가지이다. 연구와 토론의 힘을 믿는다면 여러 연구자(비평가)들의 공통된 감상망을 설정해 볼 수 있다. 그렇다면 이들의 감상망은 객관적 평가가 될 수 있는가 하는 점을 지적할 수 있다. 이들이 합의하는 과정, 준거의 틀 역시 당대 이데올로기에서 자유롭지 못하다면 이 역시 하나의 가설일 수밖에 없다. 예술 작품 평가에 대한 객관화를 전면 부정하는 것은 아니지만, 가설을, 그것도 자족적 논리로 만든 가설을 기준으로 다른 감상자의 비평을 재단하는 것이 과연 옳은 일이며, 가능한 일인가에 대해 고민해 보아야 할 것이다.

결국 예술 작품의 평가에 대한 근원적인 질문을 제기하는 것과 같은 결론을 얻을 수 있다. 전문가적 비평 방법, 작품의 표현 방법과 작가의 창작 의도, 비평적 학습자의 반응 중심의 평가로는 예술교육 평가의 본령인 예술능력을 측정하거나 향상시킬 수 없음을 인지하게 되었다. 이와 마찬가지로 비평적 리터러시의 향상을 추구하는 비평교육은 평가에 있어서 위와 같은 방법으로 접근하지 않는 것을 원칙으로 하며, 세 가지 의미망이 모두 결합되어 비평능력을 발달시키는 평가를 그 목적으로 한다. 국가나 사회에서 요구하는 집단적 의미망과 비평적 학습자 개인이 가지고 있는 개인적 의미망, 그리고 이 두 가지가 변증법적으로 결합되어 실현되는 비평적 학습자의 구성적 의미망으로 형성된 비평적 견해와 그를 뒷받침할 수 있는 이유의 타당성과 신뢰성을 확보하는 것, 그리고 비평 대상을 비평적 학습자의 삶 속에서 향유하며, 영위하는 능력과 비평 대상에 대한 보편타당하면서도 상대적으로 지니고 있는 가치에 대한 판단 능력의 향상, 이들을 연결시키는 사고력과 상상력을 발전시켜 문화적, 멀티적,

통합적, 비평적 리터러시를 향상시키는데 도움을 주는 평가를 하고자 한다.

비평교육을 통해 얻고자 하는 바를 수준별에 따라 평가 목표를 국가 수준, 지역 수준, 교사 수준, 비평적 학습자 수준으로 설정할 수 있다. 국가 수준은 교육이 일반적으로 지향하고 있는 전인교육의 방법으로서 비평교육의 유의미성, 비판적 시민정신과 민주적 절차의 원리의 획득, 전통문화에 대한 체계적 전수와 새로운 문화 창조에 이바지하고 있는가에 대한 평가 등이 요구된다. 지역 수준에서는 지역의 환경과 문화의 특성, 생태의 중요성에 대한 인식, 국가와 지역 문화의 연결고리의 형성, 지역 공동체의 일원으로서의 책임의식, 지역에 대한 자긍심을 향상시키는데 비평교육이 얼마나 공헌하고 있는지에 대한 평가 등이 요구된다. 교사 수준에서는 비평교육의 내용에 대한 지식과 비평교육의 방법적 지식의 획득, 교사와 비평적 학습자의 유대감 증진, 인간과 환경 모두에 대한 따뜻한 시선 확보, 상호 협력하는 자세를 가지게 하는데 비평교육이 얼마나 도움을 주고 있는지에 대한 평가 등이 요구된다. 비평적 학습자 개인의 수준에서는 사물과 현상에 대한 사고력과 상상력을 향상시키고, 비평 대상과 세계에 대한 인식을 넓히고, 자아 정체성을 확립하여 자신의 삶을 변화 발전시키는데 기여하는 비평교육에 대한 평가 등이 요구된다.

비평교육은 이미 특성상 평가의 기능을 가지고 있기 때문에 비평 활동을 하는 매 순간마다 평가적 요소가 내재되어 있다. 이러한 비평교육의 평가를 수행하기 위해서는 누가 평가할 것인가(평가주체), 무엇을 평가할 것인가(평가 대상과 영역), 어떻게 평가할 것인가(평가 방법과 기준) 등이 제시되어야 한다.

3.1. 평가 내용

3.1.1. 평가 주체

비평교육의 평가는 다면 평가, 상호 평가, 자기 주도적 평가를 원칙으로 한다. 비평적 학습자를 주로 평가하는 주체는 역시 교사다. 그러나 교사가 비평적 학습자의 총체적인 면을 모두 평가하는 것은 그 자체로서 한계가 있다. 기본적으로 비평적 학습자 자신의 평가가 선행되어야 하고, 비평적 학습자를 바라보는 동료 비평적 학습자의 평가가 이루어져야 한다. 모둠 구성을 통한 비평교육이었다면, 모둠 내에서의 비평적 학습자의 역할까지도 모둠 구성원들이 평가를 해야 한다. 비평교육의 시작 전부터 끝까지 함께 하는 교사는 이러한 내용을 포함하여 평가하고, 이 세 평가자들의 평가를 아우를 수 있는 다면 평가를 해야 한다.

비평적 학습자만 평가를 받는 것이 아니다. 동료 비평적 학습자의 평가 역시 비평적 학습자의 입장에서 보면 평가의 대상이 된다. 교사의 비평 행위와 비평적 학습자에 대한 평가도 역시 평가의 대상이 된다. 이미 언급했듯이 비평교육은 메타 비평의 개념을 동시에 획득하고 있기에 비평적 학습자의 동료에 대한, 교사에 대한 평가는 자연스럽게 진행되며 상호 평가라고 할 수 있다.

비평적 학습자, 동료 비평적 학습자, 교사에 대한 다면 평가와 상호 평가는 자기 주도적 평가의 실현이라는 효과를 가지고 있다. 자신이 받아들이지 않으면 교육적 의미는 사실상 기대하기 어렵다.

3.1.2. 평가 내용

평가 주체의 평가 행위는 모두 비평교육의 대상이자 평가의 대상이 된다. 평가 대상의 구체적인 부분은 평가 내용이 된다.

1) 비평적 학습자

비평적 학습자가 비평교육의 각 단계에서 무엇을 획득하고 있는지에 대한 평가는 비평교육 평가의 핵심이다.

대상 선정하기에서는 비평 대상을 선정하게 된 이유나 설명이 타당한 것인가, 비평적 학습자 개인의 취향에만 매몰된 것은 아닌가, 지난 수업 시간과의 관련성과 지속성, 내용 지식의 체계성을 확보하고 있는가에 대한 평가가 이루어진다.

비평 전략 세우기에서는 비평적 학습자 자신이 세운 전략이 현실 가능한 것인지, 지나치게 많은 전략과 방법을 설정한 것은 아닌지, 대상에 맞는 전략을 설정한 것인지, 배제된 전략에 대한 이유나 설명은 타당한 것인지, 배제된 전략으로 수행할 경우에 발생하는 문제는 무엇인지에 대한 평가가 이루어진다.

관계 맺기에서는 우선 비평 대상의 외면에 나타난 특성을 사실적으로 잘 정리하고 있는지, 관계소를 배제하고 선택하고 결합하는 과정에서 논리성이 결여되지는 않았는지, 결합에서 배제된 관계소들의 조합은 어떤 비평을 예상할 수 있는지에 대한 평가가 이루어진다.

작가의 의도 파악하기에서는 작가가 대상을 관찰하는 방법을 찾아냈는지, 작가의 의도를 찾아냈는지, 작가의 의도와 비평적 학습자 의견의 유사점과 차이점, 그 이유를 설명한 것이 타당한지, 비평 대상의 주제와 유사한 작품이나 작가의 다른 작품에서 비평 대상과의 유사점과 차이점을 설명할 수 있는지, 전문가들의 비평 방법을 찾아내고 그와 같은 방법으로 비평할 수 있는지, 다른 방법을 택했다면 그 이유를 명확히 설득할 수 있는지에 대한 평가가 이루어진다.

관점 형성하기에서는 작가 의도와의 비교를 통해 생성된 비평적 학습자의 견해와 그 이유가 타당성을 획득하고 있는가, 직관적 비평이나 감상과는 어떤 점이 다른가에 대한 평가가 이루어진다. 비평 활동으로 형성된 관점으로 비평 대상은 물론 작가와 학습자 자신의 비평에 대한 가치 판단과 근거에 대한 평가도 이루어진다.

새로운 비평 대상 만들기에서는 비평적 학습자의 상상력이 어느 정도 표현되었는지, 비평 대상과 다른 작품을 모방하지는 않았는지, 비평적 학습자의 의도대로 표현되었는지, 비평교육 후 알게 된 것이 자신의 삶에 어느 정도 반영되어 얼마나 지속적으로 변화시킬 수 있는 것인지에 대한 평가가 이루어진다.

비평 대상을 전체적으로 살펴본 후 대상의 구조와 비평적 학습자, 비평 환경을 분석적으로 접근할 수 있는가, 비평 대상을 해석만 할 것이 아니라 자신의 비판적 관점을 가지며 통합적으로 조망할 수 있는가, 새로운 비평 대상을 창조할 수 있고, 자신의 삶을 변화시킬 수 있는가를 평가하는 것이다. 즉 비평 대상에 대한 자신의 관점과 근거가 내외적으로 타당성을 가져야 한다는 것이다.

2) 교사

비평적 학습자의 비평 대상에 대한 평가와 더불어 교사의 교수 행위에 대한 평가도 단계별로 정리할 수 있다.

대상 선정하기에서는 교사의 취향과 지식을 무의식적으로 강요하지는 않았는지, 그로 인해 상호 협력과 절차의 원리를 벗어나지는 않았는지,

비평교육의 내용 지식에서 크게 벗어나 있지는 않았는지를 평가한다.

비평 전략 세우기에서도 교사가 자신이 세운 전략을 강조하거나 혹은 반대로 전략이 부재한 비평적 학습자를 방관하지는 않았는지, 특정한 비평 이론에 경도되어 접근하지는 않았는지, 공동 연구자나 공동 비평자의 역할에서 벗어나 지도의 활동에만 집중하지는 않았는지를 평가한다.

비평하기에서는 비평적 학습자에게 과도한 자료를 제공하거나 반대로 자료를 찾는 방법을 제시하지 않아 학습에 곤란을 겪지는 않았는지, 전문가의 비평 방법에 의존하고 있지는 않은지, 작가의 주제에 얽매여 있지는 않은지, 관계소를 찾아내는 이론을 기계적으로 적용하였는지를 평가한다.

메타 비평하기에서는 비평적 학습자가 교사의 개입 없이 자기 주도적으로 자신의 비평 활동을 자신이 비평 대상을 비평한 것과 같은 기준으로 평가할 수 있도록 지도했는지, 비평적 학습자의 비평에 대해 교사의 생각이 다르다 하더라도 선입견 없이 비평하고 있는지, 비평적 학습자와 동료 비평적 학습자 사이의 이견을 조율하고 있는지를 평가한다.

새로운 비평 대상 만들기에서는 전문적 창작 표현보다는 비평적 학습자의 비평 내용을 얼마나 창의적으로 담고 있는지에 역점을 두고 평가하고 있는지를 평가한다.

비평적 학습자와 비평교육의 각 단계에서 서로 협의하고 협력했는지, 비평 활동에의 개입 정도, 공동 비평자로서의 작업 분담 정도, 비평적 학습자와의 조응 거리 정도, 비평적 학습자의 비평 행위와 결과 일체에 대한 고도의 주관적 판단 정도 등을 종합적으로 고려하여 평가한다. 비평적 학습자가 지나치게 감성에 호소하고 있지는 않은지, 비판에 경도되어 비평 대상에 대한 애정적 관점을 버리고 있지는 않은지도 평가에서 유의해야 할 내용이다.

3) 동료 비평적 학습자

비평적 학습자의 비평 대상과 동료 비평적 학습자의 비평 대상 간의 관계를 명확히 알고 있는지, 비평적 학습자의 비평 행위 일체에 대해 어느 정도 정확하게 알고 있는지, 비평 대상에 대해 얼마나 알고 있는지, 비평적 학습자의 비평에 대해 감정적 판단을 내리고 있는지를 평가한다.

3.2. 평가 영역

3.2.1. 평가 영역

일반적으로 교육 평가에서의 행동 영역은 지적 영역과 정의적 영역으로 나눈 블룸(Benjamin Bloom)의 분류에 힘입은 바 크다. 지식, 이해, 적용, 분석, 종합, 평가 등의 하위 요소를 갖는 지적 영역과 주의, 반응, 가치화, 조직화, 인격화를 제시하는 정의적 영역에[25] 비평교육은 실천적 영역을 추가한다. 지식과 감성이 알고 느끼는 것이라면, 이를 자신의 삶에 수행할 수 있는가를 묻는 영역이 자연스럽게 요구된다. 비평내용교육에 대한 지식, 비평 대상에 대한 지식, 비평 대상에 접근하는 방법적 지식이 지적 영역에 해당된다. 비평 대상을 통해 느낀 일련의 감정적인 부분이 정의적 영역에 해당되고, 지적 영역과 정의적 영역을 통해 새로운 비평 대상을 만들고 깨달은 바를 자신의 삶에 적용하려는 것이 실천적 영역에 해당한다. 지적 영역과 정의적 영역의 인위적인 분리는 교육 내용뿐만 아니라 인간의 생활과 경험을 총체적으로 보지 못하게 하는 실수를 범하는 결과를 초래하였다. 대상에 대해 아는 만큼 느끼는 것이고, 느끼는 만

25) 황정규 외, 교육과정과 교육평가, 교육과학사, 1991, pp.206-208.

큼 애정을 갖게 되는 것이고, 애정을 갖는 만큼 아는 것이라는 소박한 명제는 비평교육에도 그대로 적용된다. 지적 영역과 정의적 영역이 분리되어 있는 것이 아니듯 이를 기반으로 한 실천적 영역 역시 이들과 분리하여 접근할 수 없다. 각각의 영역을 통합하여 평가하는 방법의 개발 연구가 필요하다.

3.2.2. 평가 시기

비평교육을 시작하기 전에 실행하는 사전 평가는 비평교육의 내용적, 방법적 지식을 비평적 학습자가 얼마나 알고 있는지에 대해 평가한다. 비평 이론, 비평 형식에 따른 특성, 비평 질료에 대한 이론적 설명, 대상에 접근하는 방법에 대한 지식적 내용을 알고 있어야 하고 실제 적용이 가능한지도 평가한다. 비평 대상과 학습목표가 확정이 되면 비평 대상에 대한 지식과 다른 작품을 찾아서 비교하거나 대조하는 방법, 관계소를 선택해서 연결하는 방법에 대한 평가를 실시한다. 매 수업 시간 끝에 학습목표에 도달했는가를 묻는 형성 평가를, 단원과 학기가 종료할 때 총괄평가를 실행한다.

3.3. 평가의 방법

비평교육의 평가 방법은 무엇에 중점을 두는가에 따라 분류할 수 있다. 결과와 과정에 비중을 얼마만큼 지니는가에 따라 각각 결과 중심 평가법, 과정 중심 평가법이 있고, 결과와 과정 중심을 벗어난 탈 중심 평가법이 있다.

3.3.1. 결과 중심 평가법

비평 대상에 대한 비평교육 활동이 종료 된 후에 평가하는 것으로 문항에 의한 접근법이 대표적인 방법이다. 문항에 의한 접근법[26]은 평가 문항을 제작하여 비평교육의 내용과 방법적 지식의 적용, 비평 대상에 대한 지식, 비평 대상의 내용에 대한 비평적 학습자의 인지 정도를 묻는 평가도구로 활용하는 방안을 모색할 수 있다. 단편적인 지식을 묻고자 하는 경우에는 단답형이나 진위형, 연결형이나 선택형을 사용할 수 있으나, 이러한 평가 도구들은 비평교육의 평가가 추구하는 사고력 측정과는 거리가 멀다고 할 수 있다. 각 단계마다 비평적 학습자의 의견과 이유를 서술형이나 논술형 질문지로 제시하여 체계성과 일관성, 논리성을 측정할 수 있다.[27]

새로운 비평 대상에 대한 평가에는 우선 비평 대상의 완성도보다는 창작 의도에 중점을 두어 평가를 실시한다. 비평교육과 창작교육을 연계해서 평가할 수 있고, 연계하는 것이 바람직한 방향이지만, 창작교육이 가지고 있는 전문적 성격에 비추어 아직은 비평교육의 목표 수행에 충실해야 하는 것이 현 단계라면, 비평적 학습자가 생산한 새로운 비평 대상에 있어서 내용과 형식의 높은 완성도를 기대하고 평가하는 것은 비평교육 평가의 본질에서 거리가 멀어진다. 비평 대상에 대한 비평적 학습자의 판단과 가치관이 얼마나 표현되었는가를 평가한다.

다음으로 비평교육이 하나의 교과로 인정받지 못하는 현실에서는 단일 교과의 평가보다는 통합 교과로서의 평가가 권장된다. 하나의 비평 활동으로 여러 교과에서 요구되는 수행 평가를 만족시키면 비평적 학습자는 수행 평가에 대한 양적 부담이 줄어들게 되고, 각 과목 교사는 질 좋은

---

26) 성태제(문항제작 및 분석의 이론과 실제, 학지사, 2006)의 책 참조.
27) 김수이, 문학연구와 문학교육의 소통, 청동거울, 2008, pp.187-188.

수행 평가물을 얻을 수 있다는 장점을 갖는다. 비평교육 자체가 통합적인 성격을 지니고 있으므로 이 방법에 부합된다고 볼 수 있다.[28)]

새로운 비평 대상은 대상에 사용된 질료의 특성에 맞게 평가한다. 질료의 특성에서 비평적 학습자가 가장 중요하게 여기는 요소가 무엇인가에 집중한다. 미술로 표현했을 경우에는 가장 많이 사용한 색채나 구도 등을, 음악인 경우에는 화음이나 가락, 박자 등을, 만화인 경우에는 비평적 학습자만의 캐릭터나 인물의 표정과 자주 언급하는 말풍선을, 광고인 경우에는 캡처한 그림이나 사진·동영상과 멘트를, 영화나 동영상인 경우에는 카메라의 위치와 대상을 바라보는 각도 등을 중심으로 평가한다. 지나치게 전문적인 부분까지 세밀하게 평가하는 것은 피한다.

비평 후 표현 활동에서 가장 자주 사용하는 질료는 언어이고, 언어로 나타내는 형식 가운데 가장 많이 사용되는 형태가 비평문인데, 비평문에서는 비평문의 양식과 구조도 주요한 요소이지만, 더욱 중요한 것은 비평문에서 지배적으로 소요되는 단어이다. 특히 서술어로 활용되는 용언에 대한 분석은 좋은 평가 자료이다. 감상에서는 아름답다, 멋지다, 훌륭하다, 환상적이다, 가치판단에서는 좋다, 나쁘다, 옳다, 그르다 등 사용되는

28) 현장에서 수행평가가 학기말에 집중되어 있어 대부분의 학생들이 이중고에 시달리고 있다. 학기말 지필고사를 준비해야 하고, 각 과목에 대한 수행평가 제출 시기가 중첩되어 있기 때문이다. 이로 인해 수행평가에 대한 준비가 소홀해지고, 양질의 수행평가물을 생성하기 어려워지며, 심지어 수행평가를 대신하는 곳을 이용하거나 수행평가물 제출을 거부하는 현상이 일어난다. 이는 수행평가가 본래 추구하려는 목표와는 사뭇 다른 방향으로 전개됨을 의미한다. 또한 교사들 역시 평가에 있어서 주관적인 평가라는 이의에 시달리고, 평가한 수행평가물의 보존에도 고민을 해야 하는 부담을 안고 있다. 하나의 비평활동을 통해 여러 과목을 통합하는 방법을 사용하면 학생과 교사의 이러한 고민들을 어느 정도 해소할 수 있다. 예를 들어 김소월의 『진달래꽃』을 읽고 느낀 점을 비평문이나 쪽지글로도 가능하지만 시로 쓰고, 그림으로 그리고, 노래를 만든 다음 파워포인트에서 이들을 하나로 제작할 수 있다. 이런 경우 새로운 비평 대상인 詩·畵·曲으로 국어, 미술, 음악, 컴퓨터 과목에서 수행평가가 가능하다.

용언에서 비평적 학습자의 취향이나 대상에 대한 심미적 수준, 판단 능력을 엿볼 수 있다. 이는 역으로 비평적 학습자가 비평 대상에 대해 내린 평가에 대한 근거를 찾는 기회가 된다.

3.3.2. 과정 중심 평가법

과정 중심 평가법은 비평교육의 매 단계에서 이루어지는 활동에 대한 평가와 점검을 통해 궁극적으로 바람직한 비평교육을 수행하는 것을 말한다. 각 단계가 뚜렷하게 구분되는 것은 아니지만 교수·학습을 편리하게 진행하기 위한 단계 설정은 필요하다. 각 단계에서 비평적 학습자가 비평 활동을 수행하는 과정에서 형성되는 일련의 것들에 대한 평가로, 다음 단계로의 원활한 진행을 촉진한다. 각 단계마다 비평적 학습자가 생성한 생각과 의견에 대한 판단으로 비평적 학습자의 장점과 단점을 파악하여 환송한다. 과정 중심 평가법은 결과 중심 평가법보다 비평적 학습자와 교사 간의 상호 협의에 의한 평가가 더욱 중심을 이루게 되며, 토의 그 자체는 물론 토의로 인해 생긴 협의록과, 토의한 결과를 반영한 결과물 등이 모두 평가의 대상이 된다. 이러한 과정 중심 평가의 방법의 한 가지로 오독분석법[29]을 들 수 있다.

비평 대상에 반영된 작가의 의도를 파악해 가는 하나의 과정이라는 소전제는 곧 비평은 작가와 비평적 학습자 간의 의사소통 현상이라고 할

29) 비평의 대상이 문학 또는 읽기만이 아니기에 오독이라는 표현은 적절하지 않지만, 비평 대상을 제외한 나머지의 대상들은 주로 문자로 이루어져 있기 때문에 오독이라는 용어를 사용하였다. 오감(誤感)이나 오감(誤鑑)은 대상에 대한 감상적 부분이기에 사용하기 어렵고, 오평(誤評) 역시 평가의 부분에 중점을 둔 것으로 오인 받을 수 있다. 작가의 생각이나 작품에 대한 일반적 견해와 다른 생각이라는 점과, 의사소통이 제대로 이루어지지 않은 측면에서 보면 오해(誤解)라는 용어를 고려해 볼 수도 있다.

수 있다. 그렇다고 어떠한 의사소통도 완벽을 보장할 수 없다. 이것은 의사소통의 수단인 매체가 갖고 있는 한계이자 매력이며 독자성의 근간이다. 특히 추상적 기호를 수단으로 취하는 경우는 더욱 그러하다. 그렇기 때문에 대상에 대한 비평 활동에서 오독은 자동적으로 수행되는 현상이다. 비평은 일종의 창조적 오독현상이라고 할 수 있다.

오독분석법은 비평적 학습자가 오독하는 이유와 그 반대로 오독을 하지 않는 경우를 상정하여 볼 수 있다.[30] 비평적 학습자가 오독을 하는 경우도 그 원인과 내용에 따라 창조적 오독과 오류적 오독으로 나누어 볼 수 있다. 창조적 오독과 오류적 오독의 원인은 대부분 같은 지점에서 발생한다.

오독이 일어나는 가장 큰 이유는 비평적 학습자 자신에게 있다. 자기중심적 사고로 인한 것인가, 구조를 잘못 파악했는가, 배경지식에 문제가 있는가, 지나친 몰입이나 감정이입을 했는가, 비평 전략의 문제나 부재에 있는가, 비평적 학습자의 상상력의 한계인가, 비평적 학습자 개인의 특수성인가, 비평적 학습자의 발달단계에 있어서 적용에의 문제인가, 비평적 학습자의 억눌린 예술 체험(대상에 대한)에 있는가, 비평적 학습자 개인의 대상에 대한 선호도의 문제인가, 비평적 학습자가 비평할 때의 상황의 문제인가, 비평적 학습자의 언어 경험에 문제가 있는가 등을 집중적으로 점검하여 원인을 밝혀내고 재교육하는 과정을 거친다.

다음 이유로는 작가나 작품에 있을 수도 있다. 작품 자체의 다의성(난이도)에 있는가, 작가의 단순한 실수인가 등도 점검의 대상이 된다. 교사에게도 오독의 원인을 발견할 수 있다. 교사 자체가 오독을 행한 것인가,

30) 본질적으로 텍스트는 오독에 대해 열려 있지만, 또한 지속적으로 오독에 대해 저항한다.(김창원, 시교육과 텍스트 해석, 서울대학교출판부, 1998, p.44.) 또한 오독의 권리는 자유화의 원리에 해당하지만, 그 역시 엄격성의 원리를 통과해야 하는 것이다.(정재찬, 문학교육의 현상과 인식, 역락, 2004, p.193.)

기존 비평가의 오독을 그대로 옮기고 있는가, 교사의 지나친 간섭이 이루어지고 있는가, 특정한 비평 이론을 중심으로 접근하고 있는가도 생각해볼만하다.

오독 현상이 일어나는 원인뿐만 아니라 발생하는 과정도 짚어 보아야 한다. 관계를 맺고 있는 과정인지, 대상을 분석하는 과정인지, 대상에 대한 자료를 읽어보는 과정인지, 통합하는 과정인지를 파악한다.

대상이 문학인 경우 단어와 단어, 문장과 문장, 문단과 문단 사이를 잘못 읽고 있는가, 음악인 경우 곡의 음정과 박자, 리듬, 분위기를 잘못 듣고 있는가, 미술인 경우 색채와 여백, 대상에 대한 그릇된 이해를 하고 있는가 등 구체적인 오류의 원인을 확인해야 한다.

여기서 중요한 것은 창조적 오독과 오류적 오독에 대한 확인 과정이다. 오독이 발생하는 원인은 둘 다 유사하나, 둘 사이를 가르는 기준점은 능력과 실수에 있다. 단순한 실수이거나 대상에 대한 몰입, 비평능력의 부재로 인한 오독은 오류적 오독을 일으키기 쉽다. 평가는 창조적 오독과 오류적 오독이 나누어지는 지점과 창조적 오독이 비평으로 발현되는 지점에서 이루어져야 한다. 비평적 학습자가 오독과 그렇지 않은 것의 차이를 분명히 알고 있는지가 그 기준점이 된다. 창조적 오독이 일어날 수 있도록 교수·학습하는 것도 필요하지만, 오류적 오독이 습관화되지 않도록 하는 일도 매우 중요하다.

오독하지 않는 이유도 살펴야 한다. 일반적으로 교육학에서는 교사가 교수한 대로 비평적 학습자가 학습하는 의사소통구조로 오독이 일어나지 않는 것이 정상적인 일이겠지만, 비평교육에서는 오히려 창조적 오독이 일어나지 않는 것은 비평적 학습자의 상상력 발전에 저해가 된다고 본다. 위에서 언급했듯이 대상에 대한 오독과 그렇지 않은 것을 구분하는 것은 과정 중심 평가의 기준점이 된다. 그렇다고 오독이 일어나지 않는 것만을 비평교육에서는 평가할 수 없다. 작가가 창작과정에서 범한 실수를 그대로 답습하는 것[31]은 올바른 비평교육이 될 수 없고, 작가나 전문 비평가들이 설정한 내용을 파악해내는 것이 비평적 리터러시를 향상시키는 것과는 상당한 거리가 있기 때문이다. 대상에 대한 총체적인 분석과 접근을 요하는 비평교육에서 하나의 정답을 위한 평가를 한다는 발상 자체가 비평교육을 부정하고 비평교육의 평가를 부정하는 행위가 된다. 대상에 대한 다양한 의견과 오독을 구분하지 못하고 있다는 점을 지적할 수도 있겠으나 대상에 대한 비평자의 평가는 다양하게 전개되는데 그 원인 가운데 가장 큰 것이 바로 오독이기에 이 둘은 연동되어 있다고 할 수 있다.[32]

오독을 하지 않는 이유도 여러 가지로 상정해 볼 수 있는데 우선은 교사나 전문가의 비평을 정설로 전제하고 이를 비평적 학습자가 순연히 받아들였다고 가정하는 경우다. 과연 어떤 것이 비평 대상에 대한 정확한 견해인지부터가 논란의 시작이 된다. 작가의 의도인가, 이를 해석한 전문 비평가들의 주장인가 하는 점인데 이러한 논란은 계속적으로 환원된다.

만일 교사의 지나친 간섭이나 설명 없이 스스로 정설을 찾아냈다면, 비평적 학습자의 내면에 이미 형성된 틀 속에서 기계적으로 반출되었을 가능성이 높고, 그것은 비평적 학습자가 집단 내부에서 학습한 공통된 사회·문화·예술 경험에서 기인한 것이다. 비평 대상이 단순화된 경우에도 쉽게 찾아낼 수 있다. 이런 경우는 초등학교 저학년을 제외하고는 비평교

31) 신비평에서 주장한 의도의 오류를 인정하고 이를 극복하는 방법은 작가의 의도된, 혹은 의도되지 않은 실수를 단순한 실수가 아닌 이상 오류로 받아들이기보다는 창작된 형태로 봄이 타당하다. 마찬가지로 오독 역시 오류적 오독을 제외하고는 비평적 학습자의 오독에 대한 근거가 명확하면 이를 받아들이는 것이 필요하다.

32) 오독이 일어나지 않게 하는 경우는 현실적으로 불가능하다. 만일 오독이 일어나지 않게 하는 무오염적 접근-무균처리된 비평 대상과 비평 상황-이 가능하다 하더라도 비평교육은 오염된 현실 속에서 이루어지는 작업이기 때문에 유의미하지 않다.

육에서 의미를 발견하기 어렵다.

오독을 하지 않은 비평적 학습자에 대한 평가는 오독을 하지 않은 이유를 밝혀내고 학습자가 비평 이론이나 비평 대상에 대한 지식을 암기하여 쏟아내는 것인지, 비평능력이 향상되어 수행하고 있는지를 알아내야 한다. 비평적 학습자가 교수·학습에 의해서 오독을 하지 않고 비평하는 것은 비평교육이 추구하는 목표이지만, 현실적으로는 그리 간단한 문제가 아니다. 결국 오독을 하지 않는다는 평가는 평가 문항을 평가자가 원하는 내용과 방법으로 제한했을 경우에만 실행될 수 있다. 즉, 평가 문항을 평가자가 의도한 방향으로 한정해야만 얻을 수 있다.

집단적 의미망에서 소통이 가능한 범위 내에서 이루어지는 모든 오독 행위를 인정하고 그 원인을 찾아 규명하는 작업이 오독 과정을 통한 과정 중심 평가법이라 할 수 있다.

3.3.3. 탈중심 평가법

과정 중심 평가법이 비평적 학습자의 비평 활동을 중심으로, 결과 중심 평가법이 교사의 의도 중심으로 수행되는 평가법이라고 한다면 탈중심 평가법은 기존에 비평교육에 대해 가지고 있던 평가의 개념을 해체하고 재개념화한 후 이 두 가지 평가법을 아우르는 방법이라고 할 수 있다. 어느 한 주체나 대상 중심으로 이루어진 지금까지의 평가에 대한 반성적 시도라고 할 수 있다.

비평적 학습자의 능력 구별이라는 변질된 평가의 목적을 평가가 원래 지니고 있었던 비평적 학습자의 학습 능력 향상으로 돌아가게 하고, 평가자와 피평가자를 구분하지 말고 모두가 평가를 하면서 동시에 평가를 받는 대상으로 인정해야 한다. 과거 지향적 평가와 미래 지향적 평가가 동시에 수행될 수 있도록 한다. 비평적 학습자의 비평이 단순히 비평적 학습자의 비평능력 향상에 이바지하는 것만이 아니라 사회 집단에 긍정적 영향을 주는 것으로 발전해야 한다.

평가권의 주체가 교사만이 아니라 비평적 학습자, 동료 비평적 학습자로 확대되어야 한다. 교사 역시 비평교육을 담당하는 교사만이 아니라 비평 대상이 혼재해 있는 질료로 이루어져 있다면 고등학교에서는 여러 교과의 교사들이 평가 모둠을 구성하여 실시한다. 평가 대상도 비평적 학습자의 비평 내용을 전제로 교사와 전문 비평가의 비평 내용 역시 포함한다.

비평 과정과 결과 모두를 중시하며, 각 단계에서 학습되지 못한 부분에 대한 것과 그로 인해 반영된 결과상의 오류를 인과적인 면에서 분석한다. 비평적 학습자가 사용하는 비평 이론이나 학습 전략이 편향되어 있지 않은가를 살펴보고, 다양한 면에서 접근할 수 있도록 유도한다.

평가 문항의 제작에서도 비평 이론에서는 선택형이나 단답형을, 비평 활동에서는 서술형이나 논술형 문항을 활용한다. 비평과 창작을 나누는 이분론적 평가보다는 학문과 생활을 해 나가는데 있어 불가분의 관계에 있는 이 둘을 하나로 보는 관점에서의 평가가 요구된다.

V장 결론

비평교육이 하나의 학문과 교과로 인정받기 위한 시도로서 본 연구는 비평교육의 개념과 목표, 원리와 위상을 전제로 비평교육의 구성과 비평이론과의 관계를 통해 비평교육의 내용과 방법을 변증법적으로 전개해 그 가능성을 논증하였다.

비평과 유사한 개념인 감상과의 대조를 통해 비평에 대한 재해석을 근거로, 비평과 교육이 하나의 개념 속에서 어우러지는 비평교육을 제시하였다. 일반교육학과 교과교육학이 지니는 다양한 차이를 기반으로 비평교육과 비슷하게 사용되는 개념들과의 비교·분석을 통해 재개념화하였다. 비평적 학습자인 '나'를 포함한 사물과 사람, 세계와 관련된 모든 현상과 본질, 존재와 의미에 대한 비평적 학습자의 주관적인 내적 논리와 비평적 학습자와 비평 대상 간의 관계를 객관화하는 일련의 과정, 새로운 관계의 결과물을 형성하는 과정을 비평교육이라고 정의하였다.

모든 문학, 예술, 문화 등은 비평의 대상이 되고, 비평교육의 대상은 비평을 하기 위한 비평적 학습자가 된다. 비평교육은 비평 대상과 비평적 학습자를 위한 통로로서의 기능을 한다. 모든 교과에서 비평을 필요로 하지만, 교과마다 사용되는 비평의 의미와 내용과 방법은 저마다 다르다. 비평의 중요성에 비해 비평교육이 제대로 이루어지지 않아 비평적 학습자들의 혼란을 피할 수 없는 점에 착안하여 각 교과에서 사용된 비평,

혹은 비평과 유사한 개념의 방법들에서 공통점을 추출하였다. 비평이 직접적으로 사용되는 문학, 음악, 미술, 체육, 예술 과목에서 각 교과마다 사용되는 비평의 개념들을 통합하여 비평교육의 범위를 정리하였다.

대상에 대한 애정 어린 시선에서 나오는 관찰력, 해체와 환원의 분석력과 관계성과 통합적 조망, 비평 주체의 객관적 가치 판단과 논리력, 본질을 꿰뚫는 상상력의 신장과 향상을 통해 대상에 대해 이해하고 가치를 평가하여 대상을 재창조하고, 대상과 나의 관계를 파악하고 내면화하여 새로운 의미를 부여하고, 대상을 통해 얻은 바를 삶의 변화로 실천하는 것을 비평교육의 목표로 설정하였다. 한편 비평교육의 특성으로는 소재면에서 범교과적, 방법적인 면에서 통합교과적인 성격과 목적론보다는 방법론적 성격, 양면성, 일반교육학과 교과교육학의 성격, 독립적 성격, 아나키즘적 성격, 방법과 내용의 확장성을 가지고 있다고 보았다. 비평교육을 구성하는 원리는 통합성, 주체성, 관계성, 구성성, 과정성, 탈 중심으로 하고, 전인교육, 사고교육, 문화소양교육, 생태교육을 지향한다.

비평교육의 위상은 교과로 인정받았을 경우와 그렇지 못한 경우로 상정했는데 독립 교과, 선택 교과, 재량 활동교과, 인정 교과, 전문계 고등학교 전문 교과, 국어과 하위 영역으로서의 비평교육과 계발 활동, 동아리 활동, 평생교육 활동으로 나누어 위상을 정립하였다. 비평교육을 하나의 교과로 인정하는 것에는 많은 학문적 노력과 연구가 필요하리라고 본다.

비평교육의 구성 요소로는 일반적인 교육학에서 논의되는 주요 변인인 대상, 주체, 교재, 내용과 방법을 제시하였다. 먼저 비평교육의 대상은 비평의 대상이 되는 모든 현상과 교육의 대상이 되는 비평적 학습자로 선정하였다. 비평 교과의 특성과 비평적 학습자 발달 단계의 특성상 7학년이 비교직 적절하리라 제시하였다. 비평교육의 주체로는 4명의 비평가를 설정하였는데, 비평교육은 어느 한 주체가 중심적으로 하는 것이 아니라 상호 협력과 비판에 의해 이루어지는 특성에서 기인한 것이다. 전문 비평가, 비평교육가인 교사, 비평적 학습자인 학생, 동료 비평적 학습자인 동료 학생으로 구성하였다. 이들 4명의 비평가들이 생산한 다양한 텍스트를 기반으로 비평적 학습자의 수준과 취향을 고려한 맞춤형 교재에 국가적 수준의 요구를 덧붙이는 형태의 교재가 적합하다고 보았다.

비평교육의 주된 내용은 비평교육을 재개념화하거나 비평교육에 필요한 인접 요소들을 통합하는 과정, 비평 대상을 이루고 있는 가장 기초적인 요소들에 대한 이론 학습이다. 방법은 이론적으로 학습된 것을 실제로 대상에 적용하는 것인데, 내용과 방법을 분리하여 사고할 수 없다. 비평교육의 내용과 방법은 비평 이론과 관계가 깊다. 비평 이론가나 전문 비평가들과 비평능력, 배경지식 등에서 현격한 차이를 보이는 비평적 학습자에게 그들의 이론과 방법을 그대로 적용할 수는 없기에 비평 이론 가운데 상호 대립적인 내용보다는 공통된 부분을 추출하여 비평적 학습자들에게 제공하기 위해 객관과 주관, 유사와 차이, 중심과 탈 중심, 분리와 혼합의 네 가지 주제를 중심으로 다시 정리하였다.

이러한 네 가지 주제를 관통하고 있는 내용·방법은 통합과 관계이다. 분석적 방법과 전체적 접근은 서로 반대되거나 유리되어 있는 것이 아닌데도 동시에 사용하는 것이 금기시되어 왔었다. 그러나 비평 대상을 우선 전체적인 관점에서 조망한 후 비평 대상을 구성하고 있는 구조와 요소들이 어떤 관계를 맺고 있는가를 분석하고 관계를 재구성하여 통합하는 과정이 필요한 이유와 이들이 변증법적으로 전개됨을 논증하였다. 무엇보다 비평교육에서 실천 없는 이론은 무의미함을 강조하였다.

학문의 각 분야에서 다양한 의미로 사용하는 통합의 개념을 재정립하였다. 획일적이고 기계적인 방법에 의한 혼합과 화학적 변화에 의한 융합이 아니라 구성 요소의 성질을 그대로 간직하면서도 요소와 요소가 결합하며 상보적 관계를 유지하는 전체의 상태와 과정을 통합이라고 정의하였다. 비평에서의 통합은 두 단계로 나누어지는데 비평 대상을 인식하고 시선을 확보하여 어떤 영역과 방법에서 통합할 것인가를 결정하는 통합1, 통합의 구조 속에 있는 요소들을 결합한 관계 맺기의 과정을 거쳐 다시 하나의 관점을 형성하는 통합2가 그것이다. 통합1 - 관계 - 통합2의 단계를 거치게 된다. 통합1에서는 주로 비평적 학습자 내부의 개인적 의미망을 형성하고, 관계에서는 사회가 요구하는 집단적 의미망이 주로 생긴다. 개인적 의미망과 집단적 의미망의 충돌과 보완 속에서 통합2에서는 구성적 의미망을 만들게 된다.

통합은 방법으로서 접근하지 않으면 문제를 발생시킬 수 있다. 첫째로 통합 자체를 목적으로 두게 되면 통합하는 요소들을 도외시할 수 있다. 통합은 비평을 위한 하나의 방법이지 최종 목적이 아니다. 통합은 사용하는 사람에 따라 커다란 무기가 될 수도 있다. 둘째, 철학적 사유가 부족하면 마치 기름과 물처럼 융화시키지 못할 수 있다. 구조주의와 구성주의는 상호 대립적 이론들이 아니라, 관계라는 공통점을 가지고 있는 이론들이라는 발상의 전환이 필요하다. 셋째, 통합은 단순히 인상비평의 수준에 머물러서는 곤란하다. 고도의 직관비평과는 관련지을 수 있지만, 비평 대상에 대한 첫인상이나 선입견과 등치해서는 안 된다.

통합적인 방법은 분석적 방법을 반드시 수반하게 된다. 신비평에서의 분석은 비평 대상을 구성하고 있는 요소들의 성격이나 역할을 규명하는데 치중하였다. 구조주의는 한 걸음 더 나아가 요소들이 어떠한 관계로 이루어져 있는지를 설명하였지만, 요소와 요소들이 관계 맺는 이유나 관계가 변화하는 모습을 밝히는 노력은 부족하였다.

비평가와 비평 대상 간의 소통을 주로 연구한 구성주의자 슈미트의 소통소라는 개념을 확장하여 본 연구에서는 대상과 비평적 학습자, 이들 사이를 이루고 있는 요소들 가운데 지배적 역할을 하는 것에 '관계소'라는 용어를 사용하였다. 모든 요소들이 관계소가 될 수 있지만 철학에서 가장 기초가 되는 시간, 공간, 인간, 질료로 설정하였다. 시간은 작가가 작품을 만드는 시간, 작품이 현존하는 시간, 작품 내의 시간, 비평자의 시간, 비평적 학습자와 작품의 시간 등을 포함한다. 공간도 역시 작가와 작품 내, 비평적 학습자와의 거리 등을 함유하는 개념이다. 작가와 비평적 학습자, 그리고 등장인물, 작품 내외를 연결해주는 인물뿐만 아니라 인공지능을 가진 로봇이나 사이버상의 아바타 역시 인간의 범주에 있다. 질료는 비평 대상으로서의 질료와 대상 내에서 표현되는 제재, 대상을 표현하는 제재, 비평적 학습자가 비평하는 질료를 관계소로 둔다.

관계소 내에도 여러 층위의 관계소가 존재하고 이들은 자체만으로도 비평을 위한 기능을 할 수 있지만 실제 작품에서는 서로 결합되어 있기 때문에 배제, 선별, 선택, 결합의 과정을 통한 관계 양상을 나타내었다. 구조주의에서처럼 관계는 정적으로 고정되어 있는 것이 아니라 자연변이나 자연 선택, 자연 현상과 같은 자연적인 요인과 다양한 종류의 힘이나 작가나 비평자의 조건과 배치에 따른 인위적인 요인에 의해 변이된다. 관계의 결합 방식은 이전에도 한 가지의 관계소나 몇 가지의 관계소를 연결하는 평면적 방식이 존재하였다. 비평 대상 구조의 복합화는 가능한 한 많은 수의 관계소들의 결합을 필요로 하게 되었고, 이것은 곧 입체적 결합 방식을 요구하기에 이르렀다.

관계 맺기를 백화점식으로 나열하면 곤란한 경우가 발생한다. 모든 관계를 맺을 수도 없고 그럴 필요도 없기 때문이다. 관계교육은 모든 에너지가 유용한 에너지가 될 수 없어 무용한 에너지를 유용한 에너지로 바꾸는 네트로피(netropy)와 같다고 할 수 있다. 네트로피가 성립되기 위해서는 원리와 조건이 있어야 하는데, 비평적 학습자 역시 모든 관계를 자신에게 유용한 관계소로 만들기 위해서는 비평적 학습자만의 비평적 리터러시가 있어야 하고, 그 능력을 향상시키기 위해서 비평교육이 절실히 필요하다.

다소 추상적인 비평교육은 실현의 과정 속에서 구체화된다. 비평교육의 모형에는 비평 대상을 직접 보고 만지고 읽고 듣는 감각적 경험이 이루어지는 대상 확인, 비평 대상을 구성하고 있는 관계소들과 비평 대상과 비평적 학습자, 그리고 대상이 실재하는 세계를 잇는 관계 맺기, 비평 대상이 지니고 있는 의미를 깨닫고 자신의 관점을 형성해 가는 단계인 의미 수용 및 생성하기, 비평 활동을 통해 생성된 비평 대상에 대한 비평적 학습자의 생각과 느낌을 보여주는 일체의 활동인 적용하기로 이루어진다. 비평교육의 모형을 보다 수업 현장에서 활용하기 위해서 비평 활동의 모형을 제시하였다. 비평 대상을 선정하고, 비평 대상을 확인하고, 비평 전략을 세우고, 실제 비평하고, 동료 비평적 학습자들과의 메타 비평하기를 거쳐 비평적 학습자 자신만의 새로운 비평 대상을 만든다. 비평의 일련의 과정이 곧 창작이 된다.

비평교육도 교육이고, 비평에는 이미 평가의 개념이 내재되어 있기 때문에 교육학 일반에서 제기하는 평가 내용, 평가 주체, 평가 영역, 평가 시기 등을 설정하였다. 일반 교육학과 달리 비평교육의 평가는 비평 교사의 비평 방법, 지도 방법, 비평 내용도 평가의 대상이 된다. 평가 방법에서도 결과 중심 평가법은 일반적인 평가의 방법과 별반 다르지 않지만 과정 중심 평가법에서 오독분석법은 일반 교과에서 중요시하는 작가의 의도나 집단적 의미망 대신 비평적 학습자가 왜, 무엇을 오독을 했는가 하지 않았는가를 중점에 둔다는 점에서 차이를 보인다.

비평교육은 문학과 미술, 음악 등 이미 여러 교과에서 그 중요성을 인정받고 있지만, 필요성에 비해 정밀한 연구가 더디게 이루어지고 있다. 본 연구가 비평교육과 관련하여 제시한 사항 중에는 현실적인 이해와 상충되는 부분이 있을 것이다. 비평교육이 독립된 하나의 교과로서 인정받을 수 있는가의 문제는 비평교육의 중요성을 인식하고 있는 학자들의 연구를 더욱 필요로 할 것이고, 만일 교과로서 인정된다면 과연 누가 가르쳐야 할 것인가의 문제도 대두될 것이다. 현 단계에서는 비평적 학습자의 질료가 대부분 언어로 되어 있다는 점에서 국어 교사가 맡는 것이 가장 적절할 것이라고 판단하지만, 비평교육이 활성화되면 교원 양성 기관인 대학에서 비평교육을 전문으로 하는 학과를 설립하여 전문 교원으로 하여금 비평적 학습자를 교수할 수 있도록 해야 할 것이다. 이는 각 교과의 첨예한 이해와 요구가 부딪히는 부분이므로 공론화와 합의의 과정이 반드시 요구된다.

일반적인 비평교육이 정착되면, 전문적인 예술교육을 위한 비평교육이 진행되어야 하며, 이번 연구된 비평교육은 그러한 발전을 위한 시론(試論)적 성격을 지닌다고 할 수 있다. 비평이 비평으로 그치는 것이 아니라 비평적 학습자의 삶을 변화시키는 실천적 태도를 지향한다.

2부

통합교육

I 장 통합적 국어교육

II장 통합적 문예이론

Ⅰ장 통합적 국어교육 방법 연구

1. 들어가며

최근 학문의 최대 화두는 통합이다. 인문학 중심의 융합이나, 자연과학 중심의 통섭이라는 용어 외에도 다양한 표현이 있지만 학문 자체의 독립된 체계를 유지하면서 전체를 아우르는 요소들의 선택적 결합인 통합이 이들의 특징을 포괄해서 설명하기에 적절한 단어다. 이제 통합은 어떤 특별한 경우에 설명되어지는 하나의 이론이 아니라, 학문과 학문이 살아남기 위한 최소한의 장치로 이해되기도 한다.

문제는 통합의 개념을 자신들의 이론 중심으로 끌어들이려는 자장(磁場)적 시도다. 개념과 목적, 층위가 다른 기계론적 통합은 통합이 지니는 유의미성을 무효화하고, 통합이 가지는 모호성을 극대화하는 오류를 낳게 되었다.

국어교육에서도 통합에 대한 논의는 계속 진행 중이다. 국어과 교육에서 통합에 대한 연구의 시작은 신헌재·이재승의 연구라고 할 수 있다.[1] 이들은 국어과 통합의 유형을 외적 통합과 내적 통합으로 나누어 접근하였는데, 국어과 외적 통합은 현실적인 문제와 접근 방법의 문제를 이유로 내적 통합에 무게를 두었다. 그 방법으로 총체적 언어 학습을 주장하였다. 통합의 방식으로는 순서적인 방법과 동시적인 방법을 제시하고 있다. 통합의 중요성을 인식시키고 통합의 유형을 나누는 기준을 제시했다는 점에서 의미를 두지만, 무엇을 어떻게 통합이 이루어지고 있는지, 이루어져야 하는지에 대한 설명을 하기에는 역부족이다.

Drake 등의 미국학자들의 영향을 받은 김재복·이영만 등의 연구 성과는 국어과 교육에도 이어져 통합의 대상이 무엇인지에 대한 활발한 연구가 이루어졌다.[2] 목표, 경험, 장르, 활동을 통합의 대상으로 보고 이들을 각각 문제해결 중심, 상호텍스트적인 다중 텍스트의 제시, 프로젝트 활동 방식과 결합하여 주제 중심의 통합을 주장하였다. 실제 모형까지 제작하면서 통합 단원의 필요성을 역설하였다. 교과의 구분에 의미가 없는 것이 통합의 본령이라면 국어과 내적 문제, 특히 주제 중심의 통합은 형식상이나 내용상에 한계를 가질 수밖에 없다.

주제를 중심으로 통합하는 방법에 대한 연구는 구체적인 학습 계획을 실행하는 방안까지 모색되었다.[3] 10학년을 대상으로 문학 중심 주제 단원 학습법을 적용하여 하나의 통합 수업을 전개하였다. 이러한 연구들은 석사 학위나 현장 연구대회를 중심으로 급속도로 확산되고 있다. 다만 통합의 대상이나 방법에 대한 체계적이고 정치적인 면이 부족한 점이 문제가 된다. 통합 교육이론이 자생적이지 못한 문제점과 실상을 인식하고 종합·유추·인접성을 통합의 원리를 제시한 것은 국어과 통합의 논의가 진일보

---

1) 신헌재 · 이재승, 국어과 교육에서의 통합의 범위와 방식, 교수논총13, 한국교원대학교, 1997.

2) 이수진, 국어과 주제 중심 통합 단원의 개발 방안 탐색, 국어국문학145, 국어국문학회, 2007.

3) 이상구, 국어과 교육에서의 통합 교육 방법, 어문학 77, 한국어문학회, 2002.

한 면을 보여준다. 그러나 여전히 통합의 가능성과 당위성만 가지고 통합에 접근하는 것은 통합에 대한 명확한 개념 정립이 이루어졌다고 보기 어렵다.

통합의 유형 중에 영역의 통합을 문학, 문법, 기능 간으로 분석한 민현식[4)]은 다양한 선택적 조합을 통해 이루어져야 할 국어교육 내에서 통합 유형을 제시한 점에서 매우 유의미하다고 할 수 있으나, 이 역시 통합이라기보다는 단순 결합에 가까운 형태를 지닌다.

이러한 최근의 국어교육 내에서의 통합 연구를 메타적으로 접근하는 것은 눈여겨 볼만한 작업이다.[5)] 이 논문은 1990년대 이후 나온 통합 관련 논문 56편을 선정하여 체계적으로 정리하였다. 앞으로의 논의를 위한 준비 과정으로서 의의를 가진다고 할 수 있으나, 현재 진행되고 있는 통합 교육이론이나 통합 수업의 문제에 대한 천착이 부족하다. 통합은 국어과 중심으로만 전개되는 것이 아니다. 음악과 미술, 역사 등에서 국어과의 도구적 성격을 활용한 통합 방안들이 연구되고 있다.

현장 교사들의 많은 석사학위 논문들이 국어과 내의 영역과 내용을 중심으로 통합의 유형을 제시하였고, 이러한 연구 성과들은 개정 7차 교육과정 교수·학습 계획과 운용에 반영되었다.[6)] 그런데도 국어교육에서의 통합연구는 여전히 많은 문제점과 의문점을 안고 있다. 이를 범박하게 정리하면 다음과 같다.

· 국어교육에서의 통합의 개념에 대한 합의가 명확하게 이루어지지 못한

---

4) 민현식, 국어 교육과정 개정과 영역 통합에 대하여, 어린이와 함께 여는 국어교육 2006 봄호, 한국초등국어교육, 전국초등국어교과모임, 2006.
5) 양소영, 국어과 내적 통합에 관한 메타 연구, 한국교원대 석사학위논문, 2006.
6) 교육인적자원부, 개정 7차 국어과 교육과정(이하 국어과 교육과정), 2007, pp.68-72.

점
· 무엇을 통합할 것인가에 대해 뚜렷하게 나타나 있지 않은 점
· 통합의 목적은 무엇이며, 그것에 따라 통합이 어떻게 달라지는가 하는 점
· 통합은 어떠한 방향으로 나아가야 하는가 하는 점
· 통합은 어떠한 원리로 이루어져 있는가 하는 점
· 통합의 효율적인 면을 검증할 수 있는가 하는 점
· 국어교육 외적인 통합에 대한 연구는 현실상 어렵다는 이유로 기피하고 있는 점
· 국어교육에서의 통합은 주로 초등학교에서 이루어져야 한다는 점
· 통합의 유형 중에서 지나치게 영역에 집중하고 있는 점
· 통합이 계획까지만 이루어지고 실제에서는 구체적이지 못한 점
· 통합의 계열성과 위계성에 관련한 연구가 부족한 점
· 통합의 유형을 편협하게 주제중심으로 설정하는 점
· 통합의 부작용과 결과의 문제를 간과하고 있는 점
· 통합의 방향이 자칫 과거회귀로 갈 수 있다는 점

이들은 크게 네 개의 범주로 정리할 수 있다. 국어교육에 있어서의 통합의 개념, 목적과 필요성, 방향과 원리, 유형과 방법, 통합의 실제와 오류 가능성이다.[7]

2절에서는 지금껏 논의되었던 국어교육에서의 통합의 문제점을 이 네 가지를 중심으로 지적해보고 이론과 대안을 모색하고자 한다.[8] 3절에서

---

7) 물론 이외에도 교육과정 전반과의 관련성, 타 교과와의 관계 등도 고려해야 하지만, 자칫 본 연구의 주제에서 벗어날 수 있고, 필자의 능력 부족으로 국어과와 연관된 문제로 국한한다.

8) 본 연구에서의 통합적 국어교육은 미국에서 출발한 총체적 언어 교육(Whole language education)과 맥을 같이한다. 다만 몇 가지 사항에서 국어교육에의 적용에 있어 유의점이 있다.
첫째, 총체적 언어교육은 지나치게 언어의 기능, 언어 사용 능력에 초점을 맞추고 있다는 점이다. 보다 정확히 말하면 다양하고 포괄적인 면을 지닌 총체적 언어

는 이를 토대로 2007 국어과 교육과정에 명시된 통합의 의미를 점검해보고 국어과 영역에서 내적 영역과 외적 영역의 경계선에 서 있는 문학 교육과정에서의 통합도 재음미하고자 한다. 다만 본 연구가 통합적 국어교육의 한 방법으로서 비평교육을 주장하고 있지만, 실제 단원으로 그 예를 실현하지 못한 점에서 제한점을 가지고 있다.

2. 통합의 의미와 기본 전제

2.1. 국어교육에서의 통합의 재개념화

2.1.1. 철학적 고민

통합의 필요성에 대해서는 많은 사람들이 공감을 하면서도 통합에 대해 서로 다른 주장을 펼치는 것은 통합이란 개념이 가지는 애매성이나 모호성에서도 기인하지만 통합의 개념을 저마다의 필요에 의해 사용하는 현실에서도 그 원인을 찾을 수 있다. 그것은 통합의 일반적 필요성과 다른 개별적이고 특수한 목적과 필요성이 있기 때문이다.

교육이 국내에서는 언어 기능만을 강조한 방식으로 전락한 점이다. 이것은 국어교육에서 목표로 하고 있는 문화 능력, 사고 능력 향상과는 거리를 두게 한다. 진정한 의미에서의 통합적 국어교육은 이들 모두를 아우를 수 있는 방법이어야 한다. 둘째로, 총체적 언어 학습을 지나치게 학습자 중심 교육으로 몰고 감으로써 발생하는 교사의 무위 현상을 지적할 수 있다. 총체적 학습은 학습자만의 학습 방식이 아닌 교사와 학습자를 동시에 만족시키는 방향으로 나아가야 한다. 셋째로 과정만이 아니라 결과 역시 소중하게 받아들여야 한다. 결과만을 귀하게 여기고, 과정을 소홀히 했던 지난날을 반성하면 결과를 가볍게 다루는 것 역시 옳지 못함을 알 수 있다. 끝으로 국어교육적 환경에 맞는 이론 도입이 필요하다.

이러한 원인의 밑바탕에는 철학적 고민에 대한 부족이 있다. 국어교육은 기초 학문과는 사뭇 거리가 있다. 전형적인 응용 학문에 가깝다고 볼 수 있다. 국어교육의 근저를 이루고 있는 인문학과 사회학, 그리고 자연과학의 통합에 대한 이해 없이 국어교육의 통합을 논의한다는 것은 어찌 보면 무의미한 일이다고 할 수 있다. 어떠한 작은 단위의 통합도 그 통합을 이루려는 사람의 기본 철학으로부터 자유로울 수 없기 때문이다. 통합은 왜 하는가? 무엇을 중심으로 통합할 것인가? 중심이 필요한가? 어떤 방법으로 통합할 것인가에 대한 결정은 사상과 철학이 주로 결정한다고 할 수 있는데, 이러한 부분에 대한 고민이 부족하다는 지적에서 벗어나기 어렵다.

2.1.2. 개념에 대한 고민

이항 대립의 관점에서 통합을 단순히 분석의 반대 개념으로 접근하는 것은 그리 옳은 일이 아니다. 분석과 통합은 대상을 바라보는 방법의 차이일 뿐이지 상반된 의미를 지니고 있는 것이 아니다. 통합을 위해서는 기본적으로 분석적 개념이나 작업은 필수불가결하다. 분석적인 방법에서 얻어진 성과를 종합적인 면으로 파악하고 이해하는 것이 통합이기 때문이다. 종합은 개별적인 대상의 형태와 성격을 있는 그대로 받아들이는 정적인 면이 강하다면 이에 비해 통합은 개별적 요소들의 유기성을 강조한 동적인 면이 크다고 할 수 있다. 통합이나 종합이 대상의 성격이나 성질이 변하지 않는 공통점을 지닌다면, 융합은 두 개 이상의 대상이 서로의 성질을 잃고 하나의 새로운 성질을 획득하는 것으로 이들과 대별된다.

통합의 개념에 대한 설명에서 종합, 융합과의 비교만으로는 아직 모호한 점이 있다. 대상을 이루고 있는 요소들이 하나로 결합되어 통일성을 갖는 것은 종합이나 융합도 마찬가지이기 때문이다. 여기서 통합이 갖는 변별성은 결합이 왜, 어떻게 이루어지느냐에 있다. 그것은 바로 선택의 문제이다. 어떠한 이유로 요소들이 배제와 결합의 과정을 거쳐 선택되는가를 규명하고 적용하는 것이 통합이라고 할 수 있다. 다시 정의하면 통합이란 대상을 이루고 있는 요소들의 선택적 결합의 내용과 과정, 결과를 포함한 일체를 말한다고 할 수 있다.

이것을 국어교육에서의 통합에 적용해 보자. 국어교육을 통합한다는 것은 하나의 대상을 통합할 수 없기 때문에 불가능하다. 그렇다면 국어교육을 다른 교과와 통합한다거나 국어교육을 이루고 있는 요소들을 통합하는 것으로 이해될 수밖에 없다. 전자는 국어교육과 타 교과의 공통된 내용이나 방법을 통합한다는 것이니 국어교육의 통합이라고 부를 수 없다. 후자는 국어교육 내에서 하위 영역을 설정하고 그 하위 영역들의 요소들이 결합되는 것을 의미하는데, 그렇다면 역시 국어교육의 통합이라고 말할 수 없다. 또한 이들은 국어교육의 일부 내용이나 요소들이 결합되는 과정을 설명해주는 형식적 통합에 불과하다. 국어교육 내외적으로 이루어지는 통합을 국어교육에서의 통합이라고 할 수 없는 것은 자명한 일이다. 국어교육 중에서 통합의 방법을 사용한 분야가 제기되는데, 이를 '통합적 국어교육', 또는 '국어교육'이라고 명명할 수 있다. 국어교육에서의 통합이 내용과 과정까지만을 다룬다면 통합적 국어교육은 내용과 과정을 적용하여 재구성하는 활동, 그리고 결과를 아우르는 개념이라고 할 수 있다.[9]

---

9) 이재승(통합적 국어교육의 개념과 성격, 한국초등국어교육 제31집, 박이정, 2006, p.181.)은 통합적 국어교육을 언어 기능들 간의 유기적인 관련을 강조하여 이들을 분리하지 않고 통합적으로 지도함으로써 좀 더 자연스럽고 효과적으로 학습자의 총체적인 국어 사용 능력을 길러주고자 하는 국어교육에 대한 하나의 관점이자 방식을 일컫는다고 정의하고 있다.

2.1.3. 통합적 국어교육의 필요성

Ingram은 통합교육과정의 필요성을 지식과 삶이 하나이듯이 학습과 경험을 분리하는 것은 옳지 않으며, 중복되는 것을 가르치는 것은 효율성에서도 떨어진다고 주장하였다. 또한 과거와 교사 중심이 아닌 현재와 학생 중심의 교육이 되어야 창의적 활동이 가능하다고 하였다.[10)]

통합적 국어교육의 필요성도 이와 크게 다르지 않다. 우선 학습자는 교과마다 배운 내용이나 일상의 경험을 분리해서 인지하지 않는다. 경험이 총체적이듯이 학습 역시 전체적인 면으로 인식되어 기억된다. 교육은 삶을 변화시키는 행위이다. 삶은 파편적으로 변화하는 것이 아니다.

여기에서 만일 국어과에서 배운 것과 다른 교과에서 배운 것이 겹쳐진다면 학습적인 면에서 시간적 낭비를 초래한다.[11)] 심지어 교과 내용이 상반되는 것이라면 학습자의 혼란은 가중된다. 국어과 내의 영역에서의 모든 요소들은 하나의 독립된 변인으로서 존재하는 것이 아니라 매우 높은 상호연관성을 가지고 있다. 이들을 굳이 나누어 가르치는 것은 교육의 편리성에서 연유된 것이지, 학습의 효율성을 높이려고 한 것이라고 보기 어렵기에 국어과 내의 요소들의 결합은 지극히 자연스러운 것이다.

다음으로는 내용마다 다른 방법을 가르친다는 것은 과거의 시대에서나 가능했던 일이다. 지식이 한정되어 있던 근대에서는 내용에 따른 방법을 지도해 왔지만, 지식의 양이 컴퓨터도 감당하기 어려울 정도로 빠른 속도로 증가하는 요즘에는 여러 가지 지식들이 갖고 있는 공통성을 획득하여 활용하는 방법을 가르칠 수밖에 없다. 즉, 지식의 내용을 가로지르는 통합

10) Ingram, 교육과정 통합과 평생교육, 배진수 · 이영만 역, 학지사, 2002, pp.23-39.
11) 반복되는 학습 효과는 인정될 수 있다. 그런데 문제는 그 중복되는 것이 브루너가 말한 지식의 구조에서 핵심을 이루는 개념인가에 대한 의문이다. 지나친 반복만으로는 효율이 높아지지 않는다.

적 방법과 원리를 제시하여야 한다.

탈 중심의 시대에 살아가는 학습자들에게 어느 특정한 방법만을 강요하여 가르치는 것 역시 올바른 교수·학습 방법이 될 수 없다. 교사 중심, 학생 중심을 떠나서 교사와 학생 모두 맞는 방법을 선택하게 하는 것이다. 특히 문학에 있어서 하나의 이론만으로 작품을 대하는 것은 매우 위험한 일이 아닐 수 없다. 이 외에도 많지만 통합적 국어교육이 가져올 유의성은 통합 교육과정의 효과와 중복되므로 생략한다.

2.2. 통합적 국어교육의 방향과 원리

통합의 대상은 일반적으로 통합할 대상을 이루고 있는 구성 요소와 이들을 결합시키는 변인이라고 할 수 있다. 교육에서의 통합은 교육과정상의 통합, 교재의 통합, 수업 현장에서의 통합 즉 교육 내용과 방법, 활동이 통합의 대상이 된다. 교육 내용이 구조주의적이라면, 방법과 활동은 구성주의적이라고 할 수 있다. 이 세 가지 역시 교사와 학생의 상호작용 속에서 또 다시 통합된다. 결과적으로는 교육 내용과 방법이 교사와 학생의 활동 속에서 통합이 된다고 할 수 있다. 이것은 곧 통합의 대상과 통합적 국어교육의 대상이 다르다는 것을 의미한다. 통합적 교육의 대상이 학생임을 전제로 하면 통합의 변인에서 학습자 변인에 대한 고려도 포함되어야 한다. 학습자의 학령, 능력, 심리, 취미, 선호도 등에 따라 통합의 변인이 바뀜을 의미한다. 이에 따라 통합적 국어교육의 지향점은 통합의 일반적인 방향과는 다른 교육적 함의를 가진다.

2.2.1. 통합적 국어교육의 방향

1) 통합의 목적이 분명해야 하고, 그 목적은 교육적인 면에서 유의미해야 한다. 통합이 왜 이루어져야 하는지, 다른 접근으로는 왜 어렵거나 불가능한지에 대한 명확한 인식이 있어야 한다. 통합하려고 하는 이유가 교육의 일반적인 목적은 물론이고, 국어교육에서 실효를 거둘 수 있는 실질적인 통합이 될 수 있는지에 대해 면밀한 검토가 요구된다. 이러한 가치 있는 통합이 효과를 얻으려면 계획 역시 구체적으로 제시되어야 한다. 통합은 개념만큼이나 애매성을 가지고 있기 때문에 무엇을 어떻게 통합하고, 다른 것은 왜 배제하는가에 대한 정밀한 계획이 없으면 무산될 가능성을 다분히 안고 있다.

2) 통합 대상의 범위와 방법을 최소화하고, 활동은 최대화한다.[12)] 모든 것은 통합되어 있다. 그렇다고 모든 것을 통합의 관점으로 볼 수 없듯이 통합적 국어교육 역시 모든 것을 통합해서 전체적으로 수행할 수는 없다. 통합적 국어교육이 가능한 한 범위는 한정될 수밖에 없다. 가장 중심이 되는 핵심 개념, 공통된 구조를 정한다. 내용과 방법은 통합되며, 이들은 곧 제한을 받게 된다. 대신에 수업 현장에서의 활용은 최대한으로 한다. 공통점에서 출발하여 점점 더 차이점으로 발전할 수 있도록 한다.

그러나 여기서 능동적이고 적극적인 큰 통합과 수동적이고 소극적인 작은 통합을 구별을 해야 하며, 통합적 국어교육의 지향은 전자에 있다. 어느 특정 요인만 통합하는 것을 소극적 통합이라 할 수 있다. 예를 들어

---

12) 이것 역시 일반적인 의미에서의 통합과 다른 점이다. 간 학문적 통합은 통합의 범위가 넓어짐을 지향한다. 그러나 교육에서의 통합은 무조건적으로 확장할 수 없다. 학습자의 능력도 변인이 되지만, 한정된 공간과 시간 속에서 이루어져야 한다는 전제에서 벗어날 수 없기 때문이다.

문학 수업에서 갈래를 바꾸는 활동을 하는 경우에 해당된다. 적극적 통합은 이와는 달리 가급적 모든 요인들을 결합하여 통합하는 것을 말하며 문학작품을 다양한 이론 방법으로 접근하는 다양한 수업 방식 전체가 해당한다.

3) 교육 내용과 방법 모두에 있어서 탈 중심적 가치를 향한다. 이성과 감성, 이데올로기와 탈 이데올로기, 구조주의적 방법과 구성주의적 방법, 경험과 사고, 남북한 교육, 교사와 학생 등의 이항 대립은 더 이상 의미가 없다. 국어교육에서 언어, 문학, 표현과 이해, 문법 등에서 우열을 가리거나 중심의 가치를 두는 것도 유의미하지 못하다. 그것들은 결국 교사와 학습자의 상호작용 속에서 통합되는 하나의 요인에 불과하기 때문이다. 어느 것 한 가지를 배제하고 선택하는 이유를 설명하지 못하는 이상, '중심의 교육'은 학습자에게 의미 있는 학습이 되기 어렵다.[13] 지식이나 기능, 상황도 모두 탈 중심적 가치로 통합된다.

4) 통합의 가치가 최소한 시간적으로 현재 이상의 미래 지향적인 면을 함유하고 있어야 한다. 통합의 방향이 과거로 회귀하는 것이 아니어야 한다는 것이다. 통합이 과거 시대에서 인정받지 못했던 가장 큰 이유는 통일성을 획일성으로 오해했거나 정치권력에 의해 남용되었던 것이다. 사회와 개인 모두를 만족시킬 수 있는 방향으로 나아가야 한다.

5) 분석적 방법에 대한 무조건적 배격을 지양해야 한다. 주지하다시피

---

13) 많은 경우의 통합적 국어교육에서 배제 사유가 설명되는 것을 전제로 한다. 이것을 인정한다 하더라도 어떤 특정 요인이 통합의 중심이 되어야 하는 것은 실험적 통제의 원인만 제공할 뿐이다.

분석적 방법은 학문이나 교과에 있어서 없어서는 안 될 매우 중요한 방법이다. 분석적인 방법으로만 대상을 접근했던 기존의 방법이 잘못된 것이지 분석적 방법 자체에 문제가 있는 것이 아니며, 통합은 분석적 방법과 대상의 요인들의 선택적 결합이기 때문이다. 선 통합 - 분석 - 후 통합의 과정을 거치게 된다. 반드시 변증법적인 발전 형태만이 아니라 전체적으로 조망하고, 요소들을 분석적으로 접근한 후에 통합적으로 사고하는 것이다.

이들을 정리하면, 앞으로는 형식상 통합에서 실질적 통합으로, 기계적 통합에서 유기적 통합으로, 영역 통합에서 내용·방법 통합으로, 문서상 통합에서 수업 현장의 통합으로 바뀌어야 한다는 것이다.

2.2.2. 통합적 국어교육의 원리

1) 통합성

통합적 국어교육의 원리에서 통합성을 논하는 것은 마치 동어 반복으로 들릴 수 있겠지만, 기본적으로 통합을 해야 한다는 특성을 간과해서는 안 된다. 통합적 국어교육의 대상이 되는 모든 요인들이 통합되어야 한다는 것이다. 영역과 영역 간의 통합만이 아닌 영역과 방법의 통합, 거기에 학습자의 변인까지도 통합해야 한다는 점을 강조한 것이다.

2) 전이성

국어과 영역의 내외에서 공통된 내용과 방법을 추출하여 통합하였기 때문에 교육 내용은 핵심적인 개념을 가져야만 하고, 국어과 내의 영역뿐만이 아닌 다른 교과에서도 활용될 수 있는 전이성, 또는 학습의 연속성을 가져야 한다. 문학에서 하나의 작품으로 여러 가지 형태의 예술과 문화로 전이되는 OSMU(One Source Multi Use)처럼 하나의 이론으로 다양한 작품과 이론을 설명할 수 있는 OTMC(One Theory Multi Critical)[14]가 해당한다. 물론 여기서의 전이성은 통합의 목적에 맞게 해야 함을 전제로 한다.

3) 관계성

통합은 요소들의 선택적 결합이다. 결합은 곧 관계가 형성되고 변이됨을 의미한다. 단순히 관계를 맺고 있다는 것을 알아내는 것이 아니라 대상과 대상이 서로 선택되어지는 이유와 그로 인해 발생하는 두 대상간의 관계를 규명하는 것, 나아가 관계는 고정된 것이 아니기에 어떤 형태와 유형으로 변화할 것인지에 대한 예상과 검증이 필요하다.

4) 계열성과 위계성

국어과 외적 영역의 요소들을 통합하는 것은 계열성을 지닌 수평적 통합이라고 할 수 있는데, 문학을 통한 예술과 문화와의 통합을 의미하며, 동시성을 확보할 수 있다. 국어과 내적 영역의 요소들을 통합하는 것은 위계성을 가진 수직적 통합이라고 할 수 있다. 국어교육 - 표현교육 - 말하기교육의 통합을 예로 들 수 있다.

---

14) 우문영, 통합적 문예 이론의 가능성 연구, 한국언어문학교육학회 53회 정기학술발표집, 2009, p.39.

3. 통합적 국어교육의 유형과 방법

통합적 국어교육을 유형별로 나눈다는 것은 통합적 국어교육을 구성하고 있는 요소들이 결합할 것으로 예상되는 범주를 묶는 것과 같다. 수많은 요소들과 변수를 결합시키는 것은 상상할 수도 없는 조합의 경우를 상정해야 한다. 여기서는 대략적인 경우만 영역과 내용, 그리고 방법의 범주로 정리해 본다.

3.1. 유형

3.1.1. 영역

요소들의 위치에 따른 분류라고 할 수 있는데, 우선은 국어과 외에 있는 경우와 국어과 내에 있는 경우로 나누어 생각할 수 있다. 국어과 외적 영역도 크게 일반적인 학문 영역 통합과 교육과정 내에 다른 교과와의 통합으로 나눌 수 있다.

국어교육에 영향을 주는 제반 학문인 철학, 심리학, 사회학, 역사학 등의 영역과의 통합은 물론 이러한 학문들의 방법적 통합까지 포함한다. 교육과정 내의 통합은 생물, 지구과학, 물리, 화학이 하나의 일반과학으로 통합되듯이 문학과 인접한 예술 교과와의 통합을 생각할 수 있다. 국어과 내의 통합은 표현과 이해의 영역 통합, 표현과 이해영역과 문학과 매체 영역의 통합 등이 있다. 말하기와 쓰기, 혹은 말하기와 읽기 등의 조합적 결합도 가능하고 문학 내에서도 갈래의 전환은 가장 잘 알려진 통합의 방법 중 하나이다. 만일 문학을 의사소통의 한 행위로 본다면 문학과의 영역 통합은 사실상 의미가 적어진다.

요소의 위치에 따른 분류에서는 가정에서 이루어지는 국어교육 영역과 학교에서 이루어지는 국어교육 영역의 통합도 가능하다. 또한 통일 시대를 대비한 북한에서 사용되는 언어, 문학과의 통합도 고려해야 할 것이다.

3.1.2. 내용

현재까지 이루어진 국어과 통합에 관한 연구의 대다수는 내용 통합, 특히 주제 중심 통합에 관련한 것들이었다. 타 교과와의 연계가 용이하고, 통합이 지니는 효율성을 살리는 방법이면서도 통합에 대한 접근이 비교적 쉬운 장점이 있어서 현장 교사들이 선호하는 분야였다. 학습자 차원에서의 주제 중심(또는 교육내용)의 통합 수업은 의미 있지만, 이것을 교사나 교육과정에서 언급하는 것은 수준에 문제가 생겨 소극적 통합으로 전락한다. 통합 연구 발전을 더디게 하는 원인이 되었다고 할 수 있다.

내용의 다른 차원인, 기존에 사회와 집단에서 가르쳐야 할 내용으로 인정되었던 지식과 학습자 개개인의 경험이 어떤 선택적 상황과 요인에 의해 통합되어 인지되는지에 대한 연구의 필요성은 요구된다. 한 예로 학습자의 말하기 경험과 말하기 지식의 결합에 관한 연구를 들 수 있다.

내용을 정하고 있는 교육과정 수준에서의 통합과 교육과정을 반영한 교재에 대한 통합 연구가 진행되어야 할 것이다.

3.1.3. 방법

국어교육 논문에서 방법과 활동을 혼효하여 사용하는 경우가 많은데, 방법이 원리나 내용을 갖춘 형식적인 것이라면, 활동은 그 방법을 실제로 적용하는 실체적인 것이라고 할 수 있다. 국어교육에서의 통합 연구 가운데 주제 중심을 벗어나면 활동 중심으로 접근하는 연구가 상당수다. 이러한 분야의 연구가 불필요하다는 것이 아니라 활동은 그 자체가 이미 통합적이라고 할 수 있다. 단일한 활동은 사실상 불가능하다. 이러한 활동은 소개 수준을 넘기가 쉽지 않고 주제 중심의 통합과 마찬가지로 주로 학습자의 학습 경험 속에서 해결해야 할 일이다.

이와 달리 방법은 교사와 학습자 사이의 상호작용을 규정짓는 중요한 작업이다. 심지어 방법에 따라 내용이 일부 달라지기도 한다. 이를 크게 나누면 교사 중심과 학습자 중심의 통합이다. 교사 중심의 방법에는 강의법, 직접교수법, 현시적 방법 등이 있는데 이들은 학습 내용이 구조적으로 이루어져 있는 것이 특징이라 할 수 있다. 학습자 중심의 방법에는 토의식, 직소(jigsaw)식, 역할극 등이 있는데 이들은 학습 내용을 학습자가 구성해 가는 것이 특징이라 할 수 있다. 어느 것이 옳고, 다른 것이 나쁘다는 인식은 버려야 한다. 두 가지 방법을 교육적 대상에 맞게 통합해서 교수·학습해야 하는 것이다.

여기서 간과하지 말아야 할 것은 내용과 방법은 서로 상호 보완적인 관계에 있으며, 분리해서 존재할 수 없는 성질을 가지고 있다는 점이다. 내용과 방법이 통합된 형태로 진행되어야 한다는 것을 의미한다.

3.2. 방법

3.2.1. 통합적 국어교육의 수준

통합적 국어교육의 수준은 내용이나 방법과 깊은 관련을 맺고 있다. 수준을 정하는 심급은 난이도에 따라 결정될 수 있지만, 그 난이도를 조절하는 것에 따라 내용과 방법의 통합 형태가 네 가지로 구성된다.

㉠ 영역 / 활동의 결합
㉡ 방법 중심의 내용 통합
㉢ 내용(구조) / 방법 / 학습자(구성)
㉣ 내용 중심의 방법 통합

㉠에서 ㉣로 갈수록 높은 심급임을 알 수 있다. ㉠은 초등학교 저학년(1-3학년)에 적합한 통합 수준이다. 다양한 통합적 활동을 통해 국어에 대한 흥미와 관심을 높이고, 국어와 다른 과목과의 연계성을 알게 한다. ㉡은 ㉠을 포함하며, 초등학교 고학년(4-6학년)에 적합한 수준이다. 방법 중심이란 말은 방법을 내용에 맞게 먼저 통합한다는 것을 의미한다. 여기서의 내용 통합은 공통된 사항에 중점을 둔다. ㉢은 ㉠과 ㉡을 포함하며, 중·고등학생(7-10학년)에 적합한 수준이다. 내용을 구조적으로 통합하고, 이를 교사와 협의하고 학습할 내용과 방법을 선택한 후 학습자가 인지구조와 학습 경험에서 재구성하여 자신의 능력과 선호에 맞는 방법을 골라 표현한다. ㉣은 대학생 이상에서 요구되는 수준이며, ㉢을 포함한다. 방법의 통합에는 큰 비중을 두지 않는 점이 다른 심급과의 차별성을 보인다. 또한 ㉠ - ㉢이 교사와 학습자의 상호작용 속에서 발생하는 것이라면, ㉣은 주로 학습자에게서만 일어난다. ㉠ - ㉣의 심급은 개인차를 고려하지 않은 인위적인 구분이다. 이 심급들은 한 교실에서 개인별·수준별로 가능하다. 다만 여기서 주목할 만한 통합의 심급은 ㉡과 ㉢이다. 이 둘은 상당한 부분과 영역에서 겹치고 있다. ㉡이 공통된 내용 중심으로 전이성이 강한 반면에 학습자가 전체를 바라보는 조망 능력이 부족하여 관계성이 결여되기 쉽고, ㉢은 ㉡에 비해서는 전이성이 약하지만, 관계성과 재구성력이 높아져 통합이 활발해진다.

3.2.2. 통합적 국어교육의 방법으로서 비평

통합의 방법은 통합의 유형보다도 많기 때문에 그 모두를 설명할 수도 없고, 설명할 필요도 없다. 통합의 목적에 맞게 통합할 대상의 요소들을 선택하여 결합한 후 교수·학습하면 된다. 다만 본 연구에서는 내용과 방법을 통합하고, 중등과정에 맞는 방법을 제시하고자 하는데 이것이 비평교육이다.

비평교육[15]을 통합적 국어교육의 한 방법으로 제시하는 이유는 다음과 같다.

첫째로, 비평은 국어과 외에도 미술, 음악, 무용, 역사 등 인문 교과 대다수에 존재해 있는 영역이다. 특히 예술 교과는 원래 한 뿌리에서 발생하여 분리된 과목들이다. 예술의 내용은 하위 영역에 따라 달라지는 것이 아니다. 다만 표현 방법만이 구별의 의미를 가진다. 하나의 대상을 자신에게 유의미한 관계로 만드는 일체의 과정에서 대상을 규정하고, 분석하고 가치를 판단하여 대상을 평가한 후 자신의 새로운 대상을 생성하는 것을 비평[16]이라고 할 때 예술의 내용과 방법을 통합하는 방법으로는 비평이 가장 적합하다고 할 수 있다. 국어교육 영역 속에 있는 문학을 통한 예술과 문화에 대한 교육의 중요성은 계속 대두되어 왔으며, 문학교육은 곧 비평교육[17]이라는 주장의 근거가 되기도 한다.

둘째로, 비평은 이미 내용과 방법이 통합된 형태이며, 그 속에 국어교육

---

15) 여기서의 비평교육은 문학의 하위 개념으로서의 비평이 아닌, 대상을 접근하는 방법으로서의 비평을 교육적 측면에서 도입한 것이다. 용어상의 혼란이 있다면 다른 용어로 대체해야 할 것이다. 그러나 비평이란 용어는 문학뿐만 아니라 다른 학문과 일상생활에서도 흔히 사용되는 개념이다(우문영, 비평교육의 개념과 성격 연구에 관한 시론, 한국언어문학교육 19집, 2008, p.161.)

16) 위 글, p.161.

17) 우한용, 문학교육과 문화론, 서울대학교출판부, 1997, pp.318-319.

의 외적 영역에 있는 철학, 심리학, 사회학, 자연과학 등의 내용과 방법이 함유되어 있다. 비평의 내용과 방법 속에는 단순히 대상에 대한 자신의 생각이나 느낌을 전달하는 감상이 아닌 비평가로서의 사상과 철학이 내재되어 있는 것이다. 또한 인문학적인 관심을 넘어 자연과학에서 이룬 성과를 통합한 비평 이론들이 산재해 있다. 이러한 다양한 비평 이론의 통일적 산물로 내용과 방법을 만드는 비평교육은 매우 유용하다고 할 수 있다.

셋째로, 교육은 평가를 떠나서 논하기 어렵다. 통합적 교육이 현실적으로 어려운 가장 큰 이유 중에 하나는 평가의 문제다. 국어과 내의 영역을 통합하는 경우에는 문제의 심각성이 다소 줄어들겠지만, 국어과 외적 영역의 통합일 경우에는 어느 과목 교사가 학습자의 무엇을 평가할 것인가에 대한 평가 주체와 평가 요소 및 방법에 대한 난항에 부딪히게 된다. 비평은 자체에 판단과 가치 평가의 의미와 방법을 수용하고 있는 개념이다. 비평교육에서의 평가 방법은 더욱 정밀한 연구가 진행되어야 하겠지만, 개인과 집단(국가와 사회) 수준을 동시에 만족하는 평가 방법과 평가 내용은 비평교육에 상당히 가깝다고 할 수 있다.

넷째로, 언어 능력 신장을 목표로 하는 국어교육과 문학 능력 향상을 목표로 하는 문학교육을 동시에 달성할 수 있는 방법이다. 비평을 무엇보다 언어로 한다는 점, 비평이 가지고 있는 메타적 성격은 의사소통 능력을 향상시킬 수 있다는 점에서 언어능력의 신장을 기대할 수 있다. 또한 심미적 경험을 살려 작품을 보는 안목을 높이고 자신의 생활에 적용하는 능력을 키우기 위한 문학능력 역시 향상될 것으로 생각된다. 국어교육과 문학교육의 접점에는 논리성과 상상력이 위치해 있는데, 이들은 비평교육에서 얻는 비평능력과 깊은 관계를 맺고 있다.

끝으로, 통합적 국어교육의 수준에서 ㉢ 내용(구조) / 방법 / 학습자(구성)를 성취하기 위한 좋은 방법이 된다. 이는 7학년에서 10학년 사이의 학습자들이 일반적인 교육과정의 통합 수준인 ㉡ 방법 중심의 내용 통합을 벗어난 구체적인 통합의 내용과 방법을 학습하는 시기와 부합하는데, 교과목이 세분화되기 시작하는 7학년이 가장 적합하다고 보인다.

3.3. 통합적 국어교육의 적용의 문제

3.3.1. 적용의 세 차원

1) 교육과정의 차원

통합적 국어교육은 통합 교육과정의 범주 속에서 진행된다. 국어과와 다른 교과와의 교과 통합의 문제는 일선 현장에서 다룰 수 있는 성질의 것이 아니다. 통합적 국어교육이 통합 교육과정에서 나타날 가능성은 크게 네 가지로 예상될 수 있다. 국어과와 국어과 외적 영역과 통합하여 하나의 교과를 만들 경우, 국어과와 국어과 외적 영역과 통합하여 새로운 교과를 만들지 않을 경우, 국어과 내적 영역을 통합하여 하나의 교과를 만들거나 없앨 경우, 그리고 국어과 내적 영역을 통합하여 새로운 교과를 만들지 않을 경우이다.

① 국어과와 국어과 외적 영역을 통합하여 새로운 교과를 만들 경우

교과를 새롭게 만들어 편성하는 것은 교육과정을 개정하기 전에는 쉽지 않은 일이다. 비단 중등 교육과정만의 문제가 아니라 대학의 교육과정과 편제와 연동되어 있고, 첨예한 이해관계로 대립될 것이기 때문이다. 다만 교육과정의 편제에서 영역 군을 재조정하는 문제는 고려해 볼 수 있다. 지금까지의 교과가 지나치게 분과형에 의존하여 영역 군을 임의적

으로 해 왔다는 지적과 앞으로의 교과 편제는 문화교육으로 초점을 맞추어야 한다는 의견을 적극적으로 수용할 경우이다. 이때는 공통사회와 공통과학의 경우에서처럼 연구와 의견수렴의 과정을 거쳐 이루어져야 하며, 총론에서는 통합의 목적과 필요성, 과정, 방향 등을 명시해야 한다.

지금까지의 논의한 바를 예를 들어 설정해 보면 다음과 같다.

· 국어와 수학을 기호 상징 영역으로 통합
· 국어 영역 중 문학을 예술 영역으로 통합
· 국어 영역 중 문학을 문화 영역으로 통합
· 국어를 문화의 하위 영역으로 분류한 후 시각 문화 영역으로 통합
· 국어를 포함한 사회, 예술, 역사, 영화, 매체, 문화를 비평하는 방법적 통합

② 국어과와 국어과 외적 영역과 통합하여 새로운 교과를 만들지 않을 경우

이러한 통합은 일선 현장에서도 많이 이루어지고 있는 내용 중심 통합과 주제 중심 통합이라고 할 수 있다. 주제와 단원 중심의 통합과 달리 내용과 방법을 통합한 형태를 제시할 수도 있다. 총론에서 통합의 유의점과 내용과 방법의 통합 내용 등을 명시해야 한다.

③ 국어과 내적 영역을 통합하여 하나의 교과를 만들거나 없앨 경우

국어와 문학과의 관계, 국어과목 내에서 심화과목의 생성과 폐지에 관한 내용이다. ①에서 나타날 정도는 아니지만, 상당한 저항이 있으리라 예상된다. 총론에서 분리와 생성, 폐합의 이유를 명시한다.

지금까지의 논의한 바를 예를 들어 설정해 보면 다음과 같다.

· 국어와 문학의 분리[18)]
· 문학과 독서의 통합
· 문학, 독서, 매체를 비평으로 통합
· 문학과 독서를 매체로 통합
· 문학, 독서, 매체를 문학으로 통합

④ 국어과 내적 영역을 통합하여 새로운 교과를 만들지 않을 경우

국어교육에서의 통합 연구에서 많이 접근하는 방법이다. ③과 마찬가지로 국어와 문학과의 관계 규명이 필요해진다. 또한 '표현과 이해'가 영역인가, 기능인가의 문제를 해결해야 한다.

교육과정의 특성상 명세적인 것을 밝히기보다는 무엇을, 왜 통합하는지를 설명해야 한다. 또한 교수·학습 방법상의 방법과 유의점 등도 나타나야 한다.

이 점을 고려하여 예를 들어 설정하면 다음과 같다.

· 의사소통 관점에서 문학의 영역을 폐지
· 창작과 비평의 통합
· 표현과 이해의 통합
· 표현과 이해와 문법의 통합
· 말하기와 쓰기 / 말하기와 읽기 / 말하기와 쓰기 / 말하기와 듣기 / 말하기와 문학 / 말하기와 매체 / 쓰기와 듣기 / 쓰기와 읽기 / 쓰기와 문학 / 쓰기와 매체 / 읽기와 듣기 / 읽기와 문학 / 읽기와 매체 / 듣기와 문학 / 듣기와 매체

---

18) 분리라고 해서 통합이 아니라고 하면 안 된다. 통합은 선택의 과정을 거치는데, 선택에서 분리와 배제는 반드시 일어나는 과정이다. 국어와 문학의 분리는 문학의 독립 영역으로 자리매김을 하는 것과 ①에서처럼 다른 예술과 문화 영역으로의 통합 전 단계로 볼 수도 있다. 문학의 독립 영역 문제는 이용주의 글(국어교육의 반성과 개혁, 서울대학교출판부, 1999, pp.487-488.) 참조.

· 아는 것(지식)과 하는 것(경험)
· 보기와 보여주기 / 보기와 만들기
· 문학에서의 갈래의 변환과 통합
· 일상생활의 문학과 학교에서의 문학의 통합
· 남북한 국어교육 내용 통합
· 서울과 지역의 교육 내용 통합
· 온라인과 오프라인 상의 교육 내용 통합

2) 교재 차원

교육과정에 의해 교재가 제작되고 선정되겠지만, 폐쇄형 통합 교재, 중간형 통합 교재, 개방형 통합 교재로 나누어 생각해 볼 수 있다.

폐쇄형 통합 교재는 국가 수준의 교육과정의 지침대로만 제작된 교재를 말하는데, 보통 교과서라고 할 수 있다. 주로 공통된 내용, 특히 주제나 형태별로 묶은 것으로 더 이상 통합하기 어려운 교재를 말한다.

중간형 통합 교재는 같은 지역(지방) 교사들이나 통합적 국어 교육에 대한 생각이 비슷한 교사들이 모여서 만든 것이다. 폐쇄형 교과서를 변형해서 제작할 수도 있다. 해마다 달라지는 내용과 방법에 맞게 구성된다.

개방형 통합 교재는 교사와 학습자 상호 작용을 통해 만든 교재다. 학습자의 심리, 취미, 능력 등을 고려하여 자신이 원하는 요소들을 교사와 협의하여 통합한다. 동료들과 의견을 교환하는 메타 비평을 온라인과 오프라인을 통해 정리해 두면서 실시간으로 변환이 가능하다. 잠재적 교육과정을 나타낼 수도 있는 강점도 있지만, 실질적으로 준비해야 하는 시간이 지나치게 많이 소요된다.

3) 수업 현장 차원

학교에서 통합적 국어교육을 수행하기 위해서는 국어과 내적 영역만으로 통합하는 방법 외에는 그리 용이하지가 않다. 무엇을, 언제 통합할 것인가에 대한 학교 전체적 밑그림과 각 부분 통합의 계획이 선행되어야 한다. 여기서 문제되는 것이 바로 학교 일과 시간표의 조정이다. 일 년 내내 모든 과목이 통합 수업을 전개한다면 통합일정표를 만들어 시행하면 되겠지만, 현행 교육과정에서는 기대하기 힘들다. 그렇다면 매번 통합 수업을 할 때마다 일과 시간을 조정해야 한다. 중심을 국어과에 두더라도 다른 교과의 일정을 고려해야 하기 때문에 학교 시간표를 운영하기가 어려워진다.

다음으로는 교사들의 통합 교수·학습을 생각해 볼 수 있다. 교사협력학습(team teaching)은 교사들에게 반드시 필요한 것이지만, 이것도 수업 시수가 많은 교사들에게는 서로 중압감이 느껴진다. 국어과 내용 중에서 통합 수업을 할 때마다 다른 교과 교사를 매번 모시기는 어렵다. 그렇다고 국어 교사가 모든 것을 통합하여 가르치는 것은 더욱 쉽지 않은 일이다. 여기에 평가라는 문제까지 겹치면 통합 수업을 배제하려는 교사들의 의견에 동의하게 된다.[19)]

학습자에게는 많은 흥미와 관심을 주고, 자신의 선호 분야에 대한 집중과 선택의 효과를 얻게 해 준다. 교육이 추구하는 전인적 모습을 기대할 수도 있다. 다만, 공통된 내용이 질적으로 수준이 떨어진다거나 전이성이 약해지면, 학습자의 관심도 멀어지고 학습 능력도 부진하게 될 것이다.

교육과정, 교재, 수업 현장 차원에서 나오는 통합적 국어교육의 문제점

---

19) 나장함(통합교육과정에 대한 교사들의 인식 탐구, 교육과정연구 22집, 한국교육과정학회, 2004,p.108-110.)은 설문결과에서 교사들이 통합에 대해 다소 소극적인 자세를 견지한다고 주장하였다.

을 정리해 보면, 국가적·지역적·잠재적 수준의 교육과정을 만족하면서 학교 수업 현장의 난제를 극복하는 해결책은 내용과 방법을 통합한 것을 교사와 학습자가 교실에서 재구성하는 것이다.

3.3.2. 통합적 국어교육의 한계와 문제점

통합의 중요성과 필요성을 인식하면서도 수업에서는 왜 잘 이루어지지 않는 것일까? 그것은 통합이라는 개념이 갖는 애매성과 모호성, 그리고 국어교육이 갖는 도구적 성격에서 기인한다고 할 수 있다. 이런 점에 주의해서 보다 구체적이고 실제적인 계획과 방법을 가지고 실현해야 한다. 또한 통합적 국어교육의 실행에서 올 부작용 역시 고려해야 한다. 통합의 방법이 항상 옳거나 좋을 수는 없다. 교사가 동의하지 않는 통합은 실효를 거두기 어렵고, 학습자의 이해와 요구에 부합되지 않는 통합은 유의미하지 않다. 통합의 목적과 방향을 권력집단의 특정 이데올로기로 몰고 갈 소지도 다분히 있고, 실제로 사회 통합이라는 미명 하에 만행을 저질렀던 적이 있었던 점을 상기해야 한다.

통합 만능주의는 자칫 통합만 하면 다 된다는 식의 생각으로 흐를 위험을 안고 있다. 통합은 선택과 관계이기에 언제든지 변화되고 변화되어야만 한다. 내용과 방법의 구조가 달라지고 이들을 구성하는 학습자도 달라진다. 모든 요인이 변하고 새롭게 결합된다는 점을 인식해야 한다. 또한 통합의 과정 속에서 배제되는 요소들에 대해서도 궁구해야 한다.

4. 7차 개정 국어과 교육과정에서의 통합의 문제

7차 개정 국어과 교육과정(이하 교육과정)에서도 통합의 문제를 많은 부분에서 다루고 있다. 통합이라는 용어를 직접적으로 사용하지는 않았지만 교육과정의 성격, 목표, 그리고 교육과정의 문면에 흐르는 통합성은 외연적으로 읽혀지기에 충분하다. 내용 체계, 교수·학습 방법, 평가에서는 일관성 있게 통합의 방법과 내용을 제시하고 있다. 또한 통합 학습 내용을 학년별로 위계성과 연계성을 가지고 배열한 점 역시 긍정적으로 평가된다.[20] 교육과정에서 통합의 방법을 구체적으로 제시하지 못했다는 일부의 지적도 교육과정이 국어교육에 관한 일반이론 서적이 아니라는 점에서 극복될 수 있다. 교육과정은 구체적으로 명시할 수도, 할 필요도 없다. 오히려 그 내용이나 방법을 제시하는 것은 교사·학습자의 상상력을 제한하거나 창의적 활동을 저해한다.

그러나 이것은 교육과정이 일관성과 체계성, 통합성을 벗어나도 된다는 것을 의미하지는 않는다. 통합이라는 용어를 기술했다고 해서 통합이 이루어지거나, 통합에 대한 측면을 충분히 고려했다는 것을 의미하지 않는다.[21] 통합에 대한 사항을 직접 명시하고 있는 국어과 교육과정과 국어과 영역 속의 문학 교육과정으로 나누어 접근해보고자 한다.

---

20) 통합의 수준을 통합적 국어교육의 대상에 맞게 제시하지 못한 점은 아쉽다.

21) 손영애(새로운 국어과 교육과정 시안에 대한 몇 가지 소론, 국어교육 122호, 2007, 한국어교육학회, p.121.)는 6 · 7차가 분절적 기능 중심의 국어과 교육에 강조점을 두었다면 새로운 교육과정은 통합적인 국어과 교육에 강조점을 두고 있다는 점을 인용하면서 텍스트 중심의 교수 · 학습이 이루어진다는 것은 상당 부분 통합적인 교수 · 학습을 유도할 것이라고 하였다. 그러나 자칫하면 텍스트만 다를 뿐 실제 수업의 모습은 그 단원이 그 단원이라는 3차 교육과정 시기의 교과서와 비슷한 결과를 낳을 수 있다는 점을 우려하였다.

4.1. 국어과 교육과정에서의 통합

통합적 측면에서 보면 국어과 교육과정의 문제점은 우선 왜, 무엇을 통합하는가 하는 목적과 방법에 대한 언급이 없다. 구체적인 방법을 제시하라는 지적이 아니다. 통합의 목적에 따라 대상의 어떤 요소들을 통합할 것인지에 대한 명시가 부족하다는 것이다. 만일 분량상의 문제라면 교육과정 해설서에 있어야 하는데 다른 용어에 대한 설명은 있지만, 이에 대한 논의는 어디에 있는지 찾기 어렵다.

다음은 통합이라는 용어가 직접 명시된 교수·학습 방법 중에서 교수·학습 계획을 살펴보자.

(3) 국어 활동의 총체성을 고려하여 영역 간, 영역 내의 학습 요소를 통합하여 지도하기 위한 교수·학습 방안을 계획한다.

(가) 각 영역에서 해당 영역의 고유성이 되어 있는 학습 요소와 통합이 가능한 학습 요소를 구분하여 지도하되, 학습의 효율성을 높일 수 있도록 한다.

① 국어 표현과 이해의 원리와 과정을 고려하여, 말하기와 쓰기를 통합하고, 듣기와 읽기를 통합한다.

② 국어 활동에서 사용되는 음성 언어와 문자 언어의 특성을 고려하여 듣기와 말하기, 읽기와 쓰기를 통합한다.

③ 문법이나 문학과 관련한 담화 또는 글과 문학 작품을 읽거나 듣고 자신의 생각과 느낌을 표현하게 함으로써 문법 및 문학 영역과 듣기, 말하기, 읽기, 쓰기 영역을 통합한다.

(나) 동일 영역의 내용 요소 중에서 학습의 효율성을 높이는 데 적합한 요소를 통합하여 지도한다.

(다) 매체 관련 내용 요소를 지도할 때에는 듣기, 말하기, 쓰기, 문법, 문학 영역과의 통합을 고려하여 지도한다.

(라) 여러 영역을 통합하여 지도하기 위해 자료를 개발할 때에는 교육 내용과 학습상황에 맞게 다양한 방법을 모색하도록 한다.

① 주제를 중심으로 내용 요소를 유기적으로 통합하여 조직한다.

② 다양한 상황을 중심으로 관련되는 내용 요소를 통합하여 조직한다.

③ 종합적인 사고가 요구되는 문제 상황을 제시하고, 이를 해결하는 과정에서 필요한 내용 요소를 통합하여 조직한다.

④ 다양한 담화 또는 글을 중심으로 내용 요소를 통합하여 조직한다.[22]

(3)에서 '국어 활동의 총체성을 고려한다는 것'은 총체적 국어교육을 말하는 것으로 이해되는데, 이것은 유의미한 진술이지만, 국어에서 활동만 총체성을 가지고 있는 것은 아니다. 국어교육 내용이나 방법도 총체적으로 접근해야 한다는 점을 간과한 것이다. '영역 간, 영역 내의 학습 요소를 통합한다는 것'은 매우 일반적인 진술이다. 영역 통합은 실제적 의미를 담보하기 어렵다. 예를 들어 말하기와 쓰기의 영역을 통합하는 것이 아니라, 말하기와 쓰기의 기본 원리를 내용적으로 통합하고, 방법과 활동을 이에 맞게 다시 통합하는 것을 말한다. 말하기와 쓰기가 과연 영역인가도 검토되어야 할 사안이다. 영역 간, 영역 내의 통합을 인정한다 하더라도 국어과 외적 영역과의 통합에 대한 명시는 찾아볼 수 없다.

(가)에서 각 영역에서 해당 영역의 고유성이 반영되어 있는 학습 요소와 통합이 가능한 학습 요소를 구분하여 지도한다는 것은 무엇을 통합할 것인가를 진술했다는 점에서 의의가 있다. 공통점을 중심으로 차이점을 통합하는, 통합의 기본 방향이 제대로 나타나 있다. 학습의 효율성을 높일 수 있도록 한다는 문장이 과연 필요한가에 대한 의문을 갖게 한다. (가)의 ①, ②, ③은 공히 크게 두 문장으로 이루어져 있는데, 앞부분은 통합의 목적과 필요성을, 뒷부분은 통합의 대상을 제시하고 있는데 꼭 필요한

22) 국어과 교육과정, 2007, pp.68-69.

진술이다. 듣기, 말하기, 읽기, 쓰기의 다른 통합도 제시되었으면 하는 아쉬움이 남는다.

(나)에서 말한 동일한 영역 내에서의 통합은 자연발생적인 당연한 통합으로 지극히 일반적인 사항이다. (다)에서 언급된 매체는 (가)의 ④로 가야 층위가 맞는다. (라)의 ①, ②, ③, ④의 내용은 중복되어 있다. 주제 중심, 다양한 상황, 종합적인 사고를 요구하는 문제 상황, 다양한 담화는 이미 내용면에서 중첩되어 있고, 내용 요소를 통합한다는 것은 동어 반복에 불과하다.

(가) - (라)의 내용을 정리하면 다음과 같다.

(가) 학습 요소
(나) 동일 영역의 내용 요소
(다) 매체 관련 내용 요소
(라) 여러 영역 통합에서의 내용 요소

그런데 (가)에서 언급된 학습 요소와 (나), (다), (라)에서 언급된 내용 요소가 어떤 것인지에 대한 의문을 버릴 수가 없고, (가) - (라) 사이에는 층위가 맞지 않거나 중복되어 있다. 이들에 대한 불균형과 문제점을 해소하기 위해 재조직하면 다음과 같다.

(가) 동일 영역에서의 통합 요소[23)]
(나) 국어과 내적 영역에서의 통합 요소
(다) 국어과 외적 영역에서의 통합 요소
(라) 내용 - 방법 요소 통합

---

23) 동일 영역 내에서의 통합은 유의미하지 않으나, 기존 교육과정에 나타나 있는 점을 인정하여 재조직하였다.

다음으로는 교수·학습 운용에 나타난 통합에 대해 살펴보자.

(3) 영역 간, 영역 내의 학습 요소를 통합하여 지도할 때에는 다음 사항에 유의한다.
(가) 둘 이상의 영역을 통합하여 지도할 때에는 학습자의 학습 활동이 특정 영역에 치우치지 않도록 한다.
(나) 영역 간의 공통점과 차이점을 고려하여 통합적 교수·학습의 효율성을 높인다.
(다) 학습자가 한 영역에서 학습한 내용을 다른 영역에 적용하는 과정을 충분히 이해하고 수행하도록 지도한다.
(라) 학습 요소의 통합 취지에 알맞은 방법으로 교수·학습을 전개한다.[24)]

(3)은 통합적 국어교육을 교수·학습할 때 유의점을 다룬 것인데, (가)는 통합에서의 영역의 공평성을, (다)는 전이성을 다룬 것으로 유효한 의미를 지닌다. (나)와 (라)는 통합에서 지극히 일반적인 진술이다. 이보다는 여러 영역을 통합할 경우에 흔히 발생하는 문제점을 예상하여 명시하는 것이 더욱 적실하다. 내용과 방법, 활동을 통합하여 지도할 경우의 유의점도 빠진 것이 아쉬운 점으로 남는다.

끝으로 평가에서 나타난 통합을 살펴보자.

가. 평가계획 - (4) - (다) 국어 사용의 실제성을 고려하여 다양한 평가 상황을 설정하고, 영역을 통합하여 평가하도록 한다.
나. 평가 목표와 내용 - (2) - (나) 평가 내용은 국어 능력을 구성하는 하위 요인과 이 요인이 통합적으로 실현되는 능력을 평가할 수 있도록 선정한다.

24) 위 책, 2007, p.71.

다. 평가 방법 - (5) 평가 목표와 내용, 평가 상황에 따라 필요한 경우에는 평가 방법을 통합하여 활용한다.[25)]

통합적 교수·학습 평가를 위해 평가 계획 - 평가 목표와 내용 - 평가 방법으로 구성한 것이 체계적이라 할 수 있다. 다양한 평가 상황을 설정하고, 그 상황에 맞는 영역을 통합하고, 평가 내용은 통합 구성 능력과 통합 실현 능력을 내용으로 설정한 점과 그에 맞게 평가 방법을 통합한다는 것은 논리적인 제시라 할 수 있다. 다만 여전히 '학습 요소'와 '내용 요소', '평가 요소'와의 관계 설정이 모호한 점과 평가 방법에서 평가의 유형을 나열하고 다면적 통합 평가의 방법이나 유의점을 명시하지 않은 것은 의 문점으로 남는다.

4.2. 문학 교육과정에서의 통합

문학 교육과정에서도 전반적으로 통합의 필요성이 인식된 점이 문면에서 드러나 있다. 성격 - 목표 - 내용 - 교수·학습 방법 - 평가에서 일관성 있게 통합의 방법이 나타나 있다. 면밀히 살펴보면 다음과 같이 몇 가지의 문제점이 도출된다.

내용에서는 문학과 예술의 관계에 대해 추상적 이해만 명시하였다. 문학과 문화와의 관계를 규명하는 것은 매우 중요한 학습 내용이다. 아쉬운 점은 그 전에 해야 할 과제인 뿌리가 같은 문학과 예술에 대해 자세하게 공부해야 하는 것을 인식하지 못한 것이다. 문학과 타 예술과의 만남에 대한 내용이 포함되어야 한다. 내용 체계에서도 문학과 인접 학문과의 관계 부분이 제외되어 있다. '문학 과목'이 국어과의 문학 영역에서 발전

25) 국어과 교육과정, 2007, pp.72-73.

한 것임을 전제로 한 심화 과목이라면 이 부분이 생략된 이유를 설명할 수 있어야 한다. 또한 권위적이고 정전에 속하는 작품을 다루는 문학만이 아니라 학습자가 일상생활 속에서 쉽게 만나는 문학작품에 대한 내용도 반영되어야 한다.[26] 가장 문제가 되는 내용 체계의 끝부분인 문학과 삶에 대해 살펴보자.

(4) 문학과 삶

(가) 문학과 자아

① 문학을 통하여 자아를 성찰하고, 삶의 의미에 대하여 질문하며 내면 세계를 확충한다.

② 문학을 통하여 타자를 이해하고 삶의 다양성을 수용한다.

③ 문학을 통하여 인간과 세계의 진실을 심미적으로 인식하고 표현하는 안목을 기른다.

(나) 문학과 공동체

① 문학을 통하여 사회, 민족, 역사, 자연 등 다양한 층위의 공동체와 연대 의식을 가진다.

② 문학을 통하여 양성 평등, 사회적 소수자, 생태, 미래 사회 등 공동체의 관심사에 대한 문제의식을 공유하고 소통한다.

다) 문학의 생활화

① 문학 활동을 생활화하여 수준 높은 국어 생활을 영위한다.

② 문학 활동을 생활화하여 풍요롭고 가치 있는 삶을 영위한다.

③ 문학 활동을 생활화하여 공동체의 문화 발전에 능동적으로 이바지한다.[27]

문학을 통해 학습자가 무엇을 얻게 될 것인지에 대한 내용이 구체적이

---

26) 대중가요나 판타지 소설, 짧은 콩트와 같이 유사 문학에 대한 내용이 필요하다. 사이버 문학에 대한 내용도 삽입되어야 한다.

27) 국어과 교육과정, 2007, p.119.

고 다양하게 제시되어 있다. 그런데 자아의 내면이든, 타자와의 관계이든 모두 인간과 관련되어 있는 것이다. 문학은 인간하고만 관련되어 있지 않다. 지금까지의 문학이 지나치게 인간 중심 일변도로 진행되어 왔음을 반성하는 최근 경향을 반영하지 못하고 있는 것이다. (나) - ②에서 '생태'라는 단어를 일 주제로 사용하고 있지만, 그렇게 작은 영역으로 축소될 성질의 것이 아니다. 문학과 인간, 문학과 환경(생태)으로 체계를 나누어야 한다. (나) - ②의 주제들도 서로 통합될 수 있음을 명시하면 더욱 좋을 것이다. (다)는 내용 체계에 들어갈 내용이 아니라, 문학교육을 통한 목표에 해당된다. (가)와 (나)도 (다)와 유사하지만, (가)와 (나)는 목표와 학습 내용을 동시에 획득하고 있는데 반해, (다)는 목표로서의 성격만 지닌다. 만일 내용체계라면 '수준 높은, 풍요롭고 가치 있는 삶'이라는 고도로 추상적인 진술은 피해야 한다.

다음은 교수·학습방법과 평가방법에 나타난 통합을 살펴보면 대체적으로 통합적 접근에 대한 고민이 역력하게 드러난다.

> 4. 교수·학습방법 - 가. 교수·학습 계획 - (1) 국민 공통 기본 교육과정 국어 과목의 문학 영역에서 학습한 지식과 기능을 통합적으로 적용 발전시킬 수 있도록 계획하여 심화과목으로서의 성격을 살린다.
> 4. 교수·학습방법 - 가. 교수·학습계획 - (2) 화법, 독서, 작문, 문법, 매체언어 등 국어과의 다른 심화 선택 과목들과의 관련을 고려하여 계획을 수립한다.
> 5. 평가 - 가. 평가계획 - (5) 문학에 대한 지식, 문학 작품의 수용과 생산 능력, 문학에 대한 태도, 문학 활동 경험 등을 종합적으로 평가하도록 계획한다.[28)]

---

28) 위의 책, pp.119-122.

주의해서 보아야할 사항은 이러한 통합에는 활동이 중심이 된다는 것이다. 문제는 활동의 통합이 활동만의 통합인 점이다.

> 4. 교수·학습방법 - 나. 교수·학습운용 - (7) 문학 활동이 듣기, 말하기, 읽기, 쓰기를 포함한 언어활동, 매체활동 및 다양한 반언어적·비언어적 표현과 통합될 수 있도록 지도한다.
> 5. 평가 - 가. 평가계획 - (6) 듣기, 말하기, 읽기, 쓰기를 포함한 언어활동 및 매체 활동과 통합하여 평가하도록 계획한다.[29]

또한 5. 평가 - 나. 평가 목표와 내용 - (2)를 보면 국민 공통 기본 교육과정 '국어' 과목에서 학습한 내용과 '문학' 과목에서 학습한 내용을 변별한다고 하였는데, 그 이유가 석연치 않다. 국민 공통 기본 교육과정 국어 과목에서 학습한 내용을 기반으로 심화 과목인 문학의 학습 내용을 위계화, 체계화한 것이 아니라는 것인지 알기 어렵다. 국어에서 학습한 내용과 문학에서 학습한 내용을 통합하라고 한 것은 도대체 무엇을, 왜 통합하는 것이지 더더욱 알기 힘들다.

5. 나오며

개정 7차 국어과 교육과정 중 국민공통 기본 교육과정에서의 '국어'와 심화 과목인 '문학'에서는 통합의 중요성과 필요성을 인식하고 성격, 목표, 내용, 교수·학습 방법, 평가 등 전반에 걸쳐 직·간접적으로 명시하고 있다. 그런데도 여러 문제점을 내포하는 이유는 통합이 가지고 있는 개념

---

29) 같은 책, pp.121-122.

상의 모호성과 애매성, 통합은 계속 진행형으로 이루어진다는 것, 학교 현장에서 실현의 어려움 등이 있지만, 보다 본질적인 원인은 통합의 목적과 방향성, 원리와 방법에 대한 깊이 있는 천착이 부족한 면을 지적할 수 있다.

국어과에서의 통합에 대한 연구 역시 상당한 학문적 성과를 얻었으나, 주제나 단원 중심의 내용 통합, 영역 내의 통합, 국어과 내적 영역의 통합에 중점을 둔 한계를 노정하였다. 이는 통합의 대상인 구성 요소들의 선택적 관계를 이해하지 못한 것에서 기인한다. 국어과에서의 통합은 국어과 영역 내에서만, 관계있는 내용끼리만, 문학 활동으로만 이루어지는 것이 아니라 영역과 내용, 방법과 활동 모두를 가로지르는 통합의 형태로 존재해야 함을 알려주고 있다.

일반적인 학문의 통합, 국어교육에서의 통합과 통합적 국어교육은 여러 모로 공통점을 지니고 있지만, 결정적으로 대상이 다르다. 학문의 통합의 대상은 학문이고, 국어교육에서의 통합의 대상은 영역이지만, 통합적 국어교육의 대상은 바로 학습자라는 점이다. 학습자의 수준과 능력, 취미, 선호에 맞으면서도 내용과 방법이 통합된 모습을 가지고 있어야 한다.

그러한 방법의 하나로 본 연구에서는 비평교육을 대안으로 삼고 있다. 비평은 이미 국어과 외적 영역에서 공통적으로 존재하는 요소이며, 국어과 내·외적 영역에서 방법으로 사용되고 있다. 통합교육에서 가장 어려워하는 평가의 문제를 비평은 개념 속에서 가지고 있는 가치 판단의 요소로 상쇄할 수 있는 장점을 가진다. 통합 수준의 심급과 내용, 방법을 고려하여 볼 때 비평교육은 7학년에서 10학년 사이가 적합할 것으로 예상된다.

비평교육의 가능성의 문제는 비평교육의 위상과 내용, 방법을 포함하여 다각도로 연구되어야 할 것이고, 이보다 통합적 국어교육에 대한 명확한 인식과 내용과 실천 방법에 대한 정밀한 연구가 이루어져야 한다.

Ⅱ장 통합 문예 이론의 가능성 연구
-방법론을 중심으로-

1. 연구의 목적과 필요성

최근 서양의 문예 이론은 크게 두 가지 방향으로 대별될 수 있다. 하나는 플라톤 이후부터 현대까지 내려온 형이상학적 생각들을 해체하는 데리다 중심의 이론이고, 문학을 넘어 예술과 문화적 영역에서 접근하는 것이 다른 하나이다. 해체 이론 역시 단순한 해체나 소멸, 부정이 아닌 새로운 것을 구성하기 위한 해체를 말하는 데 그것은 통합의 가능성을 내포하고 있다. 문화론적 접근에서도 문학만이 가졌던 영역과 방법 등을 문화로 확장하는데 있어 필수적인 작업이 바로 통합이다.

지식을 세분화하여 연구하는 환원(reduce)은 분석적으로 어떤 진리가 참이 아니라는 사실을 알게 하는데 큰 기여를 했다. 그러나 그것은 어떤 것이 참이라는 사실을 알게 하는 것과는 상당한 거리를 두게 되었다. 또한 환원적이고, 분석적인 것은 문학이 지닌 상상력에 대한 많은 거부감을 주기에 충분했다. 어쩌면 서양의 분석적 방법의 한계로 동양적 사고의 특징인 통합을 인정한 것이 인문과학을 넘어 자연과학과의 통합의 방향으로 촉진시키는 역할을 하고 있는지도 모른다.

물론 통합이라는 개념 역시 통합을 긍정하고 있는 연구자들이나 부정하는 연구자들 모두에게 있어 아직은 완벽한 합의에 이르지 못하고 있다. 그것은 통합이라는 단어 자체가 가지는 모호성에도 기인하지만, 무엇을 어떻게 통합할 것인지에 대한 정치가 이루어지지 않은 것에도 원인이 있다. 통합을 바라보는 관점에 따라서 다른 표현들이 제기되는데, 우선 통합을 긍정적으로 보는 사람들-특히 자연과학자들-은 정합(整合), 통섭(統攝), 융섭(融攝)[1] 등의 개념으로 접근하며, 중립적 위치에 있는 사람들은 과학의 이론을 받아들여 복잡계 문예 이론이라고 부르는데 통합의 성격이 지니는 혼란함, 애매성 등의 특징을 나타낸 것이다. 부정적인 입장에 있는 연구자들은 순수한 문예 이론이 아니라고 하여 잡종이론이라고 폄하하여 부르기도 한다.

그렇다면 통합 문예 이론이 제기된 원인은 무엇일까? 그것은 문학이 가지고 있는 내적인 문제에서도 발생되었지만 보다 근원적인 문제는 문학과 관련한 문학의 외적 영역과 그 주변에 있다고 봄이 더욱 설득력이 높다.

---

1) 에드워드 윌슨, 최재천 · 장대익 옮김, 통섭, 사이언스북스, 2008, pp.10-12. 루스 번스타인(생각의 탄생, 에코의서재, 2008,p426.)은 통합의 창조적 성격에 맞는 단어가 없다고 하여 결합이나 합성을 뜻하는 그리스어의 'syn-'과 지식을 뜻하는 'gnosis'를 결합하여 'synisia'라는 신조어를 만들어 쓰기도 하였다. 가다머는 전통의 해석학적 자기소유와 자기 고유의 역사의 역사에 대한 과학적 탐구와 역사성에 대한 통찰을 파악하는 패러다임으로 통합(integration)으로 정의하였다.(허창운, 현대문예학개론, 문예출판사, 1993, p.230.)

2. 통합 문예 이론이 제기된 배경

2.1. 문학 내적 원인

문학이 위기라고 한다. 20세기 초까지 위세를 날리던 문학이 어려움을 겪는 이유를 문학 내에서 찾아보면 다음 몇 가지로 정리할 수 있다.

첫째로, 문학이 성행했던 이유가 그 원인이다. 아이러니하게도 문학이 다른 예술이나 문화보다도 인기를 누렸던 가장 큰 이유는 상품적 가치가 있다는 점이었다. 적은 비용으로 많은 이들에게 감동과 교훈을 주는 문학 작품이야말로 이윤을 목적으로 하는 자본가들뿐만 아니라, 피지배계층을 보다 손쉽게 교화하려는 지배 계층의 이해와 요구가 들어맞는 기제였다. 그러나 이러한 높은 상품 가치로 인해 질적인 상승보다는 양적인 팽창의 속도가 지나치게 빨라져 상품의 질은 물론이고, 문학 작품의 질마저 떨어지게 하는 동인으로 작용하였다. 더불어 문학보다 경쟁력이 높은 타 장르의 번성은 문학이 그 역사적인 면에서 이제는 쇠락의 국면으로 들어서는 시점이 되었다고 보기도 한다.

둘째로, 문학의 특성에서도 그 원인을 찾을 수 있다. 우선 문학이 다른 영역과 다르다고 하는 차이점만을 강조한 나머지 순혈주의에 빠졌다는 것이다. 이러한 지나친 순혈주의는 문학이 상대적이고 절대적인 우월성을 지닌다는 착각을 들게 하기에 충분했고, 곧 독자의 이탈을 가져왔다.[2] 고도의 상징성과 문학 이론과 현실의 괴리, 문학 이론의 난삽성 등 또한 독자가 다른 분야에 더욱 관심을 갖도록 촉진하였다. 결과적으로 문학 스스로가 자기 보호를 위한 장치, 즉 비판 정신을 가지지 못하게 되었다.

---

2) 김대행, 문학교육원론, 서울대학교출판부, 2005, p.17.

셋째로, 장르의 형식성과 표현의 한계도 문제가 되었다. 복잡다단해진 사회문화와 다양성을 추구하는 현대 인간의 욕구에 비추어 볼 때 기존의 고착된 문학의 장르로는 도저히 담보하기 어려워졌다. 또한 이전에 저장과 표현이 용이한 언어만이 가졌던 장점을 이젠 다른 매체가 더 많이 가지게 되었다.

넷째로, 탈 중심주의 시대로 오면서 주변부 문학이 중심으로 오는 과정에서 생기는 일종의 문학 지체현상의 일부라고 보는 견해도 있다. 이러한 현상에 대한 생각과 견해에 동의를 하지만, 전체적으로 문학이 겪는 위기를 설명하기에는 부족함이 있다.

종합해 보면 문학의 내적 특성만으로는 더 이상 문학작품을 설명하기에 불충분하다는 인식을 작가와 독자, 텍스트까지도 하게 되었다. 이것은 비단 문학만이 가지고 있는 것은 아니다. 다른 예술 장르 역시 문학과 유사한 고민을 겪고 있기는 마찬가지 실정이다. 따라서 문학을 둘러싼 다른 이유도 찾아보아야 할 것이다.

2.2. 문학 외적 원인

통합 문예 이론의 필요성은 위에서도 언급했듯이 문학 이론이 스스로를 충분히 설명해내지 못하고 있다는 반성에서부터 시작된다고 할 수 있다. 문학은 물론이고 문학이 포함된 인문과학 역시 자족적 논리로는 진실에 접근하기가 용이하지 않아졌다는 점에 주목할 필요가 있다. 주체와 대상이 어떤 개체 하나로 이루어진 것이 아니라, 세포와 같은 미세한 것들로 연결되어 있다는 것을 알게 된 이후에는 한두 가지의 방법으로는 그 실체에 다가가지 못한다는 사실을 인식하게 되었다. 문학이 인간 사회를 대상으로 한다는 상식선에서 출발한다면 인간에 대한 탐구는 인간과 관계를 맺고 있는 다른 분야에 대한 천착 역시 필수불가결한 것이라는 인식은 널리 퍼진지 오래이다. 지금까지는 문학을 중심에 놓고 다른 주변 학문을 원용하는 방법을 사용해 왔으나, 중심의 이탈, 또는 해체 현상은 문학과 다른 학문과의 평등한 통합을 가속화시켰다.

이것은 자연과학에도 적용이 된다. 지구의 대부분에 영향을 미치고 있는 인간에 대한 학문을 도외시하고서는 순수 자연과학은 존재할 수 없다는 사실을 과학자들은 인문학자들보다 먼저 깨달았다. 그러한 현실 인식의 깊이는 학자마다 다르겠지만, 근래에 들어와서는 단순히 관련이 있다거나 방법이나 주제를 차용하는 정도로는 산적한 문제들을 해결할 수 없다는 절박한 시점에 와 있다고 생각하는 것이 주류가 되고 있다. 즉 어느 학문도 이제는 자신의 방법만으로는 자신을 비롯한 다른 문제를 풀어나갈 수 없는 세계에 놓인 것이다.

문학이 관계를 맺고 있는 사회의 변화 역시 문학 혼자서는 버틸 수 없는 지경에 이르렀다. 엄청나게 빠른 속도로 변화하는 사회를 지체 상태의 문학과 문학 이론이 따라가기에는 역부족인 것이다. 마르크스적 관점에서 보면 문학은 경제적 토대 위에 있는 상부 구조에 속하게 되므로, 하부 구조의 변동에 많은 영향을 받는다고 할 수 있다. 즉 하부 구조의 변동 속도에 문학이 미치지 못함으로 인해 현실과 문학 사이에 괴리가 발생하고, 문학은 더 이상 사회를 반영하지 못하는 상태에 다다르게 된 것이다. 또한 문학의 가장 큰 특징 중에 하나인 형상화 역시 다른 매체가 대체하기에 이르렀고, 문학 수용자의 문학에 대한 인식 변화도 또 다른 원인이 된다.

문학과 문학 이론은 태생적으로 독자적인 면보다는 예술의 한 범주로서 다른 장르와 긴밀하게 연결되어 있고, 나아가 문화와 상당 부분에서 공유하고 있다. 본디 문학과 예술은 동서고금을 막론하고 한 뿌리에서 시작되었으며, 예술과 문화는 불가분의 관계에 있다. 중세 이후에 서양에서 예술의 각 분야를 전문적으로 담당했던 작가들이 19세기에 들어와 미래주의를 중심으로 다시 원래의 통합된 모습으로 돌아가려는 시도들을 계속하고 있다. 근대화 과정에서 서구의 영향을 받아 분석적인 모습을 보였던 동양 역시 본래의 文·史·哲 통합의 정신으로 되돌아가고 있다. 여기서 이기일원론(理氣一元論)은 다시금 생각해 볼 필요가 있다.

문화에 대한 새로운 패러다임이 형성되고 있다. 내용 중심의 문화 분류 방식이나 제국주의 또는 선진국 중심의 문화의 양상에서 매체 중심의 문화 분류, 주변 문화의 중심화로의 전개 양상은 문화의 영역을 매우 폭넓게 확장시켰다. 최근에 와서는 문화가 아닌 것이 없을 정도이다. 심지어는 인간의 영향을 전혀 받지 않은 자연 상태도 문화의 한 범주에 속한다는 주장도 있다. 이러한 흐름 속에서 문학은 폐기되어야 할 과거의 인류 유산이 아니다. 이제껏 문학을 위해 문학 이론이 존재했었다면, 예술과 문화의 발전을 위한 통로로서의 문학이 될 수 있도록 문학 이론이 변화해야 하며, 그러기 위해서도 예술과 문화의 성격을 아우를 수 있는 통합 문예 이론의 성립은 매우 의미 있는 일이라 할 수 있다.

통합된 예술 작품은 단일한 예술 장르보다 오랫동안 사랑받아 왔다. 고대 그리스부터 내려오는 희극 역시 문학과 무용, 음악과 미술, 연행까지를 포함한 종합예술로서 인기를 누려 왔다. 또 다른 예로 노래가 있다. 문학의 위기가 가장 먼저 보인 장르가 詩인데, 음악과 결합된 시는 아직도 우리들 곁에서 유효한 영향력을 보여주고 있으며, 앞으로의 전망도 밝다. 통합이 뇌리에 오래 남는다는 것이다.

여기서 우리를 혼란스럽게 하는 것이 있는데, 작품(work)의 통합인가, 이론(theory)의 통합인가 하는 점이다. 엄밀히 말하자면 이 둘은 분명히 다르다. 통합을 한다면 이론보다는 작품의 통합이 선행되어야 할 것이다.

그러나 그것은 인위적으로 이루어지는 것이 아니다. 이 글에서는 문학과 예술, 문화의 이론 통합을 지향하지만, 쉽지 않은 일이기 때문에 이들의 통합의 형태와 문학의 영역적 접근 방법의 통합만 제시하고자 한다.

3. 통합 문예 이론

지금까지는 통합이 왜 필요한가에 대해서 논의해 보았다. 사실 이것보다 더 중요한 것은 무엇을 어떻게 통합하는가의 문제이다. 통합의 형태에서는 '무엇을'에 해당하는 통합의 내용을, 통합의 문제점과 방향에서는 '어떻게'에 해당되는 통합의 기준을 논의해보고자 한다. 우선 통합의 형태는 무엇을 통합하느냐에 따라 그 수가 달라질 것이다. 여기서는 영역, 내용, 방법의 요인들을 중심으로 통합의 유형을 제시해 보고자 한다.

3.1. 통합의 형태

3.1.1. 영역의 통합

1) 문학의 외적 영역

① 문학과 예술

문학과 예술을 분리시키려는 사람들은 문학이 예술과 다른 무엇을 지녔다고 주장한다. 미술이나 음악이 직접적이고 구체적이라면 문학은 다분히 간접적이고 추상적이라고 구분한다. 미술이나 음악의 추상성을 다소 인정하더라도 문학을 표현하는 언어가 가지는 고도의 추상성과 상징성에는 미치지 못한다고 말한다. 결론부터 말하면 물론 문학은 예술과 다르다. 그러나 그 다른 면만을 강조한 나머지 둘 사이에 있는 커다란 공통점을 보지 못하고 문학 스스로를 고립시키는 결과를 초래했다. 본래부터 문학과 음악, 미술, 무용 등은 하나의 뿌리에서 생성된 것이다. 원시종합 예술은 어느 한 영역으로 분리하고 싶어도 분리할 수 없는 막강한 유기력을 가지고 있었다.[3] 각 영역의 내적 논리와 특성에 맞게 갈라져 나온 이유도 있겠지만, 더 큰 이유는 언어를 가질 수 있었던 지배층이 언어를 가지지 못하는 피지배층을 이용하려는 음모에 있었다. 음악이나 미술도 오랜 기간 그들의 정략에 막혀 대중과 분리되었었다. 고대 그리스 이후의 대다수의 예술 작품은 서로가 서로에게 영향을 주었다. 문학에서 영감을 얻은 화가들은 그림을 그렸고, 음악가들은 작곡을 하였다. 그림이나 조각을 보고 글을 쓴 작가들도 있었다.[4]

모든 예술은 음악에서 출발했다는 말이 있다. 문학 이전에 인류에게는 이미 음악과 미술이라는 예술이 존재했다. 여기에 문학이 결합하면서 예술은 한층 인간에게 아름다움을 주고 그 존재 의미를 더욱 높였다. 문학을 이루는 많은 용어들은 음악이나 미술에서 시작되어 변형된 것들이 다수이다. 예를 들어 시의 운율은 음악에서, 이미지나 형상화는 미술에서 영향을 받은 것이다.

기존에는 문학과 예술을 대등하게 보려는 관점이 우세하였다. 그러나 이제는 문학의 독자성을 인정하면서도 예술의 하위 범주로 인식하려는

---

3) 자넷 월프(예술의 사회적 생산, 한마당, 1986)는 예술 작업을 다른 종류의 작업과 본질적으로 상이한 것으로 생각하는 것이 이롭지 않으며, 그리하여 창조적 혹은 혁신적 행위를 포함한 어떤 수행자의 어떤 현실적 활동도 모든 사회 분야의 사회적 · 개인적 생활에서와 똑같은 방식으로 이루어짐을 주장한다.(정재찬, 문학교육의 사회학을 위하여, 역락, 2003, p.120에서 재인용)

4) 그리스 로마 시대 이후 문예작품들은 신화에서 벗어날 수 없다고 생각하여 노드롭 프라이는 신화 중심으로 이들을 통합하고자 하였다.(Northrop Frye, 임철규 옮김, Anatomy of crticism, 한길사, 1998 참조)

주장들이 힘을 얻고 있다. 학교 교육의 엄청난 수혜를 받았던 문학만으로는 도저히 예술 전반을 가르치기가 용이하지 않다는 반성에서 온 것이다. 즉, 문학의 특수성을 고려하여, 문학을 통해 다른 예술과의 만남을 이루려는 노력들이 계속되는 것이다. 문학을 매개로 하여 음악과 미술, 나아가 종합 예술인 연극과 영화로 확대하거나 전이하는 모습들은 자연스럽게 이루어지고 있고, 앞으로도 지속될 것으로 예상된다.[5] 이러한 문학과 예술의 영역 통합은 위기를 맞고 있는 문학과 예술 모두가 승리할 수 있는 하나의 방략이 될 수 있다.[6]

② 문학과 문화

문학과 예술의 관계가 통합으로 이루어지면 자연스럽게 문화와의 연결에서도 매우 용이해진다. 지금 모든 학문 중 문화와 연결되지 않은 것이 없다. 문학 역시 예외일 수 없다. 문학과 예술에서도 언급했듯이 문학을 통해, 예술을 통해 한층 향상된 문화를 향유할 수 있도록 해야 한다. 더 이상 문학을 문화와 동등한 위상에 놓으려는 어리석은 생각은 버려야 한다. 사실 문화에 있어 문학과의 위상 비교는 아무런 도움이 안 된다. 인문과학이든 자연과학이든 이제는 문화를 떠나서 연구할 수 없기 때문이다. 문화의 장(場) 속에서 여전히 유효한 예술, 그 속에서도 가장 영향력이 남아 있는 문학과의 통합은 상보적 역할을 지니게 된다.

시각 문화, 청각 문화, 촉각 문화 등에 기초적 소재로 작용하는 이야기

---

5) 박인기 외, 문학을 통한 교육, 삼지원, 2005, p.161.
6) 이러한 필요성에 대한 움직임은 1909년에 발표된 미래주의의 선언에서도 발견할 수 있다. 시인 마리네티가 기초한 이 선언에는 미래주의의 예술 이론이 함축되어 있는데, 그들은 기술에 대한 찬미와 근접해 있으면서 다양한 매체들의 통합을 지향하고 있다. 따라서 회화, 연극, 문학, 음악이 동등하게 고려되고, 하나의 종합을 추구해 갔다.(우도 쿨터만, 김문환 옮김, 예술 이론의 역사, 문예출판사, 2000, p.234.)

도 문학의 한 갈래이다. 스토리, 플롯의 과정을 넘어 하이퍼텍스트에서 노드(node)로 이어지듯 이야기의 재구성이 이루어진다. 이렇게 재구성된 이야기는 매체를 통해 사회에 전파되어 문화에 또 다른 반향을 일으키게 된다. 일련의 과정들을 이해하고 전개하려면 문학 이론과 문화 이론의 통합은 필수적이다.

③ 문학과 과학

문학과 과학은 이미 많은 부분에서 관련되어 있거나 통합되어 있다.[7] 여기서는 문학과 문학을 중심으로 보았을 때 그 주변부에 있었던 사회학, 심리학, 정신분석학 등의 인문과학과 생물학, 유전학, 물리학 등의 자연과학의 영역적 통합을 말한다. 프랑스의 에밀 졸라에 의해서 주창되었던 자연주의 계통의 소설이 좋은 예라고 할 수 있다. 소설을 분석할 때 인물의 내면 상태에 접근하는 방법도 심리학에서 원용하였다. 이와 반대로 내담자의 심리적 성향을 알고자 할 때 문학을 사용하는 것도 이들 사이의 통합의 근거라고 볼 수 있다.

새로운 매체와의 통합도 기대와 우려를 반반씩 갖게 한다. 옛날의 이야기를 말로 하면 구비문학이, 글로 적으면 기록문학이 되는데 이를 디지털(digital) 매체로 바꾸면 디지털 서사가 된다. 저장이나 표현의 방식이 컴퓨터로 바뀐다는 의미를 떠나 하이퍼텍스트에서는 노드(node)를 통해 또 다른 형식을 취한다.[8]

---

7) 인문학과 과학 기술의 통합 학문을 테크네 인문학이라고 부르기도 한다.
8) 이선이 편, 사이버문학론, 월인, 2001, p.138.

2) 문학의 내적 영역

문학의 내적인 부문에 있어서의 통합은 장르 간의 영역 전이(transper)나 변환으로 이루어져 왔다. 시를 소설로 바꾼다든지, 소설을 희곡으로 바꾼다든지의 방법은 예전부터 시도되었다. 시에서의 극시, 서사성을 지니는 시, 이들 모두를 함께 지니고 있는 희곡이나 드라마는 이제 어느 한 가지의 장르적 특성으로 설명하기 어렵게 되었다.

국내 문학과 외국 문학과의 비교 역시 이러한 관점에서 견지할 수 있다. 동서양 문학의 비교, 영향 관계 파악만이 아니라 세계문학 사이에 존재하는 문학적 다양성을 체험할 수 있는 공간이 마련되어야 한다.[9)]

3.1.2. 내용의 통합

구조주의자들이나 러시아 형식주의자들은 예술이나 문학의 내용이 모두 같거나 유사하다고 하여 그 중요성을 인식하지 못했다. 문학이나 예술의 내용이 단순히 '인간의 사상이나 감정'을 나타내는 정도를 넘어서서 이제는 형식까지 규정하는 위상을 지닌다는 점에서 그들의 주장은 설득력이 부족하다.

1) 문학과 과학 기술

문학과 과학의 만남은 여러 가지 형태로 나타나지만, 서로에게 적대적 모습을 취해 왔다. 과학과 기술의 발달은 물질문명을 부추겨 인간 중심의 생활을 황폐화시켜 종국에는 인류를 멸망케 할 것이라는 인식이 대세를 이루고 있었다. 그러나 최근에는 과학 기술의 발전과 함께 과학과 인간은

---

9) 조동일, 세계문학의 전개, 지식산업사, 2002, pp.15-22.

더욱 밀접해지고 있다. 적대적 관계를 넘어 이제는 동반자로 보는 이들이 적지 않다. 과학 기술의 내용과 형식, 문학의 결합은 새로운 모습의 통합을 보여준다.

우선 뛰어난 과학 지식과 컴퓨터 실력을 바탕으로 문학과 과학의 경계를 넘나들고 있는 정보시스템 이론 작가들이 있다. 이들은 유전공학의 오용과 남용의 문제점에 천착하며, 인간 복제나 유전자 변형 문제를 주제로 다루고 있다. 요즘 인간의 염색체 구조가 밝혀지고 유전자 지도가 완성됨에 따라 정보시스템 이론 작가들의 위상이 더욱 높아지고 있다.[10)]

20세기 후반에 들어와 인지과학은 신경과학·인지심리학·언어학·인공지능 등 관련 학문 분야와 활발한 학제 간의 연구로 발달하여 여러 학문을 연결시키는 새로운 학문으로 부상하였다. 인간과 기계가 합쳐진 것이 포스트 휴먼(post human)인데, 이들을 다루는 문학을 뉴럴 텍스트(neural text)라고 한다. 의식을 가진 컴퓨터와 의식을 가진 인간 사이에 이어질 수 없는 틈이 생겨나고, 포스트 휴먼이 어떤 존재이든 간에 글쓰기와 생명, 인간과 육화 사이에 차이가 드러나며 생기는 고독을 주된 제재로 삼고 있다.

2) 주제-사상의 통합

주제(theme)를 통합한다는 것은 개개의 작품이 나타내는 어떤 특정한 생각을 통합한다기보다는 비교적 공통된 생각을 가지고 있는 작가와 문학 이론가들의 사상적 결합이라고 보는 것이 타당할 것이다.

먼저 생각해 볼 수 있는 것이 인간과 자연에 대한 통합이다. 인간만을 다루거나, 자연만을 다룬 작품은 존재하기 힘들다. 인간과 자연의 공존을

---

10) 김성곤, 21세기 문예이론, 문학사상, 2008, p.18.

위한 이론과의 만남, 즉 문학생태학이 바로 그것이다. 훼손된 환경은 어떤 특정 세력이나 집단의 힘으로 되돌릴 수 없다. 더군다나 현존하는 지배세력은 겉으로 말하는 녹색 성장과 달리 자신의 이익과 대치되는 환경보호를 진행할 리 만무하다. 인간과 자연 모두를 걱정하는 이들의 결합은 지극히 자연스럽다.

강자는 강자끼리, 약자들은 약자들끼리 묶인다. 물질주의와 신비평이 만나 20세기 중반을 이끌었다. 이제 소외 받았던 사람들이 서로를 의지하며 통합된 문학과 문화를 형성해 가고 있다. 지배 계급의 문예 이론에 맞서고 있는 네오마르크스주의를 첨병으로 다양한 부분에 있어 상대적 약자들이 연대를 하고 있고, 해야 한다.

식민지 이론에 대항하여 제 3세계를 중심으로 뭉치고 있는 탈 식민지이론, 남성의 권위에 정면으로 도전하여 인간 본연의 자유와 평등을 부르짖는 페미니즘, 철저한 엘리트적 사고를 갖고 있는 백인종에 맞서는 흑인문학, 위에서 언급한 생태학, 그리고 인간에 의해 만들어졌지만 인간에 의해 폐기된 사이보그 문학론 등이 결합 가능한 연대를 하면 다양한 형태의 통합적 이론들이 만들어진다. 인간 내부에 있어서도 정신에 비해서 상대적으로 무시를 받아왔던 육체에 대한 것도 연대의 한 축을 이룰 수 있다. 예를 들어 페미니즘과 에콜로지가 만나기도 하고 제 3세계 해방 문학과 흑인 문학이 만나기도 한다. 이들의 조합은 자연스럽고 어찌 보면 필연적이다. 여기에 장애인에 관한 연대까지 공고하게 이루어진다.

3.1.3. 접근 방법의 통합

문학을 둘러싼 주변부와의 통합은 위에서 이미 언급하였다. 여기서는 문학에 접근하는 기존의 방법들을 이미 통합했거나 통합해야 할 것들에 대해 논의하고자 한다. 문학에 접근했던 방법은 소통적 방법과 과학적 방법으로 나누어 생각해 볼 수 있다.

문학에 접근했던 방법은 작품만 연구하는 경우, 작가의 삶과 관련시켜 연구하는 경우, 작품을 둘러싼 사회·역사적 환경과 연관시키는 경우, 작품을 수용하는 독자의 반응을 연구하는 경우 등이 있었다. 각자 사회·자연, 작가, 작품, 독자와의 관계를 선형으로 연결하여 전신자와 수신자, 매개체의 관점에서 접근하는 소통적 접근 방법에 주를 이루었다. 거기에 자본주의의 영향을 받아 공급자와 수요자, 상품의 논리가 연결되었다. 공급자와 수요자의 관계로 문학에 접근하는 것은 문학을 지나치게 경제적 논리에 얽매이게 하여 문학을 하나의 상품으로 전락시켰다. 물론 자본주의 사회에서 문학과 문화가 유형의 자본과 재화를 이끌 수 있는 가장 좋은 상품 중의 하나인 것은 분명하다. 그러나 오로지 그러한 인식이 문학과 문화의 위기를 초래했다는 점에 대해서는 생각해 볼 필요가 있다. 문학과 문화의 미래가 인간의 미래와 긴밀하게 연관되어 있다는 점을 주지할 때, 천박한 논리라고 할 수 있다.

의사소통적 관점을 취한 것은 문학을 매개로 한 쌍방향적 소통을 인정했다는 점에서 매우 의의 있는 일이라 할 수 있다. 다만, 전신자가 나타내려고 한 것이 왜 수신자에게 그대로 전달되지 않는지에 대한 명확한 해결점이 없는 것이 아쉽다.[11] 작가와 작품, 독자를 둘러 싼 장(場)에 대한 설명도 부족하기는 다른 방법과 마찬가지이다.

이러한 공시적 연구 방법에 아쉬운 부분을 해소한 연구가 문예사조에 의한 연구 방법이라고 할 수 있다. 플라톤 이후의 서양 문화의 흐름은

---

11) 독일문예학에서는 전신자와 수신자 사이의 변인에 대해 '동위성'이라는 개념을 통해 접근해 보았으나, 여전히 원민 규명에 있어서는 미흡하다.(허창운, 현대문예학의 이해, 창작과 비평사, 2001, pp.124-126.)

현실과 이상, 모방과 창조, 대중과 고급 사이의 이항적 대립이었음을 알 수 있다. 문화와 관련된 모든 것들이 그들이 살았던 당대의 삶과 무관하지 않게 전개되었고, 그 다음 시기에 상이한 영향을 준 것이라 할 수 있다.[12)]

그렇다면 문학과 문화는 사회나 역사의 영향을 받았는지 받지 않았는지를 구별해야 하는 과제가 남는다. 이것을 해결하기 위해서는 누구나 인정할 수 있는 방법이 원용되어야 하는데, 그것이 바로 과학적 방법이다. 즉 작품 속에 나타난 개개의 사실이 과연 역사와 얼마만큼의 관계성이 있는지, 없는지에 대한 가설과 이에 따른 검증의 방법이 필요했다. 자연스럽게 연구자들의 이해와 요구에 맞게 문학과 과학이 방법적으로 통합을 이룬 것이다.[13)] 순수문학과 참여문학을 주창하는 사람들 모두에게 이러한 실증적 접근방법은 상당 기간 호응을 얻었다. 통합적 연구를 주장하는 일련의 학자들은 이런 통합을 원하는 이들도 적지 않다. 그러나 문학을 모두 쪼개어 과학이란 장치에 넣어 답을 구할 수 있는가에 대한 회의적 생각을 갖게 되어, 이전까지 환영했던 과학적 방법의 원용은 배척을 받게 되었다.

선형적 연구의 한계가 드러난 것이다. 문학이 정말로 현실을 반영한 것인지에 대한 반성과 의심이 들면서, 이제껏 진행되어온 서양의 문화 연구방법 자체에 문제를 제기하기도 하였다. 20세기까지 관통해 온 그리스·로마 철학으로부터 자유로운, 우리가 알고 있었던 연구 방법들을 해체하여 변인들에 맞게 새롭게 재구성해야 한다는 데리다의 주장에 많은 이들이 동의하고 있다. 여기서 다시 과학적 방법이 필요해진다. 해체의 필요성에는 동의하면서도 마치 말장난 같은 재구성에는 쉽게 이해를 하지 못

---

12) 실제로 고전주의-낭만주의-현실주의-상징주의-포스트모더니즘으로 이어지는 서양의 문예사조는 현실과 이상을 지향하는 세계가 교차되어 나타나고 있다.
13) 허창운, 현대문예학개론, 문예출판사, 1993, pp.336-344.

하기 때문이다. 이는 곧 평면적 재구성이 갖고 있는 자체 논리의 모순을 극복하지 못한 점에서 기인한다. 재구성을 하는 요인들의 관계는 작품 안팎으로 보더라도 과학적 방법으로 접근해야 하며, 그 결과는 단면이 아닌 입체면이어야 한다.

3.2. 통합의 문제점과 방향

3.2.1. 기존 통합 방법의 문제점

예전부터 내려온 이러한 통합의 방법에는 어떤 문제점들이 있을까?

첫째로, 통합이라는 개념에 대한 명확한 전제나 합의가 이루어지지 않은 상태에서 무리하게 통합을 진행했던 우를 범하였다. 이것저것을 섞어 놓는다고 하여 통합이 되는 것이 아니다. 작품과 작품의 혼합, 다양한 문학 이론의 종합 등이 불러올 반향에 대한 준비가 선행되어야 한다. 또한 통합을 하기 전 통합의 필요성에 따른 기준을 철저히 제시하고 통합을 이룬 후에는 그 체계가 분명히 세워져야 한다.

둘째로, 통합의 방향을 세우지 못한 점이다. 세상의 모든 이론을 아우를 수 있는 이론은 만들 수도, 만들 필요도 없다. 통합이 왜 필요한 것인지, 어떻게 이루어져야 하는지에 대한 방향성의 부재는 환원적 연구를 주장하는, 장르적 특성만을 강조하는 이들에게 통합적 연구의 한계만 노정하게 되었다.

셋째로, 방법에 있어서 교조적, 일회적, 선형적, 평면적으로 이루어진 통합은 통합이 가지고 있는 장점을 제대로 살리지 못한 결과를 초래하였다. 자체 이론만을 만족하는 이론의 원칙적 통합은 형태적으로도 내용적으로도 기형적인 틀로 변질되었다. 구성적인 면에서 체계적이지 못하고 어떤 개인의 즉흥적인 통합적 발상은 이론으로 성립되기 어려울 뿐만 아니라 이론이 지니는 논리적인 연구를 방해한다. 또한 과거 - 현재 - 미래, 시간적 - 공간적, 공시적 - 통시적 등의 선형적이고 평면적인 접근방법은 유기적이고, 계속되는 관계의 재구성으로 인해 상황에 따라 달라지는 작품과, 현실, 독자와의 변이 속도를 따르지 못하는 지체를 만들었다.[14] 형식과 내용, 현실과 이상, 창작과 수용, 생산과 소비, 상부와 하부, 본질과 현상 등의 이항적 대립 관계를 인위적이고 기계적인 방법으로 통합하는 것 역시 대안으로 자리 잡지 못했다.

3.2.2. 통합의 전제 조건과 통합의 방향

이러한 통합의 문제점을 해결하기 위한 전제 조건으로는 다음과 같은 것들을 고려해 볼 수 있다. 우선 통합에 대한 재개념화가 성립되어야 할 것이다. 종합이나. 총체 등과 달리 통합이 갖는 의미에 합의해야 할 것이다. 여기서의 통합은 통합되기 전 여러 대상 속에 있는 요소들이 관계를 맺으면서 자연스럽게 발생하는 것을 말한다.

통합의 소통과 방법 역시 중요한 과제가 된다. 어느 일방향으로, 아니면, 거대 담론으로 작은 이론들이 빨려 들어가는 것이 아니라, 각 이론들이 지향하는 세계를 구성하고 있는 요인들 중에서 벼리를 찾아내어 그 중심에 서게 하고, 각기 다른 요인들이 어떻게 형성되고 있는가를 천착하여 그들을 벼리와 연관을 맺게 하는 것이다. 이것은 이후에 다루기로 한

14) 과학의 내용을 문학으로 삼는다고 통합이 되는 것은 아니다. 자연주의와 같은 실험은 특정한 과학 내용의 잘못된 선취로 실패로 돌아갔다. 통합의 문제는 아니지만 이효석의 메밀꽃 필 무렵에서의 허생원과 동이가 부자 관계임을 암묵적으로 밝혀준 왼손잡이의 유전성이나 김동리의 역마에서 계향과 옥화의 관계가 자매지간임을 나타내는 점의 유전성 역시 과학 상식의 몰이해의 문제점을 적실히 드러낸다.

다.

또한 통합을 하기 전에 장르와 대상, 영역 내에 있어서 환원적 연구가 충분히 이루어져야 한다. 통합이나 환원적 연구 중에서 어느 하나만 필요하다고 생각하는 것은 위험한 일이다. 사물이나 작품에 대한 기초적인 원리나 이해를 위해서는 분석적 연구가 절실히 요구된다. 그러한 토대 위에 사물과 작품 내적, 외적으로 연관되어 있는 철학적, 과학적 요소들을 전체적으로 전망하면서 다가가야 한다. 분석적 고찰이 없는 통합적 연구는 사상누각이 되고 말 것이다.

무엇보다도 중요한 것이 통합을 왜 하냐고 하는 목적과 그 방향성에 있다. 일단 통합을 왜 하는가에 대한 목적을 분명히 하는 것이다. 그 목적성에 따라서 내용과 방법이 결정된다. 통합을 하는 데에는 일정한 전략(strategy)을 세우게 되는데, 이 전략을 지휘할 방향성은 매우 중요한 의미를 지닌다.

첫째 통합은 과거로의 회귀가 아닌 미래 지향적이어야 한다. 과거란 시간적 개념으로서 현재의 전 세계를 의미하는 것만은 아니다. 미래 역시 마찬가지이다. 과거에 생긴 모든 이론들이 현재나 미래를 위해서 없어져야 한다는 극단적이고 몰상식한 주장이 아니다. 지금까지의 이론이 어느 특정한 세력을 위한 것이었다면, 그렇지 않은 쪽으로 가야 한다는 것이다. 권력과 금전을 가진 자 중심에서 못 가진 자 중심으로, 남성에서 여성으로, 백인종에서 흑인종으로, 서구에서 제 3세계로, 이성 중심에서 감성으로, 인간 중심에서 자연 중심으로, 과학과 기술 중심에서 인간과 자연 중심으로, 개발보다는 환경으로, 단일성보다는 다양성으로 가는 것이 보다 미래 지향적이라고 할 수 있다.

시간의 의미에서도 과거의 이론에 얽매이는 것보다는 새로운 이론에 대한 과감한 동의가 절실히 필요하다. 예를 들어 문학의 장르에서 헤겔 이후로 굳어진 시, 소설, 희곡의 영역적 한계를 벗어나야 한다. 전자 매체의 발생은 기존의 장르론으로는 해결하지 못하는 부분을 상당 부분 양상하게 되었으며, 그 양은 앞으로도 엄청나기 때문이다.

또한 서양 중심으로 진행된, 서양이 중심이라고 연구된 관점에서 시급히 탈피해야 한다. 그러나 간과하지 말아야 할 것이 있다. 서양의 부족한 면을 동양에서 -특히 중국에서- 다 채울 수 있다는 생각은 버리는 것이 좋다. 서양의 반대는 비서양이지 동양이 아니다. 서양의 연구 방법이 잘못되었으니 동양의 연구 방법은 모두 맞겠지 하는 소박한 생각은 앞으로의 연구 발전에 별로 도움이 되지 않는다. 동양과 서양은 물론이고 제 3세계와 우리가 문명 부족이라고 부르지 않는 곳까지의 문학과 문화를 받아들여야 한다.

둘째, 그렇다 하더라도 어느 일방향으로만 나아가는 것도 그리 바람직하지 않다. 세상을 양분하여 서로 다투는 것 역시 문학과 예술, 문화와 지구에 좋은 영향을 주지는 못한다. 남성과 여성, 인간과 자연, 인종 등이 서로 대등한 위치에 있어야 한다. 문학이나 문화의 제 이론도 하나가 다른 하나를 흡수하는 식보다는 상호 보완적인 관점에서 통합해야 한다. 의식적, 무의식적 통합이 동시 병렬적으로 나타나야 한다.

셋째, 모든 면을 바라볼 수 있는 입체적 조망을 가져야 한다. 기존의 문학 이론이나 문화이론은 선조적이거나 선형적인 관점에서 주로 접근하였다. 다각적으로 연구한다 하더라도 상호 의사소통하는 면만 부각시켰을 뿐 작가와 독자가 작품을 매개로 어떻게 소통하고, 그것이 왜 변이되는지를 설명하지 못했다. 이것은 유기체적 구조와 변화의 특성을 지닌 이러한 관계적 변인들을 입체적으로 바라보지 못한 실수에서 기인한다.

넷째, 하나의 작품으로 여러 가지 형태의 예술과 문화로 전이되는 OSMU(one source multi use)처럼 하나의 이론으로 다양한 작품과 이론을 설명할 수 있는 방향으로 전개되어야 한다. 이것을 OTMC(one theory multi critical)로 부를 수 있을 것이다.

끝으로 통합으로 끝나는 것이 아니라, 통합 이론을 설명할 수 있는 원리가 바로 제시되어야 한다. 통합만을 위한 통합이기보다는 작품의 특성과 작가와 독자와의 거리를 좁히고, 나아가 실체와 본질에 접근할 수 있는 통합이기 위해서는 더욱 그러하다.

4. 통합 문예 이론의 전망

문학(이론)이나 문화(이론)를 통합해서 궁극적으로 얻는 효과는 무엇인가에 대해 천착해 보면, 여러 가지 면에서 장점을 지니겠지만, 학습적인 면에서 볼 때 비판적[15] 상상력을 기르는 것이라고 할 수 있다. 비판과 상상은 서로 반대적인 개념이거나 혹은 전혀 다른 성질을 지닌 개념으로 보기도 하지만, 이 둘은 매우 밀접하게 연결되어 있다.

이 두 가지는 공히 기초적인 원리나 지식을 익히고, 나아가 이를 확장하는 역할을 한다. 또한 문학과 문화가 인간과 자연을 위해 앞으로 어떻게 해 나가야 하는지에 대한 지평을 열어준다는 점도 지니고 있다. 인간이 가지고 있는 가장 큰 장점인 상상력이 지닌 미래지향성과 창조성, 그리고 인간 내부를 돌아보며 성찰하는 비판의 과거에 대한 반성은 우리들의 미래를 그나마 덜 불안하게 한다. 문학과 문화의 상상력, 그리고 과학적 방

15) 일반적으로 비판이나 비평이라고 하면 대상에 대한 부정적인 생각으로 접근하는 경우가 많은데, 여기서는 자기 자신과 대상에 대한 성찰과 반성의 의미로 사용하며, 이것은 다분히 긍정적인 의미에서의 비판이라고 할 수 있다. 문학과 문화에 대해 대안을 모색하는 개념인 비판적 리터러시(critical literacy)와 상통한다고 할 수 있다.

법의 논리성을 추구하는 비판의 만남인 비판적 상상력은 인문학과 자연과학 모두에게 꼭 필요한 것이다.

비판적 상상력을 키우는 것이 통합의 목적이라면, 대상과 대상 간의 구성 요인들을 연결시키는 것이 통합의 방법이라고 할 수 있다. 바로 구성 요소들의 관계 맺음이라고 할 수 있다. 세상의 모든 것은 연관되어 있다는 것은 주지의 사실이다. 문제는 어떻게 관련을 맺고 있느냐 하는 점이다. 일단 관계를 맺고 있는 대상을 설정해 볼 수 있는데, 인간을 중심으로 사물과 사물, 인간과 사물, 인간과 인간의 세 가지로 나누어 볼 수 있다.

사물은 자연을 포함한, 인간을 제외한 모든 것을 말한다. 사물과 사물의 관계를 바꾸는 것에는 시간, 공간, 힘, 구조 재료, 형태, 인간 등이 있는데, 주로 자연과학에서 연구를 한다. 이 때 사물을 문학 작품으로 치환하면, 작품과 작품 관계를 맺는 것을 연구하는 분야가 생기는데 이것을 상호텍스트적 연구라고 할 수 있다.

인간은 개개인을 포함한 인류 전체를 의미한다. 인간과 사물의 관계를 바꾸는 변인 역시 시간 등이 있지만, 이제까지는 인간을 지나치게 중심으로 놓은 까닭에 사물도 인간을 바라본다는 기본적인 발상을 무시해 버렸다. 인간을 신에게서 분리하여 하나의 독립된 존재로 보며 인간의 존엄성을 세우는 것까지는 좋았으나, 인간을 위해서 자연은 희생되어야 하며, 마치 자연을 훼손하는 개발이 인간과 자연에게 모두 이익이 되는 것인 양 오도해 왔다. 사물은 언제나 즉자적 존재로서 객관적으로만 존재한다는 생각을 버려야 한다. 사물도 끊임없이 인간과 소통하기를 원하며, 신호를 보내고 있다. 인간과 사물의 소통을 연구하는 학문이 생태학(ecology)이라고 할 수 있다. 사물에는 자연 그대로의 상태가 있고, 인간이 만들어 낸 것이 있는데, 인간이 만들어 낸 것을 특히 예술이라 한다.

얼마 전까지만 해도 문화도 인간이 만들어 낸 것만 있다고 정의했지만,

자연 자체도 하나의 문화를 형성한다는 주장이 설득력을 얻고 있다. 사물도 그러하지만 인간이라는 존재는 그리 단순하지가 않다. 우연보다는 필연이 우세한 것이 사물의 세계라면 필연보다 우연이 훨씬 많은 것이 인간의 세계라 할 수 있다. 따라서 사물이 인간과 관계를 맺는 것은 위에서 사물과 사물이 관계를 맺는 방식과 변인의 결합과 크게 다르지 않지만, 인간과 사물이 관계를 맺는 것은 그리 녹록하지가 않는다. 생물학, 유전학 등의 대상이 되는 물질로서의 인간을 기반으로 철학, 종교, 심리학, 정신분석학, 이데올로기 등의 형이상학적 인간까지 포함하는 변인들을 고려해야 한다. 여기에 인간들이 만들어 놓은 사회라는 특수성도 배제해서는 안 된다.

인간과 인간의 관계는 더 복잡하게 얽혀있는 변인들로 인간을 둘러싼 모든 학문들의 내용이 변인이 된다.

본고의 대상이 문학, 예술, 문화이기 때문에 사물과 사물, 인간과 인간의 관계 변인에 대해서는 제외하고, 인간과 사물의 관계 변인에 대해서만 접근해 보기로 한다.

4.1. 관계[16]의 재구성

관계를 맺기 전부터 인간과 사물은 이미 존재해 왔다. 인간(작가, 화자)의 정신과 육체적 노동이 사물과 연관을 맺은 것 중에서 美와 가치 있는 것을 작품이라고 정의할 수 있다. 그 작품은 다른 사람들(독자, 청자, 감상가)과 관계를 맺게 되는데, 그것은 일종의 관계를 맺게 하는 변인들에 의

16) 한자로 關은 빗장을 의미한다. 이것을 풀고 서로를 연결시켜 주는 것이 係이다. 그러기 위해서는 界를 넘어서서 소통해야 한다. 그럼 무엇으로 빗장을 풀 것인가? 이것이 변인이라고 할 수 있다.

한 관계를 재구성하는 작업이라고 할 수 있다. 그렇다면 이들을 재구성하는 변인들에는 어떤 것들이 있을까?

4.1.1. 관계 변인

1) 시간

시간은 세 가지로 생각해 볼 수 있다. 작가의 시간은 작가가 살았던 시대, 작품 창작에 소요된 시간 등이 있다. 작품 내의 시간은 서사적 전개나 구성 등의 시간이 있다. 독자의 시간은 독자의 경험으로서의 시간, 독자가 작품을 감상하는 시간 등이 있다. 여기에 연구자들이 작품에 접근하는 시간도 변인이 된다.

2) 공간

공간도 시간과 마찬가지로 작가의 공간, 작품 내적 공간(미술에서의 여백 포함), 독자의 공간 등으로 나누어 접근할 수 있다. 20세기 들어와 새로 생긴 사이버 스페이스(cyber-space)도 또 다른 변인으로 작용한다. 공간은 환경을 의미하기도 한다. 지역과 국가뿐만 아니라 기후를 비롯한 생태적 환경도 이에 속한다.

3) 재료

재료는 직접적으로 표현 재료가 되는 것과 표현의 바탕이 되는 제재로 나누어 생각해 볼 수 있다. 돌, 나무, 쇠, 동식물 등 자연물에서 얻어지는 것, 소리· 색채· 언어· 몸짓의 표현 재료와 인간의 삶과 사회에서 나타나는 것, 그리고 최근에는 사이보그(인공 로봇 : Artificial Intelligence)까지도 하나의 재료가 된다.

4) 형태와 구조

예전에 형태는 문학, 미술, 음악, 무용 등으로 존재해 왔었다. 그러나 이들의 통합과 새로운 매체가 생겨남에 따라 기존과 전혀 다른 형태는 물론이고 심지어 형식이나 구조가 없는 것도 나타나게 됨으로써 변인이 되며, 작품 자체도 하나의 변인이 되어 다른 작품과 비교할 수 있게 하는 동인이 된다.

5) 인간

인간은 매우 많은 변인들을 가지고 있다. 작가와 독자가 가지고 있는 이데올로기, 철학, 심리, 종교, 경제 등이 있고, 그것들을 있게 한 직·간접적인 독서나 체험, 그리고 체험을 축적하고 있는 뇌수를 포함한 생물학적 인간의 특성(性, 人種, 遺傳)도 강력한 변인이 된다. 그리고 인간이 만든 사회에서의 계층과 계급, 민족도 이에 속한다. 지금까지 언급한 것이 작품 외적인 것이었다면, 작품 내의 인물은 모두의 특성을 지니고 있으며, 더불어 작품 내에서 새로 생겨난 성격(character)도 포함한다.

6) 거리

작가와 작가를 둘러싼 환경과의 거리, 작가와 작품 사이의 거리, 작가의 환경과 작품 사이의 거리, 작품 내적 유기물 사이의 거리, 작품과 독자와의 거리, 작가와 독자와의 거리, 연구자와 작가와의 거리, 연구자와 작품과의 거리, 연구자와 독자와의 거리 등이 있다.

4.2. 관계의 단계

이러한 관계를 맺는 -엄밀히 말하자면 변인들이 관계를 맺는- 일련의 행위들은 배제, 선별, 선택, 결합의 네 가지 단계를 거치게 된다.

배제는 수많은 변인들의 조합과 방법 가운데 가능성이 가장 낮은 것부터 차례로 제외시키는 것을 말한다. 모든 것들이 연관되어 있지만, 그 모든 가능성을 가지고 접근하는 것은 불가능할 뿐만 아니라 의미 있지도 않다.

선별은 배제와 선택의 중간 단계에 위치하며 두 가지의 특성을 모두 지니고 있다. 가능성이 낮은 조합과 방법을 배제하면서도 조합된 변인들 가운데 관계성의 방향과 일치하는 것을 찾아내는 것을 선별이라고 할 수 있다.

선택은 배제와 선별의 과정을 거친 후 남아 있는 변인들을 재구성의 기준에 부합되는 것만 추려서 연결 짓는 것을 의미한다. 이때의 선택은 인간의 의식과 무의식에서 동시 병렬적으로 일어나며 작품의 사용자들이나 연구자들은 보통 의식적 선택을 많이 활용하지만, 작품의 창작자들은 무의식적 선택에 많이 의존하는 편이다. 무의식적 선택은 배제와 선별, 선택의 과정에서 한꺼번에 일어나기도 한다. 또한 배제나 선별의 과정에서 제외되었던 변인들이 선택되기도 한다.

결합은 선택된 변인들의 조합이 어우러져 있는 상태를 말한다. 그렇다고 해서 결합이 관계의 재구성의 끝을 의미하는 것이 아니다. 결합된 변인들은 많은 경우에 변인들 자체가 변화의 또 다른 요인으로 작용하여 변하기도 하고, 재구성된 관계가 변인으로 작용하기도 한다. 또한 결합된 관계는 영역전이(transper)를 시작한다. 결합은 새로운 관계의 시작이다.

위와 같은 과정은 꼭 단계별로 이루어지는 것은 아니며, 경우에 따라서는 한 가지만 이루어지거나 동시에 일어나기도 한다.

4.2.1. 입체적 접근

문학에 대한 접근 방법은 문학 작품을 상상하는 만큼이나 다양하게 이루어졌다. 이러한 방법들은 몇 가지 유형으로 묶을 수 있다.

우선은 문학 작품과 이론에 대한 시간적 연구이다. 이는 공시적, 통시적인 방법으로 문학에 다가갔다. 시간은 공간적 개념과 나누어 생각하기 어렵다. 시간과 공간의 결합은 선형적 접근을 탈피하여 2차원적 개념 속에서 문학을 연구하게 되었다. 또한, 시간의 확장은 역사적인 방법, 공간의 확장은 환경적인 방법으로 연결되었다.

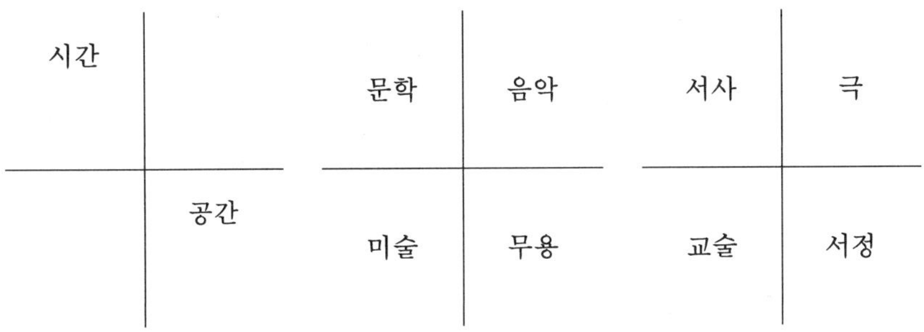

〈그림 1〉 2차원적 문학연구-공시·통시적 연구(좌), 예술 장르적 영역 연구(중간), 문학 장르적 연구(우)

시간적 연구에 문학 작품을 만들고 읽는, 그리고 강력한 주제와 제재가 되고 있는 인간이 결합된다. 인간의 삶과 사회, 경제, 문화, 종교 등이 작품에 어떤 영향을 주었는지, 어떤 점이 반영되었는지를 살피게 된다. 장르적 연구는 수사적, 시적, 플롯과 인물, 관념과 감정이라는 변인을 통해 문학의 영역을 연구하게 되었다.

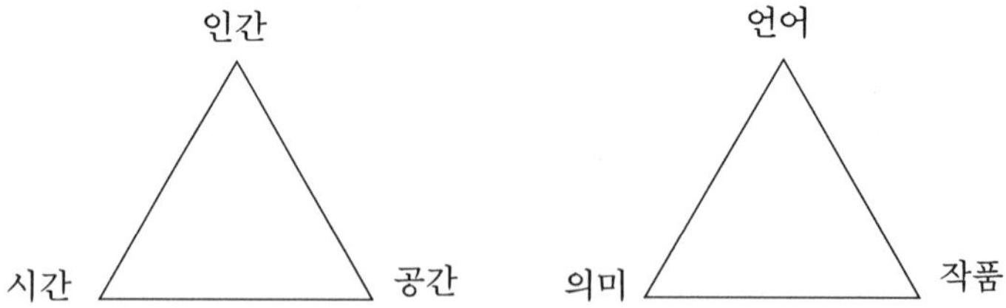

〈그림 2〉 3차원적 문예연구-간 학문적 연구(좌),
언어와 작품과의 관계(우)

2차원적 연구나 3차원적 연구는 작가와 독자 간의 관계를 파악하는데 한계를 가져왔다. 그래서 작품을 매개로 작가와 독자가 쌍방향으로 소통하는 관점을 견지하게 되었다. 작가의 생각이 일방적으로 독자에게 전달되는 것이 아니라 독자의 생각 역시 작가에게 영향을 주는 관계를 파악한 것이다.

작가(발신인) ——— 텍스트 ——— 매체 ——— 독자(수신인)

〈그림 3〉 소통적 문예연구

소통적 연구에서는 작가의 무엇이 독자의 무엇과 소통하는지를 정확히 설명해내지 못했다. 이를 극복하는 하나의 방안으로 생각해 낸 것이 움직이는 변인인 작가와 독자 대신 상대적으로 고정적 변인인 작품을 다른 작품과 비교하면서 연구하는 것이다. 한 작품과 다른 작품 사이에 존재하는 일정한 부분에서 같은 부분이나 의미를 찾아내서 비교하는 것이다. 독일문예학에서는 같은 부분을 동위체(소), 같은 의미를 의미 동위소라고 부른다.

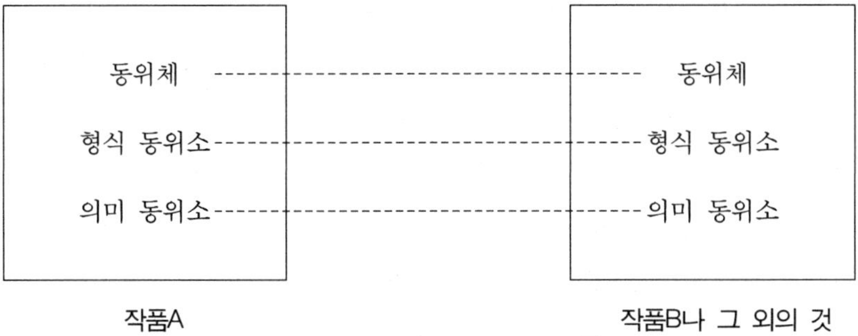

〈그림 4〉 콘텍스트적 문학연구[17]

이와 같은 접근 방법은 개개의 문학 이론을 설명하는 데는 나름대로 부족함이 적었지만, 다른 장르의 예술이나 문학 이론을 통합하여 논리를 펼쳐나가는 데는 제약이 생기게 되었다. 바로 선조적이고 선형적인 구조, 평면적인 접근 방법으로 복잡한 유기체인 인간과 그들이 산출해낸 작품을 해석하는 것은 무리와 오류가 따를 수밖에 없었다. 인간과 작품과의 관계가 변하는 원인이 무엇인지, 어떻게 변하는지를 설명하려면 관계 속의 변인들은 어떤 것들이 있고, 어떻게 선택되고 결합되는지를 보여주어야 한다.

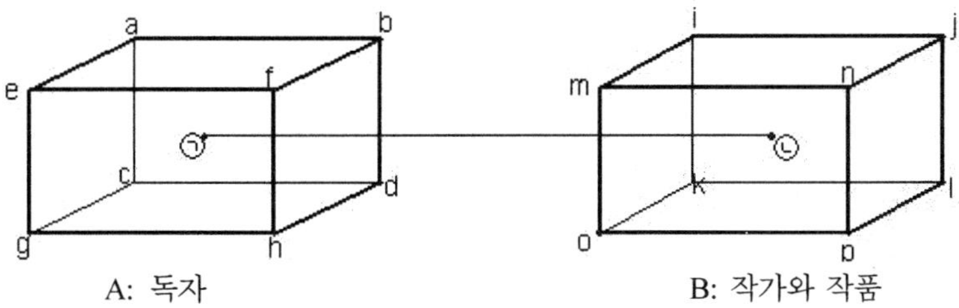

〈그림 5〉 입체적 연구

A는 독자의 변인을 입체적 틀로 만든 것이고, B는 작가와 작품을 나타

---

17) 허창운, 현대문예학의 이해, 문예출판사, 1989, pp.256-278.

낸 것이다. B에서 입체면의 겉은 작가이고, 속은 작품을 의미한다. 즉, 작품은 작가의 겉과 작품 내적 구조의 속이 긴밀하게 혹은 따로 존재하는 가운데 있는 상태로 놓여 있다. 면의 유동성에 따라 작가와 환경이 작품에 영향을 주거나 반영될 수 있다는 것이다. 문학이 사회를 무조건적으로 반영한다는 사실과 반대로 문학이 사회를 반영한다는 것을 백안시하는 주장 모두에 대한 반박이라고 할 수 있다.

㉠은 변인들의 총체이면서 변인들의 내적 반영을 가리킨다. 독자 속의 독자, 일종의 내포 독자라고도 할 수 있다. ㉡은 작품 외적인 변인들이 반영된 상태에서 작품 내를 전망하는, 미술에서의 일종의 소실점의 기능을 담당한다. ㉠과 ㉡은 고정되어 있는 것이 아니라 변인들에 의해 끊임없이 이동한다. 연구자들은 임의적으로 변인들을 한정하거나, ㉠과 ㉡이 고정되어 있다고 제한점을 둔 연구를 해 왔다. 그러나 독자 변인과 작가, 작품 변인들에 의해서 선택된 ㉠과 ㉡은 결합과 동시에 새로운 관계적 재구성을 요구한다. 물론 ㉠과 ㉡은 자체적인 동인에 의해서도 쉴 사이 없이 변화한다. 특히 ㉡이 이동하면서 새로운 형태의 작품들이 생산된다. 연구자들은 ㉠과 ㉡의 거리를 좁히거나 멀어지는 원인과 그 정도를 파악해야 한다. 그것은 바로 변인들의 선택적 결합에 있는 것이고, 해결책은 예술적 상상력과 과학적 방법의 통합에 있다. ㉠의 위치에서 ㉡과 다른 작품에서 ㉡의 역할을 하는 것과의 비교 연구가 상호 텍스트, 상호 아트적 연구라고 할 수 있다.

그렇다면 각 면은 무엇을 의미하는가? 정리해 보면 다음과 같다.

□acdb는 시간을 나타낸다. 독자가 살아온 시간, 독자가 작품을 대한 시간(독자가 작품을 감상하는데 소요된 시간과 다른 시간대에서 작품을 감상한 시간으로 나누어 볼 수 있다.) 등의 변인을 가리킨다. □eghf는 공간을 의미한다. 이 공간은 □fhab와 □egca와 접해 있다. □fhdb는 자연

적 환경을 말한다. 이 환경에는 독자가 살고 있는 지역적, 물리적 배경을 비롯하여, 기후적 변인도 포함된다. □egca는 독자의 사회적 환경을 나타낸다. 가족, 직업, 계층, 사회적 위치, 경제적 토대 등의 변인을 가리킨다. □cghd는 독자의 육체와 정신을 나타낸다. □cghd의 겉은 독자의 육체적 측면을, 속은 정신적 측면을 나타내고 있다. 겉의 몸은 인간으로서의 감각적 부분과 이를 조종하는 생물학적인 부분까지를 포괄하고 있다. 속의 정신은 인간의 인식과 사상, 철학과 경제, 종교, 심리, 이데올로기 등 인간의 모든 내면세계를 아우르고 있다. □cghd는 겉과 속을 합쳐서 경험의 총체가 되는데, 이는 의식적으로, 혹은 무의식적으로 발현된다. □aebf는 그 중에서 특히 문학, 예술, 문화와 관련된 경험의 면을 가리킨다.

□iklj은 시간을 나타낸다. 겉면은 작가가 살았던 시간, 작가가 창작은 한 시간, 작가를 둘러싼 역사적 시간 등을, 속면은 작품 내의 플롯이나 스토리상의 시간 등을 의미한다. □mopn는 공간을 나타낸다. 겉은 역시 작가가 살았던 지역적이고, 물리적 공간을, 속은 작품 내의 공간을 의미한다. □nplj는 재료를 나타낸다. 작품이 어떤 표현 재료로 사용되었는지를 가리킨다. 예를 들어 언어인지, 아니면, 색채인지, 아니면 합쳐진 다른 무엇인지를 나타내는 변인으로 작용한다. □moki는 작품의 구조와 형식을 나타낸다. 내적 구조는 물론 외적 형식이 어떻게 이루어졌는가를 말한다. □imnj은 사회적, 자연적 환경을 나타낸다. □kopl는 인간적 변인을 나타낸다. 이 변인은 겉으로는 작가의 생물학적 특성을 나타내기도 하지만, 작품 속에 등장하는 인간의 육체적 특성에 대해서도 언급한다. 속으로는 작가의 세계관, 철학, 종교, 심리, 사상 등을 나타내기도 하지만, 작품 속에 있는 등장인물, 서술자 등의 내면세계까지 광범위하게 포함하고 있다.

독자의 여러 면들은 독자 개인적인 면 외에도 작품을 바라보았던 여러 사람들의 면과 접하게 되는데, 일종의 비교독자연구라고 할 수 있다. 수용

미학에서 밝혀내기 어려웠던 부분들, 예를 들면 독자마다 달라지는 감상 결과는 변인들의 결합을 그래프로 정리해서 보면 한결 쉽게 접근이 가능해질 것이다. 물론 그래프를 만들거나 해석하는 과정은 또 다른 임의성을 유발할 위험적 요소를 안고 있지만, 기준과 필요에 따른 변인들의 결합의 분석은 유의미한 작업이 된다. 작품과 작가의 여러 면들은 상호 아트적 연구와 비교 문화적 연구를 가능하게 한다. 이들의 다양한 해석 역시 변인들의 결합에 따른 그래프를 그려보면 가능할 것이다.

이러한 직육면체의 입체는 변인들의 결합에 따라 점점 구의 형체로 바뀔 것으로 전망된다.

5. 결론

문학의 위기는 어제 오늘의 얘기가 아니다. 그것은 문학이 가지고 있는 자체적 한계와 모순이 드러난 것이기도 하지만, 문학을 둘러싼 예술, 문화를 비롯한 다른 영역과의 관계 속에서도 찾아볼 수 있다. 그리고 위기는 문학에만 찾아온 것은 결코 아니다. 예술의 시작이라고 하는 음악과 미술에서는 오래 전부터 어려움을 호소하였으며, 문학이 잠시나마 그 역할을 대행해 온 것이라 할 수 있다.

문학은 존재 자체부터 문학 혼자만으로는 설 수 없는 것이었다. 문학 이론도 마찬가지다. 문학이 다른 예술과 문화 영역과 통합되어야 하듯이 문학 이론도 다른 문학 이론은 물론이고 예술 이론과 문화 이론과도 통합이 되어야 한다. 즉 새로운 예술과 문화에 맞는 통합 문예 이론의 탄생은 필수불가결한 것이다.

문학은 다른 인문과학과 자연과학의 방법과 내용을 원용해 오면서도,

마치 순수하게 있었던 것처럼 보인 측면도 적지 않았다. 그러나 지금이 첨단 과학 기술의 시대라 하여 우리의 삶에 막대한 영향을 끼친다고 주장하지 않더라도 문학은 다른 영역과 불가분의 관계를 맺고 있다. 그런데도 특히 과학과의 분리를 주장한 이유는 무엇일까? 그것을 과도한 순혈주의로 몰아가기에는 이론적 허점이 많다. 통합의 방향과 방법이 잘못된 것이다.

이제는 통합의 방향이 중심에서 탈 중심으로, 통일에서 다양으로, 과거에서 미래로, 인간 중심보다는 생명 중심으로 바뀌어야 한다. 통합의 방법에서도 영역과 내용, 접근을 바탕으로 통합의 목적성에 부합되는 새로운 변화가 요구된다. 또한 선조적이고, 선형적이고, 평면적인 방법보다는 입체적 방법으로의 접근과 입체적 접근을 설명할 수 있는 이론이 성립되어야 할 것이다. 이 글이 그러한 입체적 통합 문예 이론의 접근에 작은 보탬이 되었으면 한다.

참고 문헌

1. 기초 자료

국어과 교육과정, 교육인적자원부, 2007
미술과 교육과정, 교육인적자원부, 2007
음악과 교육과정, 교육인적자원부, 2007
체육과 교육과정, 교육인적자원부, 2007
중학교 교육과정 해설, 교육과학기술부, 2008
고등학교 교육과정 해설, 교육과학기술부, 2008
고등학교 교육과정 해설, 교육과학기술부, 2010

2. 국내 논저

(1) 단행본

강민구, 조선후기 문학비평의 이론, 보고사, 2010
고경화, 예술교육의 역사와 이론, 학지사, 2005
곽병선, 교육과정, 배영사, 1987
구승회, 한국 아나키즘 100년, 이학사, 2004
구인환 외, 한국 전후 문학 연구, 삼지원, 1995
구인환 외, 문학 교수-학습 방법론, 삼지원, 1999
구인환 외, 문학교육론, 삼지원, 2007
권낙원, 토의수업의 이론과 실제, 현대교육출판, 1997
권성우, 비평의 희망, 소명출판, 2001
김경배 외, 교과교육론, 학지사, 2005
김대행, 국어교과학의 지평, 서울대학교출판부, 1990
김대행, 방송의 언어문화와 미디어 교육, 서울대학교출판부, 2004
김대행, 문학교육 원론, 서울대학교출판부, 2005
김대행, 문학교육 틀 짜기, 역락, 2006
김대행, 통일 이후의 문학 교육, 서울대학교출판부, 2008
김동환, 문학연구와 문학교육, 한성대학교출판부, 2004
김문집, 비평문학, 국학자료원, 2003
김문환, 문화교육론, 서울대학교출판부, 2009
김미혜, 비평을 통한 시읽기 교육, 태학사, 2009

김상욱, 소설교육의 방법 연구, 서울대학교출판부, 1996
김상욱, 문학교육의 길 찾기, 나라말, 2003
김상욱, 국어교육의 재개념화와 문학교육, 역락, 2006
김선민, 국어교육 방법론, 역락, 2009
김선민, 읽기교육론, 역락, 2009
김성곤, 21세기 문예이론, 문학사상, 2005
김성수, 사부문학연구, 공주대학교출판부, 2008
김성장, 살아 있는 모둠 토의 수업 열 가지, 내일을 여는 책, 1996
김성진, 문학교육의 쟁점과 전망, 삼지원, 2004
김수업, 국어교육의 길, 나라말, 2002
김수이, 문학연구와 문학교육의 소통, 청동거울, 2008
김영민, 한국근대문학비평사, 소명출판, 2002
김욱동, 문학 생태학을 위하여, 민음사, 2003
김윤식, 문학비평용어사전, 일지사, 1986
김윤식, 한국근대문예비평사연구, 일지사, 1992
김을곤, 음악해설과 감상기법, 일신서적출판, 1994
김이종, 국어과 교육 이론과 실제, 교육과학사, 1995
김재복, 통합교육과정, 교육과학사, 2003
김종문 외, 구성주의 교육학, 교육과학사, 2002
김종서 외, 교육과정과 교육평가, 교육과학사, 1991
김중신, 소설감상방법론연구, 서울대학교출판부, 1996
김중신, 문학교육의 이해, 태학사, 1997
김중신, 한국 문학교육론의 방법과 실천, 한국문화사, 2003
김창원, 시교육과 텍스트 해석, 서울대학교출판부, 1998
김창원, 국어교육론, 삼지원, 2007
김치수 외, 현대문학비평의 방법론, 서울대학교출판부, 2005
김형효, 구조주의, 인간사랑, 2008
남민우, 문학교육의 역사와 성장의 시학, 역락, 2006
남민우, 시교육의 해체와 재구성, 역락, 2006
노명완 외, 국어과교육론, 갑을출판사, 1996
도정일, 시인은 숲으로 가지 못한다, 민음사, 1994
류수열, 문학@국어교육, 역락, 2009
문학과문학교육연구소, 문학의 이해, 삼지원, 2008
문학교육연구회, 삶을 위한 문학교육, 연구사, 1987
문화연대문화교육위원회, 2003년 문화교육운동총서, 문화연대, 2003

문화연대문화교육위원회, 이제는 문화교육이다, 문화과학사, 2003
박갑수 외, 국어 표현 · 이해 교육, 집문당, 2000
박기범, 다중매체 시대의 서사교육, 역락, 2009
박노산, 나로부터의 철학, 상아, 1990
박수자, 독해와 읽기지도, 국학자료원, 1994
박수자, 읽기 지도의 이해, 서울대학교출판부, 2005
박영목 외, 국어과 교수 학습 방법 탐구, 교학사, 1995
박영목 외, 국어교육학원론, 교학사, 1997
박영목 외, 국어교육론1, 한국문화사, 2005
박영민, 과정 중심 비평문 쓰기, 교학사, 2003
박인기, 문학교육과정의 구조와 이론, 서울대학교출판부, 1996
박인기 외, 문학을 통한 교육, 삼지원, 2005
박휘락, 미술감상과 미술비평교육, 시공사, 2007
방영준, 저항과 희망, 이학사, 2007
변광배, 존재와 무, 살림, 2007
서울대학교 국어교육연구소, 국어교육학사전, 대교출판, 2004
선주원, 청소년 문학교육론, 역락, 2008
성태제, 문항제작 및 분석의 이론과 실제, 박이정, 2006
송희복, 메타비평론, 월인, 2004
신헌재 · 이재승, 학습자 중심의 국어교육, 박이정, 2001
신헌재 · 진선희, 학습자 중심의 시 교육론, 박이정, 2006
염은열, 고전문학과 표현교육론, 역락, 2000
우리말연구소, 외국의 국어 교육과정1, 나라말, 2006
우리말연구소, 외국의 국어 교육과정2, 나라말, 2007
우한용 외, 소설교육론, 평민사, 1993
우한용, 문학교육과 문화론, 서울대학교출판부, 1997
우한용 외, 문학교육과정론, 삼지원, 1997
우한용 외, 인터넷 시대의 글쓰기와 표현교육, 서울대학교출판부, 2006
우한용 외, 실용과 실천의 문학교육, 새문사, 2009
우한용 외, 창작교육론, 태학사, 2009
월간미술, 세계미술용어사전, 월간미술, 1999
유영희, 이미지로 보는 시창작교육론, 역락, 2003
윤여탁 외, 매체언어와 국어교육, 서울대학교출판부, 2009
윤호병, 비교문학, 민음사, 1994
이광래, 방법을 철학한다, 지와 사랑, 2008

이대규, 문학교육과 수용론, 이회문화사, 1998
이명재 · 오창은, 문학비평의 이해와 활용, 경진, 2010
이삼형 외, 국어교육학과 사고, 역락, 2007
이상구, 구성주의 문학교육론, 박이정, 2006
이선영, 문학비평의 방법과 실제, 삼지원, 1993
이선희, 사이버 문학론, 월인, 2001
이성영, 국어교육의 내용 연구, 서울대학교출판부, 1995
이영만, 통합교육과정, 학지사, 2003
이용주, 국어교육의 반성과 개혁, 서울대학교출판부, 1999
이은희, 텍스트언어학과 국어교육, 서울대학교출판부, 2001
이응백 외, 국어과교육, 한국능력개발사, 1977
이재승, 독서와 글쓰기 교육, 박이정, 2004
이재승, 좋은 국어 수업 어떻게 할 것인가?, 교학사, 2005
이주호, 국어과 교육론, 박이정, 1998
이지호, 글쓰기와 글쓰기 교육, 서울대학교출판부, 2004
임경순, 문학의 해석과 문학교육, 역락, 2003
임성규, 아동문학비평과 초등문학교육, 한국문화사, 2008
임수경, 디지털 시대의 시 창작교육방법, 청동거울, 2007
장경렬, 매혹과 저항, 서울대학교출판부, 2007
전국국어교사모임, 국어과 수업 사례, 푸른나무, 1995
전국국어교사모임, 매체교육의 길 찾기, 나라말, 2007
정기철, 인성교육과 국어교육, 역락, 2005
정재찬, 문학교육의 사회학을 위하여, 역락, 2003
정재찬, 문학교육의 현상과 인식, 역락, 2004
정준영, 텔레비전 보기 - 시청에서 비평으로, 책세상, 2007
정한조, 사진 감상의 길잡이, 시공사, 1997
정현선, 다매체 시대의 국어교육과 문화교육, 역락, 2004
조규태 외, 국어 교육 지역화의 실천 방안, 한국문화사, 2008
조동일, 문학연구방법, 지식산업사, 1993
조동일, 세계문학사의 전개, 지식산업사, 2002
조수동 외, 문화의 이해, 이문출판사, 2002
차봉희, 루카치의 변증-유물론적 문학 이론, 한마당, 1987
천경록 · 이재승, 읽기 교육의 이해, 우리교육, 2002
충청남도교육청, 사고력을 기르는 국어과 교육, 대한교과서, 1996
최미숙 외, 국어 교육의 이해, 사회평론, 2008

최영환, 국어교육학의 지향, 삼지원, 2005
최유찬, 한국 문학의 관계론적 이해, 실천문학, 1998
최인자, 국어교육의 문화론적 지평, 소명출판, 2001
최인자, 국어교육연구의 문제와 방법들, 역락, 2008
최지현, 문학교육과정론, 역락, 2006
최지현 외, 국어과 교수·학습 방법, 역락, 2008
최현섭 외, 국어교육학개론, 삼지원, 2006
한국교육개발원, 통합교육과정의 이론과 실제, 교육과학사, 1983
한국문학교육학회, 문학능력, 역락, 2010
한귀은, 연행을 통한 문학교육, 박이정, 2001
허창운, 현대문예학의 이해, 창작과 비평사, 1989
허창운, 현대문예학 개론, 서울대학교출판부, 1993
홍성호, 문학사회학 골드만과 그 이후, 문학과지성사, 1995
황정규 외, 교육과정과 교육평가, 교육과학사, 1991

(2) 학술지 및 학위 논문

고은실, 현대 한국 미술비평의 내용 연구, 미술교육논총 제22권 제3호, 한국미술교육학회, 2008
권낙원, 통합교육과정의 재음미, 교원연구 19권, 한국교원대학교교육연구원, 2003
권혁준, 문학비평 이론의 시교육적 적용에 관한 연구-신비평과 독자 반응 이론을 중심으로-, 한국교원대학교 박사학위 논문, 1997
김근호, 비평논쟁 글쓰기의 방법 연구, 서울대학교 석사학위논문, 2004
김대현·김아현, 메타비평을 사용한 교육적 기능 탐색, 교육과정연구 제20집 3호, 한국교육과정학회, 2002
김동영, 미술 감상-비평 교수를 위한 통합적 구조화 연구, 미술교육논총 제23집, 한국초등미술교육학회, 2008
김동환, 심화교육으로서 문학교육의 미래, 문학교육학18호, 문학교육학회, 1995
김동환, 현대문학교육의 목표와 방법의 문제, 민족문학사연구 12호, 민족문학연구소, 1998
김동환, 비평적 에세이 쓰기, 문학과 교육7호, 문학과문학교육연구회, 1999
김미혜, 비판적 읽기 교육의 내용 연구, 서울대학교 석사학위논문, 2000
김미혜, 예술비평에 나타난 감각적 체험의 언어화 전략 연구-미술 에세이를 중심으로, 문학교육학 26호, 역락, 2008
김봉순, 독서에서 비판의 성격과 지도내용, 독서연구, 한국독서학회, 2008

김상욱, 신비평과 소설교육 방법의 재검토, 국어교육 79 · 80호, 한국국어교육연구회, 1993
김상욱, 문학교육 연구방법론의 확장과 실제, 문학교육학 21호, 한국문학교육학회, 2006
김상욱, 우리가 만들어야 할 교육과정, 어린이와 함께 여는 국어교육 5호,전국초등국어교과모임, 2006
김상욱, 2007 개정 교육과정 속 문학 영역의 비판적 검토, 국어교육128, 한국국어교육연구학회, 2009
김선주, 비판적 읽기 능력 향상을 위한 교과서 구성 방안 연구, 한국교원대학교 석사학위 논문, 2007
김성진, 비평 활동 교육의 내용 연구, 서울대학교 박사학위 논문, 2004
김성진, 문학교육에서 비평활동에 관한 연구, 국어국문학 제130호, 국어국문학회, 2002
김성수, 7차 교육과정 및 해설서에 관한 고찰, 인문학논총 2집, 국립7개대학공동논문집간행위원회, 2001
김성수, 국어과 교과서의 성격과 전망, 한어문교육 19집, 한어문학회, 2008
김성수, 時調의 재검토, 한어문교육 21집, 한어문학회, 2009
김세령, 대학 교양 과목에서 비평교육의 실천 방안, 한국문예창작 15호, 한국문예창작회, 2009
김수이, 논술교육의 토대로서 비평교육의 필요성과 방안, 국어교육 제125호, 한국어교육학회, 2008
김수이, 문학비평 방법론의 적용 · 변주를 통한 문학교육, 한국문예비평연구 제25집, 창조문학사, 2008
김정우, 국어교육에서의 해석에 대한 비판적 검토, 국어교육학연구 15, 국어국문학회, 2002
김종건 외, 통합교과의 교육과정 · 교과서 구조 개선 연구, 교육과정 개정 연구위원회, 1996
김주훈, 교육과정에서의 통합의 의미, 교원연구 19권, 한국교원대학교교육연구원, 2003
김창원, 문학능력과 교육과정, 그리고 매체 : 교육과정 목표를 통해 본 문학능력관과 매체의 수용, 문학교육학 제26호, 역락, 2008
김현수, 국어 교과에 쓰이는 감상, 비판적 읽기, 비평 등의 용어에 대한 小考, 새국어교육76호, 한국국어교육학회, 2007
김형숙, 비교문화적 맥락에서 미술비평과 감상교육, 홀리스틱연구 12권, 2008
김홍집, 과학비평 수업모형의 개발 및 적용, 공주대학교 박사학위논문, 2008

나장함, 통합교육과정에 대한 교사들의 인식 탐구, 교육과정연구 22권, 한국교육과정학회, 2004
남민우, 문학교육 목표 변천에 대한 비판적 고찰, 문학교육학 제22호, 역락, 2007
류덕제, 소설 텍스트의 문학 교육, 경북대학교 박사학위 논문, 1995
류덕제, 초등학교 문학 교육의 바람직한 방향, 어문학교육 25집, 한국어문교육학회, 2002
류덕제, 반응 중심 문학교육에 대한 비판적 고찰, 어문학 90집, 형설출판사, 2005
류덕제, <국어과 국민 공통 교육과정 개정안>에 대한 비판적 검토, 국어교육연구 40집, 국어교육학회, 2007
민현미, 국어과 그려 쓰기 교수·학습 방법 연구, 한국초등국어교육 32집, 박이정, 2005
민현식, 국어 교육과정 개정과 영역 통합에 대하여, 어린이와 함께 여는 국어교육 5호, 전국초등국어교과모임, 2006
박인기, 국어교육과 타 교과교육의 상호성, 국어교육 120호, 한국어교육학회, 2006
박진홍, 음악 비평 활동이 음악 인지 능력에 미치는 영향, 경성대학교 박사학위논문, 2009
서민정, 문학 비평 교수-학습 방안 연구 -초등 학습독자를 중심으로-, 한국교원대학교 석사학위 논문, 2007
손영애, 새로운 국어과 교육과정 시안에 대한 몇 가지 소론, 국어교육 122호, 한국어교육학회, 2007
신지현·최영환, 교과 문식성을 통한 국어과와 타 교과의 관계, 한국초등국어교육 31집, 박이정, 2006
양소영, 국어과 내적 통합에 관한 메타 연구, 한국교원대학교 석사학위논문, 2006
엄해영, 문학비평의 문학교육 적용에 관한 연구, 한국어교육 20호, 한국어문교육학회, 2004
엄해영, 문학비평으로서의 문학교육, 한국어교육 21호, 한국어문교육학회, 2005
우문영, 독서 후 표현교육 연구, 공주대학교 석사학위논문, 2004
우문영, 비평교육의 개념과 성격 연구에 관한 시론, 한어문교육 19집, 한국언어문학교육학회, 2008
우문영, 통합문예이론의 가능성 연구, 한언문학회 53회 학술발표대회 발표집, 2009
우문영, 통합적 국어교육 방법 연구, 한어문교육 20집, 한언어문학교육학회, 2009
우한용, 신비평이 한국문학 연구에 미친 영향, 현대비평과 이론 10호 가을·겨울호, 한신문화사, 1995
우한용, 문학교육의 평가-메타비평의 글쓰기 평가를 중심으로, 국어교육100, 한국국어교육연구회, 1999

우한용, 문학교육과정 개정의 방향 탐색-심화선택 문학의 경우를 중심으로, 문학교육학20, 한국문학교육학회, 2006
유성호, 시 교육에서 비평의 위상과 역할, 국어교육 108호, 한국국어교육연구학회, 2002
이대규, 교과로서의 문학의 구조, 서울대학교 박사학위 논문, 1988
이대규, 주관주의 비평 이론의 교육적 함의, 한국언어문학 40, 한국언어문학회, 1998
이미숙, 통합교육과정 실행의 관련 변인 분석, 교육과정연구 17, 한국교육과정학회, 1999
이상구, 국어과 교육에서의 통합 교육 방법-문학 중심 주제 단원 학습법을 중심으로, 어문학 77호, 한국어문학회, 2002
이상옥, 문학교육의 문제점에 대해, 현대비평과 이론 봄호, 한신문화사, 1992
이수진, 국어과 주제중심 통합 단원의 개발방안 탐색, 국어국문학 제 145호, 국어국문학회, 2007
이윤영, 영화비평과 영상미학, 서울대 인문논총 제58집 제1호, 서울대인문학연구원, 2007
이지호, 연암 박지원의 글쓰기 방법론 연구, 서울대학교 박사학위 논문, 1997
이지호, 국어과 통합 교육의 논리-초등학교를 중심으로, 국어교육 98, 한국국어교육연구회, 1998
이창국, 뉴크리티시즘은 죽었는가, 현대비평과 이론 4호 봄·여름호, 한신문화사, 1993
임경순, 비평교육에 대한 일 고찰, 선청어문 25집, 서울대학교 국어교육과, 1997
임수경, 사진과 시 창작교육, 한국문예창작 제8권, 한국문예창작회, 2009
임성규, 비평적 글쓰기를 통한 문학 교수-학습 방법 탐구, 국어교육연구 제42집, 국어교육학회, 2008
임영순, 통합교육과정과 주제중심의 교수·학습 방법 실태, 연구논총 10집, 경기도교육정보연구원, 2001
장경렬, 신비평 무엇이 문제인가, 현대비평과 이론 7호 봄·여름호, 한신문화사, 1994
정재찬, 신비평과 시교육의 관련에 관한 비판적 검토, 선청어문 20호, 서울사대 국어과, 1992
정재찬, 현대시 교육의 지배적 담론에 관한 연구, 서울대학교 박사학위논문, 1996
조하연, 鑑賞의 개념 정립을 위한 소고, 문학교육학 15호, 역락, 2004
추연림, 보기의 국어교육적 수용 방안 연구, 춘천교육대학교 석사학위논문, 2004
최명자, 다 교과 내용 통합 프로그램 적용 효과에 관한 연구, 경인교육대학교, 2006
최숙기, 다문화 시대의 국어 교과서 구성방안 연구, 한국교원대학교 석사학위논문,

2007
최지현, 문학교사는 존재하는가, 문학교육학 21호, 한국문학교육학회, 2006
최지현, 감상의 정서적 거리, 교육과정변인이 문학감상에 미치는 영향, 문학교육학 12호, 한국문학교육학회, 2003
한원균, 비평교육은 왜 비평적 교육이 되어야 하는가, 한국문예창작 제1권 1호, 한국문예창작회, 2002

3. 국외 논저

劉勰, 김관웅・김정은 편역, 文心雕龍 I ・ II, 延邊人民出判社, 2007
Abrams, M. H., 최상규 역, 문학용어사전, 보성출판사, 1991
Adler, Motimer J., and Van Doren, Charles, 오연희 역, How to read a book, 예림기획, 1997
Aristoteles, 최상규 역, 시학, 예림기획, 1989
Aristoteles, 김진성 역, 범주론・명제론, 이제이북스, 2005
Bakhtin, Mikkail Mikhailovich, 전승희 외 옮김, 장편소설과 민중 언어, 창비, 2009
Barthes, Roland, 김희영 옮김, 텍스트의 즐거움, 동문선, 2002
Berger, Arthur Asa, 김기애 역, 문화비평 주요개념의 이해, 한신문화사, 2000
Brooks, Cleanth 외, 이경수 외 역, 신비평과 형식주의, 고려원, 1996
Buber, Martin, 표재명 역, 나와 너, 문예출판사, 2001
Derrida, Jacques, 김보현 역, 해체, 문예출판사, 1996
Dewey, John, 이재언 옮김, 경험으로서의 예술, 책세상, 2005
Dewey, John, 박철홍 옮김, 아동과 교육과정/ 경험과 교육, 문음사, 2006
Dickie, George, 오병남・황유경 공역, Aesthetics an Introduction, 서광사, 1984
Dissanayake, Ellen, 김한영 옮김, Homo Aestheticus, 예담, 2009
Doubrovsky, S., and Todorov, T., 윤희원 역, 문학의 교육, 도서출판 하우, 1996
Eaglton, Terry, 김명환・정남영・장남수 공역, 문학이론입문, 창비, 2008
Fokkema, D. W., and Kunne-Ibsch, E., 정종화 역, Theories of Literature in the Twentieth Century, 을유문화사, 1995
Frye, Northrop, 임철규 역, ANATOMY OF CRITICISM, 한길사, 2007
Gribble, James, 나병철 역, 문학교육론, 문예출판사, 1990
Guerin, Wilfred L., 최재석 옮김, A Handbook of Critical Approaches to Literature, 한신문화사, 1995
Hauser, A., 백낙청 역, 문학과 예술의 사회사 - 현대편, 창작과 비평사, 1990
Ingram, J. B., 배진수・이영만 역, Curriculum Integration and Lifelong

Education, 학지사, 2002
Jett-Simpson, Mary, and Leslie, Lauren, and Wisconsin Reading Association, 원진숙 옮김, Authentic Literacy Assessment / an Ecological Approach, 한국문화사, 2004
Kultermann, Udo, 김문환 역, 예술이론의 역사, 문예출판사, 2000
Lakes, Richard D., Critical Education for Work : Multidisciplinary Approaches, Ablex Publishing corporation Norwood, New Jersey, 1994
Leitch, Vincent B., 김성곤 외 역, 현대미국문학비평, 한신문화사, 1993
Lentricchia, Frank, and Thomas McLoughlim, 정정호 외 역, 문학연구를 위한 비평용어, 한신문화사, 1996
Lessing, Gotthold Ephraim, 윤도중 역, Laokoon, 나남, 2008
Lewis, C. S., 허종 역, 문학비평에서의 실험, 동문선, 2002
Marcuse, Herbert, 미학과 문화, 범우사, 1999
Marshall, Donald G., Contemporary Critical Theory, The Modern Language Association of America New York, 1993
Martin McQuillan, 이창남 옮김, Paul de Man과 탈구성적 텍스트, 앨피, 2007
Mendilow, A. A. 최상규 옮김, 시간과 소설, 예림기획, 1998
Olsen, S. H., and Widdowson, H. G., 文學의 理解, 學硏社, 1986
Peters, Michael, and Burbules, Nicholas, 심승환 옮김, Poststructuralism and Educational Research, 교육과학사, 2007
Piaget, Jean, 이병애 옮김, 교육론, 동문선, 1988
Préposiet, Jean, 이소희 · 이지선 · 김지은 옮김, 아나키즘의 역사, 이룸, 2003
Ricoeur, Paul, 박병수 외 역, 텍스트에서 행동으로, 아카넷, 2004
Rodrigues, Raymond J., and Badaczewski, Dennis, 박인기 외 역, 문학 작품을 어떻게 가르칠 것인가, 박이정, 2007
Root-Bernstein, Robert, and Root-Bernstein, Michèle, 박종성 역, 생각의 탄생, 에코의 서재, 2008
Rosenblatt, Louise M. 김혜리·엄해영 역, Literature as Exploration, 한국문화사, 2006
Rosenblatt, Louise M. 김혜리·엄해영 역, The Reader, the Text, the Poem : The Transactional Theory of the Literary Work, 한국문화사, 2008
Scholes, Robert, 김상욱 역, 문학 이론과 문학교육-텍스트의 위력, 하우, 1985
Sontag, Susan, 이민아 옮김, Against Intrepretation, 이후, 2008
Wellek, René, and Warren, Austin, 이경수 역, 문학의 이론, 문예출판사, 1995
Whitehead, Robert, 신헌재 편역, 아동문학 교육론, 범우사, 1998
Widdowson, Henrry G., 문체학과 문학교육, 최상규 역, 예림기획, 1999

Wilson, Edward O., 최재천 역, Consilience, 사이언스북스, 2008
Wolfinger, Donna M., and Stockard Jr, James W., 강현석 외 역, 통합교육 과정의 이론과 실제, 양서원, 2003
Zima, Peter, 허창운 역, 텍스트사회학, 민음사, 1991